MÁ FEMINISTA

Roxane Gay

Má feminista

Tradução: Raquel de Souza

GLOBOLIVROS

Copyright © 2021 by Editora Globo S.A. para a presente edição

Copyright © 2014 by Roxane Gay

Todos os direitos reservados. Nenhuma parte desta edição pode ser utilizada ou reproduzida — em qualquer meio ou forma, seja mecânico ou eletrônico, fotocópia, gravação etc. — nem apropriada ou estocada em sistema de banco de dados sem a expressa autorização da editora.

Texto fixado conforme as regras do Acordo Ortográfico da Língua Portuguesa (Decreto Legislativo nº 54, de 1995).

Título original: *Bad Feminist – Essays*

Editora responsável: Amanda Orlando
Assistente editorial: Isis Batista
Preparação: Aline Canejo
Revisão: Daiane Cardoso, Thamiris Leiroza e Mariana Donner
Diagramação: Equatorium Design
Capa: Isabel W. De Nonno

1ª edição, 2016, Novo Século
2ª edição, 2021, Globo Livros

CIP-BRASIL. CATALOGAÇÃO NA PUBLICAÇÃO
SINDICATO NACIONAL DOS EDITORES DE LIVROS, RJ

G247m

    Gay, Roxane
        Má feminista / Roxane Gay ; tradução Raquel de Souza. - 1. ed. - Rio de Janeiro : Globo Livros, 2021.
        320 p. ; 23 cm.

        Tradução de: Bad feminist : essays
        ISBN 978-65-86047-82-0

        1. Gay, Roxane. 2. Feminismo. 3. Mulheres - Conduta. 4. Cultura popular. 5. Relações raciais no cinema. I. Souza, Raquel de. II. Título.

21-71896

                    CDD: 305.42
                    CDU: 141.72:316.347

Leandra Felix da Cruz Candido - Bibliotecária - CRB-7/6135
07/07/2021   07/07/2021

Direitos exclusivos de edição em língua portuguesa para o Brasil adquiridos por Editora Globo S.A.
Rua Marquês de Pombal, 25 — 20230-240 — Rio de Janeiro — RJ
www.globolivros.com.br

Sumário

INTRODUÇÃO
Feminismo (s.): plural.. 7

Eu 13
Sintam-me, vejam-me, ouçam-me, alcancem-me............................ 15
Benefícios peculiares.. 27
Típica professora do primeiro ano... 33
Um "puxa, prende, passa" desajeitado ou frenético 41

GÊNERO E SEXUALIDADE 55
Como ser amiga de outra mulher... 57
Garotas, garotas, garotas 61
Quando fui Miss América 71
Espetáculos extravagantes e gloriosos 81
Não estou aqui para fazer amizades... 91
Como todos nós perdemos 103
Buscando a catarse: engordar do jeito certo (ou errado) e o livro
    Skinny, de Diana Spechler... 115
A mansidão do idílico 127
A descuidada linguagem da violência sexual 133
Do que sentimos fome 141
A ilusão da segurança/A segurança da ilusão.................................. 151

O espetáculo dos homens arrasados 157

Três histórias sobre sair do armário 163

Para além das medidas dos homens.. 173

Algumas piadas são mais engraçadas que outras............................. 179

Queridas jovens que amam tanto Chris Brown que se deixariam ser
    espancadas por ele.. 185

Limites realmente tênues... 189

O problema com o príncipe encantado ou quem nos tem ofendido...... 195

RAÇA E ENTRETENIMENTO... 207

O lenitivo de preparar frituras e outras lembranças pitorescas dos anos
    1960 no Mississippi: reflexões sobre *Histórias cruzadas* 209

Django, o sobrevivente.. 219

Para além da narrativa de luta 227

A moralidade de Tyler Perry... 233

O derradeiro dia de um jovem negro 241

Quando menos é mais 249

POLÍTICA, GÊNERO E RAÇA 253

A política da respeitabilidade... 255

Quando o Twitter faz o que o jornalismo não consegue..................... 259

Os direitos alienáveis das mulheres... 265

À espera de um herói 277

Um conto sobre dois perfis.. 283

O racismo que todos nós temos.. 289

Tragédia/chamado/compaixão/resposta 293

DE VOLTA A MIM 299

Má feminista: tomada um 301

Má feminista: tomada dois 313

INTRODUÇÃO

FEMINISMO (S.): PLURAL

O MUNDO MUDA MAIS RÁPIDO do que somos capazes de compreender, e isso ocorre de formas complicadas. Essas mudanças desconcertantes frequentemente nos deixam em carne viva. O clima cultural está mudando, em particular para as mulheres, visto que lutamos contra as restrições no âmbito da liberdade reprodutiva, da constância da cultura do estupro e das representações femininas errôneas ou mesmo danosas que consumimos por meio de músicas, filmes e literatura.

Há um comediante que pede a seus fãs que deem batidinhas na barriga das mulheres, pois ignorar limites pessoais... Isso é, aaah... Tão engraçado! Temos todos os tipos de músicas que glorificam a degradação das mulheres e, desgraçadamente, algumas dessas canções são tão contagiantes que muitas vezes me pego cantando junto, enquanto eu mesma sou desvalorizada. Cantores como Robin Thicke sabem que "nós queremos". Rappers como Jay-Z usam a palavra *bitch* (puta) como se fosse vírgula. Frequentemente, filmes contam as histórias de homens como se fossem as únicas narrativas importantes. Quando há mulheres envolvidas na trama, são adereços coadjuvantes, interesses românticos do protagonista, personagens quase irrelevantes. Raramente as mulheres chegam a ser o centro das atenções. Raramente nossas histórias chegam a ser retratadas como significativas.

Como atrair atenção para essas questões? Como fazer com que elas passem a ser discutidas? Como encontrar a linguagem necessária para abordar as grandes e pequenas desigualdades e injustiças enfrentadas pelas mulheres? À medida que envelheço, o feminismo tem propiciado respostas para essas indagações, pelo menos em parte.

O feminismo tem falhas, mas, na melhor das hipóteses, oferece uma maneira de navegar nesse instável clima cultural. O feminismo certamente tem me auxiliado no processo de encontrar minha voz. Ele tem me ajudado a acreditar que minha voz é relevante, mesmo neste mundo onde tantas vozes exigem ser ouvidas.

Como reconciliar as imperfeições do feminismo com todo o bem que ele pode proporcionar? De fato, o feminismo é imperfeito por ser um movimento fortalecido por pessoas, e pessoas são inerentemente imperfeitas. Por seja lá qual for o motivo, elevamos o feminismo a um padrão descabido em que esse movimento deve ser tudo o que desejamos e sempre fazer as melhores escolhas. Quando o feminismo fica aquém de nossas expectativas, decidimos que o problema se encontra nele, em vez de estar nas pessoas imperfeitas que agem em nome do movimento.

O problema com os movimentos é que, frequentemente, são associados apenas às figuras de maior visibilidade, às pessoas que possuem as maiores plataformas e às vozes mais ruidosas e provocadoras. Mas o feminismo não é a filosofia da moda que a mídia popular está alardeando. Pelo menos não totalmente.

Nos últimos anos, o feminismo tem padecido de um certo grau de culpa por associação, pois o associamos às mulheres que advogam em prol do movimento como parte de sua marca pessoal. Quando essas supostas líderes dizem o que queremos ouvir, nós as colocamos no topo do Pedestal Feminista, porém, quando fazem algo de que não gostamos, as derrubamos de lá e alegamos que há algo errado com o feminismo, porque elas falharam conosco. Esquecemo-nos da diferença entre o feminismo e as Feministas Profissionais.

Abracei abertamente o rótulo de má feminista. Faço isso porque sou imperfeita e humana. Não sou uma profunda conhecedora da história do feminismo. Também não me dediquei como gostaria à leitura dos textos feministas basilares. Tenho alguns… interesses, traços de personalidade e opiniões que podem estar alinhados com o feminismo em sua vertente dominante, porém, ainda assim, sou uma feminista. Nem consigo expressar o quão libertador tem sido aceitar essa verdade sobre mim mesma.

Aceito o rótulo de má feminista porque sou humana. Sou confusa. Não estou tentando ser exemplo. Não estou tentando ser perfeita. Nem alegar que tenho todas as respostas. Não almejo dizer que estou certa. Apenas tento… Tento sustentar as questões nas quais eu acredito, visando a fazer alguma coisa boa neste mundo. Tento fazer algum barulho com minha escrita e, simultaneamente, ser eu mesma: uma mulher que ama cor-de-rosa, gosta de ficar louca e, às vezes, de sacudir a bunda dançando à exaustão ao som de uma música que ela sabe — *ela sabe* — que descreve as mulheres de uma maneira terrível. Uma mulher que, às vezes, finge-se de boba para o cara que está consertando alguma coisa para ela, porque é bem mais fácil permitir que ele se sinta o machão do que assumir uma posição de superioridade moral.

Sou má feminista porque não quero nunca ser colocada em um Pedestal Feminista. Das pessoas postas em pedestais, espera-se que se comportem com perfeição. Mas, quando elas fazem merda, são gongadas. De modo geral, faço merda. Considere-me já como uma pessoa para quem o gongo tocou sem piedade.

Quando eu era mais jovem, rejeitava o feminismo com uma alarmante frequência. Entendo por que as mulheres continuam a correr para deslegitimar o feminismo, distanciarem-se dele. Eu o rejeitei porque, quando era chamada de feminista, aquele rótulo soava como um insulto. Na verdade, geralmente, era essa a intenção. Naquela época, quando era rotulada de feminista, meu primeiro pensamento era: *Mas eu faço boquete por livre e espontânea vontade.* Eu acreditava que não poderia ser ao mesmo tempo feminista e mente aberta ao tratar de sexo. Muitas coisas estranhas nublavam minhas ideias durante minha adolescência e até os vinte e poucos anos.

Condenava o feminismo porque não tinha uma compreensão racional do movimento. Era chamada de feminista, e o que eu ouvia era: "Você é uma senhora vitimista raivosa que odeia sexo e odeia os homens".

Essa caricatura demonstra como o feminismo tem sido distorcido pelas pessoas que mais temem o movimento, as mesmas que mais têm a perder quando o feminismo triunfar. Sempre que me recordo de como eu rejeitava o termo, sinto vergonha de minha ignorância. Sinto vergonha de meu medo, porque essa rejeição estava fundamentada principalmente no temor de ser condenada ao ostracismo, percebida como uma agitadora problemática, que nunca seria aceita pela sociedade tradicional. Sinto raiva quando as mulheres repudiam o feminismo e recusam o rótulo de feminista, porém, em contrapartida, alegam apoiar todos os avanços oriundos do feminismo, porque percebo aí uma desconexão que não precisa existir. Fico com raiva, mas compreendo e tenho a expectativa de que um dia viveremos em uma cultura que não nos forçará a nos distanciarmos do rótulo de feminista, na qual esse rótulo não nos suscitará o medo de ficarmos sozinhas, de sermos muito diferentes, de desejarmos demais.

Tento conceber meu feminismo de forma simples. Sei que o feminismo é complexo, está evoluindo e é imperfeito. Sei que o feminismo não irá, nem será capaz de consertar tudo. Acredito na igualdade de oportunidades entre mulheres e homens. Acredito que as mulheres devam usufruir da liberdade reprodutiva, além do acesso aos serviços de saúde de que necessitam a preços acessíveis e sem entraves. Acredito que as mulheres devam ser remuneradas do mesmo modo que os homens quando exercem as mesmas funções. O feminismo é uma escolha. E, se uma mulher não quiser ser feminista, esse é um direito dela, mas ainda assim é minha responsabilidade lutar pelos direitos dessa outra mulher. Acredito que o feminismo seja fundamentado no apoio às escolhas das mulheres, mesmo se não fizermos certas escolhas em relação a nós mesmas. Acredito que as mulheres, não somente nos Estados Unidos, mas em todo o mundo, mereçam igualdade e liberdade, porém estou ciente de que não estou em uma posição que me permite dizer às mulheres de outras culturas a que essa igualdade e essa liberdade deveriam se assemelhar.

Resisti ao feminismo no fim de minha adolescência até quando tinha vinte e poucos anos porque sentia medo de que o movimento não me permitisse ser a bagunça de mulher que eu me considero. Só que comecei a aprender mais sobre o feminismo. Aprendi a separar o feminismo do Feminismo e das Feministas, ou da noção do Feminismo Essencial — um feminismo único e verdadeiro que influenciaria todas as mulheres. Tornou-se fácil abraçar o movimento quando percebi que ele defendia a igualdade de gênero em todos os espaços, enquanto tenta utilizar uma perspectiva interseccional para considerar todos os outros fatores que influenciam quem somos e como nos movimentamos pelo mundo. O feminismo me trouxe paz; deu um norte para a forma como escrevo, leio e vivo. Muitas vezes, eu me disperso desses princípios, mas também tenho noção de que está tudo certo mesmo quando não correspondo à minha melhor perspectiva feminista.

As mulheres não brancas, as mulheres *queer* e as transexuais precisam ser mais bem contempladas no projeto feminista. As mulheres que pertencem a esses grupos têm sido abandonadas de forma vergonhosa pelo Feminismo com *F* maiúsculo. Essa é uma verdade dura e dolorosa. É o ponto no qual muitas pessoas se deparam com a resistência ao feminismo, tentando criar uma distância entre o movimento e seu posicionamento. Acreditem: eu compreendo. Durante anos, decidi que o feminismo não era para mim enquanto mulher negra e que tem se identificado como *queer* em diferentes momentos da vida, pois, historicamente, o feminismo tem investido muito mais em aprimorar a vida das mulheres heterossexuais brancas, em detrimento de todas as outras.

No entanto, dois erros não fazem um acerto. As falhas do feminismo não significam que devemos rejeitá-lo por completo. As pessoas fazem coisas horríveis o tempo todo, mas não costumamos renunciar à nossa humanidade por isso. Em vez disso, repudiamos apenas as coisas terríveis. Deveríamos desaprovar as falhas do feminismo, sem abdicar de seus muitos sucessos e o quanto já conseguimos alcançar.

Não temos que acreditar no mesmo feminismo. O movimento pode ser pluralista desde que respeitemos os diferentes feminismos que trazemos conosco, desde que nos importemos o suficiente para tentar minimizar as fraturas existentes entre nós.

O feminismo será mais bem-sucedido por meio do esforço coletivo, mas o sucesso feminista pode também surgir da conduta pessoal. Ouço muitas jovens dizerem que não conseguem encontrar feministas famosas com as quais se identifiquem. Isso pode ser desalentador, mas sempre afirmo: vamos (tentar) nos transformar nas feministas que gostaríamos de ver pelo mundo afora.

Quando você não consegue achar alguém para seguir, deve encontrar um jeito de liderar por meio do exemplo. Nesta coletânea de ensaios, tento liderar de forma modesta e imperfeita. Estou erguendo minha voz enquanto má feminista. Posiciono-me como má feminista. Ofereço minhas considerações sobre nossa cultura e como nós a consumimos. Os ensaios desta coletânea também analisam a questão de raça no cinema contemporâneo, os limites da "diversidade" e como a inovação raramente é satisfatória. Raramente é suficiente. Argumento em prol da criação de novas referências, mais abrangentes para a excelência literária, analisando de modo mais aprofundado a série *O negócio*, da HBO, e o fenômeno *Cinquenta tons de cinza*. Os ensaios são políticos e pessoais. Eles são, assim como o feminismo, imperfeitos, mas provenientes de um posicionamento autêntico. Sou apenas uma mulher tentando compreender o mundo no qual vivemos. Ergo minha voz para mostrar todas as formas de que dispomos para ansiar por mais, para fazer melhor.

Eu

Sintam-me, vejam-me, ouçam-me, alcancem-me

Os sites de namoro de nicho são bem interessantes. Você pode ir ao JDate ou ao Christian Mingle ou, ainda, ao Black People Meet*ou a quaisquer sites exclusivamente desenvolvidos para pessoas que tenham algo em comum possam se encontrar. Se tiver preferências específicas, pode encontrar pessoas afins ou que compartilhem sua crença ou que gostem de fazer sexo usando fantasias de animais. No mundo da internet, ninguém está sozinho em seus interesses. Assim, quando você acessa esses sites, sabe que está lidando com um público específico. E também pode esperar que, no amor on-line, a língua franca tornará todo tipo de coisa possível.

Penso constantemente em conexão e solidão, em comunidade e senso de pertencimento, e muito, talvez até demais, em como meus textos me autorizam a trabalhar por meio da intersecção dessas coisas. Então, muitos estão na busca, à espera de que alguém distante nos pegue pela mão e nos lembre de que não somos tão solitários quanto tememos ser.

Conto algumas das mesmas histórias repetidamente porque certas experiências me afetaram com intensidade. Às vezes, espero que, contando

---

* Sites de relacionamento voltados para as populações judaica, cristã e negra, respectivamente. (N. T.)

tais histórias inúmeras vezes, conquiste uma melhor compreensão de como o mundo funciona.

Além de não ter tido muitos namoros on-line, nunca de fato namorei alguém com quem não tivesse alguma afinidade. Culpo meu signo por isso. Com o tempo, enfim encontrei um denominador comum em meus relacionamentos, embora as pessoas que eu tenha tendência a namorar sejam com frequência bem diferentes de mim. Recentemente, uma amiga me disse que namoro apenas rapazes brancos e me acusou de ser... sei lá o quê. Ela mora em uma cidade grande e acha banal toda a diversidade que existe em torno dela. Em retaliação, contei-lhe que namorei um rapaz chinês na faculdade. Disse a ela que namoro os garotos que me convidam para sair. Se um *brotha*[*] me chamasse para um encontro e eu estivesse a fim dele, aceitaria com toda a felicidade do mundo. *Brothas* não demonstram interesse por mim, exceto se já estiverem na faixa dos setenta anos, e eu não estou interessada em namorar um homem idoso. Também pareço ter uma queda por libertários, embora na verdade não consiga compreendê-los, com sua radical necessidade de liberdade da tirania e dos impostos. Não consigo imaginar como seria ter bastante afinidade com alguém com quem estivesse saindo desde o primeiro encontro. Não pretendo sugerir com isso que eu teria muita afinidade com alguém apenas por sermos ambos negros, democratas ou escritores. Não sei se há alguém no mundo com quem eu tivesse muitas coisas em comum, sobretudo nesses sites em que você digita algumas características e preferências e pode, de algum modo, encontrar seu par. Sequer tentei, e não vejo isso como algo negativo. Adoro estar com alguém infinitamente interessante porque somos muito diferentes. Querer pertencer às pessoas, ou a uma delas, não significa encontrar no espelho uma imagem de si mesmo.

O BET[**] não é um canal a que eu assista regularmente, porque curto bem mais a Lifetime Movie Network[***] do que os reality shows típicos da

---

[*] Variação vernacular afro-americana da palavra *brother*. (N. T.)

[**] Black Entertainment Television: canal de TV a cabo cuja programação é voltada para afro-americanos. (N. T.)

[***] Canal de TV a cabo especializado em filmes dedicados a uma audiência majoritariamente feminina. (N. T.)

TV a cabo. Além disso, a programação fajuta do BET é uma caricatura e, considerando que assisti a dois episódios de *O vestido perfeito*, considero que minha tolerância para programas fajutos é excepcional. É vergonhoso como pessoas negras têm de se contentar com pouco quando se trata de programas de qualidade. É vergonhoso haver tão poucas opções além do BET. As redes de televisão oferecem um mar de alvura entorpecedor, exceto pelos programas produzidos por Shonda Rhimes (*Grey's Anatomy*, *Private Practice*, *Escândalos: os bastidores do poder*), que faz um verdadeiro esforço para abordar temas como raça, gênero e, em menor grau, orientação sexual. Além disso, as pessoas negras — na verdade, todas as pessoas não brancas — só conseguem ver-se no papel de advogados e amigos petulantes e, é claro, em situações de subserviência, como tão bem mostrado no longa *Histórias cruzadas*. Até mesmo quando um novo programa promete inovar, como *Girls*, de Lena Dunham, exibido na HBO, que se passa no Brooklyn, em Nova York, e acompanha a vida de quatro amigas na faixa dos vinte anos, somos forçadas a engolir mais do mesmo — um apagamento generalizado ou uma total ignorância sobre raça.

Quanto ao BET, não nos contentamos com absolutamente nada a não ser a exibição de reprises de *Girlfriends*, uma série criminosamente subestimada. Demorei muito tempo para gostar de *Girlfriends*, mas a série estava no caminho certo, sem jamais receber o reconhecimento que merecia. No entanto, às vezes me flagro assistindo a pessoas que se parecem comigo. A pele escura é bonita e gosto de acompanhar tipos diferentes de histórias. O problema é que, no BET, até vejo gente que se parece fisicamente comigo, mas é aí que as semelhanças terminam. Isso se dá em parte porque tenho quase quarenta anos. Para os padrões do BET, sou uma anciã. Por mais que eu esteja ligada na cultura pop, há coisas que desconheço. A geografia e minha profissão não ajudam. Enquanto começava a escrever este ensaio, havia um programa no BET chamado *Toya*. Eu sempre via o título quando dava uma olhada na grade de programação da TV, mas nunca tinha assistido. Até que finalmente vi dois episódios e nem sequer consegui entender por que esse programa existe. Qual é a premissa? Consultei o dr. Google e ele me informou que Toya é a ex-esposa do Lil Wayne, e é só isso. Acho que ela não é nem uma *backing vocal* ou uma *videhoe.** O limiar da fama se expande com muita rapidez.

Assisti à série da Toya, e não havia nada sobre qualquer coisa com que pudesse me identificar, a não ser os cuidados que ela dedicava à família. Eu tinha a ligeira sensação de que Toya cuidava de sua família e tentava ajudá-la a permanecer na linha, embora até mesmo isso não estivesse muito claro, visto que a maior parte dos episódios consistia em pessoas falando de coisas enfadonhas. Durante essa temporada em questão, ela namorou alguém chamado Memphitz (agora estão casados), que estava sempre admirando maravilhosos anéis de diamante. Ele é rapper? O que essas pessoas fazem para viver? A pensão alimentícia de Lil Wayne não pode ser assim tão boa. Gostaria que o BET fizesse mais para representar a gama completa de experiências dos negros de forma equilibrada. Se você assiste ao canal, tem a impressão de que a única forma pela qual os negros podem alcançar sucesso é por meio do esporte profissional ou casar-se/transar/procriar com alguém que esteja envolvido com esporte ou música.

De vez em quando, gostaria de ver um exemplo de negros que alcançaram sucesso envolvendo outros contextos profissionais. Na maioria dos programas de TV, personagens brancas proporcionam aos telespectadores uma autêntica amplitude de opções sobre "o que quero ser quando crescer". Com certeza, há exceções. Laurence Fishburne foi protagonista em uma ou duas temporadas de CSI. No passado, Blair Underwood fez um dos principais advogados de LA Law. Há ainda os já mencionados programas encabeçados por Shonda Rhimes. Imagino que a ideia seja a de que uma pessoa não branca sendo um advogado, médico, escritor, ou — que inferno! — músico de jazz, professor de escola, professor universitário, funcionário dos correios ou garçom não seja tão interessante para as *crianças*, porque o fascínio das ofertas atualmente disponíveis é inegável. E tem mais. Em algum momento, temos de parar de vender a cada criança negra do mundo a ideia de que basta segurar uma bola ou um microfone para se obter alguma coisa. Bill Cosby anda meio

---

* Gíria que descreve mulheres que participam de videoclipes de artistas de rap, hip-hop e gêneros semelhantes. É um termo controverso, mas amplamente utilizado, baseado na gíria *hoe*, diminutivo de *whore* (prostituta). (N. T.)

louco atualmente, mas sabe do que está falando. Ele está assim porque tem vivenciado essa batalha durante toda a sua maldita vida. O BET me frustra por ser uma dolorosa lembrança de que você pode ter alguma coisa e nada em comum com as pessoas ao mesmo tempo. Aprecio as diferenças, mas, de vez em quando, quero apreender um vislumbre de mim mesma em outras pessoas.

Na pós-graduação, eu era a orientadora da Associação de Estudantes Negros. Havia uma presença insignificante de negros no campus (poderiam ser contados nos dedos de uma das mãos). Uma parte deles vivia muito ocupada, sentindo-se totalmente esgotada, enquanto outros não se interessavam por absolutamente nada. Depois de quatro anos, entendi essa questão. À medida que envelheço, compreendo melhor um monte de coisas. Orientar uma associação de estudantes negros é uma tarefa exaustiva, ingrata, que dilacera o coração. É uma coisa do tipo que destrói sua fé depois de algum tempo. Uma nova professora negra chegou ao campus e perguntei o porquê de ela não trabalhar com os alunos negros. A resposta foi: "Esse não é meu trabalho". E ela completou: "Eles são inacessíveis". Odeio quando as pessoas dizem que algo não faz parte de seu trabalho ou que não é possível. Claro que todos nós dizemos tais coisas, mas certas pessoas acreditam de fato que não têm de trabalhar além daquilo que está descrito nas funções do cargo, ou que não devem tentar alcançar aqueles que, supostamente, não possam ser alcançados.

Minha ética no trabalho advém de meu incansável pai. Quando se trata de demonstrar a jovens estudantes negros que existem professores parecidos com eles; quando se trata de orientá-los e estar presente para apoiá-los, sinto que é tarefa de todos (não importa a etnia). E se você, enquanto acadêmico negro, não acredita nisso, é necessário que se autoavalie de imediato, e depois se autoavalie novamente, e continue a autoavaliação até conseguir colocar sua cabeça no lugar.

Quando eu era orientadora, creio que os estudantes negros me respeitavam, ainda que muitas vezes não gostassem de mim. Compreendo isso. Sou um gosto que se adquire com o tempo. No geral, eles me achavam uma "burguesinha". Muitos deles me chamavam de *redbone** e riam quando eu

---

* Termo utilizado para descrever pessoas negras de pele mais clara, mais usado no Sul dos Estados Unidos. (N. T.)

me irritava. E também achavam meu modo de falar hilário, porque eu arredondava as vogais. Eles me diziam: "Fala *holla* ("oi") de novo", e eu repetia, em função de essa ser uma das minhas palavras favoritas, mesmo que talvez a falasse errado de acordo com os alunos. Assim, eu meio que cantava a palavra. Em especial, adoravam o modo como eu dizia *gangsta*. Eu não ligava para as brincadeiras. Em vez disso, importava-me com o que pensavam sobre o fato de que eu esperava demais deles, e a definição de "demais" era ter qualquer expectativa que fosse.

Sim, eu era uma puta exigente e, por vezes, talvez, irracional. Insistia na excelência, traço que herdei de minha mãe. Minhas expectativas envolviam coisas como exigir dos administradores que aparecessem nas reuniões executivas, assim como que eles e os outros membros comparecessem às assembleias gerais no mínimo com cinco minutos de antecedência. Afinal, estar adiantado significa chegar na hora. Insistia que, se os estudantes tivessem concordado em realizar determinada tarefa, teriam de levá-la a cabo; insistia que fizessem o dever de casa; insistia que pedissem ajuda, e ainda recebessem aulas de reforço quando necessitassem desse tipo de apoio; insistia que parassem de pensar que um C ou um D é uma boa nota; insistia que levassem a sério a faculdade; insistia que parassem de ver teorias da conspiração em toda parte; insistia que nem todo professor que fizesse alguma coisa de que não gostassem era racista.

Logo percebi que muitos daqueles jovens não sabiam ler corretamente ou até mesmo não sabiam como estudar. Quando falamos sobre questões sociais na universidade ou em meios intelectuais, falamos muito sobre privilégio, e sobre como todos somos privilegiados e precisamos ter ciência disso. Sempre soube por que sou privilegiada, mas trabalhar com aqueles alunos, a maioria deles do centro de Detroit, levou-me a compreender a extensão do meu privilégio. Sempre que alguém me diz que não reconheço o quanto sou privilegiada, quero mesmo que calem a porcaria da boca. Acha que não sei? Tenho absoluta clareza sobre isso. A noção de que eu deveria me sentir bem com o *status quo*, ainda que não seja totalmente afetada por ele, é repulsiva.

Os alunos não sabiam ler com fluência. Então, consegui dicionários, e, como eram tímidos demais para discutir letramento nas reuniões, aproximavam-se enquanto eu andava pelo campus ou iam à minha sala e sussurravam: "Preciso de ajuda na leitura". Nunca me passou pela cabeça antes que era possível que um jovem que completou todo o ensino formal nos Estados Unidos e que chegasse a uma faculdade não fosse capaz de ler um texto de nível universitário. Com toda a certeza morro de vergonha diante dessa ignorância acerca das enfurecedoras disparidades no modo como as crianças são educadas. Durante a minha pós-graduação, aprendi muito mais fora da sala de aula do que sentada a uma mesa discorrendo sobre conceitos teóricos. Aprendi sobre o quanto sou ignorante. E ainda estou trabalhando para corrigir isso.

Pessoalmente, os estudantes e eu nos relacionávamos bem melhor. Eles eram mais receptivos. E eu não fazia a menor ideia do que estava fazendo. Como você pode ensinar alguém a ler? Consultava o dr. Google regularmente. Comprei um livro com alguns exercícios gramaticais elementares. Às vezes, apenas líamos o dever de casa deles palavra por palavra e, quando desconheciam uma palavra, eu os fazia anotá-la, procurar seu significado e escrevê-la, pois foi assim que minha mãe me ensinou. Ela estava sempre em casa depois da escola e se sentava comigo dia após dia, ano após ano, até que cheguei ao ensino médio, sempre me ajudando com o dever de casa, incentivando-me e, com certeza, impulsionando-me rumo à excelência. Havia questões em minha vida que minha mãe era incapaz de perceber, mas, quanto à minha formação, para garantir que eu fosse uma pessoa boa e bem-educada, ela esteve de prontidão em todos os sentidos.

Às vezes, ressentia-me em função da quantidade de trabalho escolar a que era obrigada a fazer em casa. Meus colegas de classe norte-americanos não precisavam fazer nada do que eu fazia. Assim, não compreendia por que minha mãe, na verdade, meus pais, ambos, eram tão obcecados em nos fazer usar a mente. Em nosso lar, havia muita pressão. Muita. Eu era uma criança bastante estressada, e um pouco daquela pressão era autoinduzida, embora outro tanto não. Adorava ser a melhor e deixar meus pais orgulhosos. Adorava o senso de controle que sentia quando tirava boas notas, enquanto havia outras partes de minha vida que estavam desesperadamente fora de controle. Era esperado que eu sempre tirasse a nota máxima. Trazer para casa um resultado inferior não era uma opção e, portanto, eu não os trazia. Esse comportamento é típico da história de uma criança filha de imigrantes e não é nem um pouco interessante. Quando trabalhei com aqueles alunos, entendi a razão de meus pais nos mostrarem por que precisávamos trabalhar três vezes mais arduamente que as crianças brancas para receber metade da consideração. Eles não nos transmitiram essa realidade com amargura. Estavam nos protegendo.

Ao final de nossas reuniões, os alunos com quem trabalhava geralmente diziam: "Não conte a ninguém que vim até aqui". E isso, quase sempre, não significava que se sentiam constrangidos por pedir ajuda. Sentiam-se constrangidos por serem vistos empenhando-se muito em sua formação, por serem vistos preocupados. Algumas vezes, abriam-se acerca da vida que levavam. Muitos deles não tinham pais que pudessem prepará-los para o mundo do modo como eu fazia. Muitos deles eram os filhos mais velhos, os primeiros na família a chegar a uma faculdade. Um dos garotos era o mais velho de nove filhos. Uma garota, a mais velha de sete. Outra, a mais velha de seis. Havia muitos pais ausentes. E mães, pais, primos, tias e irmãos encarcerados. Havia alcoolismo, dependência química e abuso. Havia pais que, ressentidos com o fato de os filhos estarem na faculdade, tentavam sabotá-los. Havia alunos que enviavam cheques de reembolso do crédito estudantil de volta para casa, a fim de ajudar no sustento da família, e passavam o semestre sem livros didáticos, sem dinheiro suficiente para comer, pois as bocas em casa precisavam ser alimentadas. Havia alunos com pais extraordinários, com famílias que os apoiavam, que nada tinham de miséria e estavam bem-preparados para viver a experiência da faculdade, ou bem preparados para fazer o que fosse preciso para engrenar no ritmo necessário. Estes últimos estudantes eram exceção. Muitas vezes, penso no perigo de uma única história, como Chimamanda Adichie discutiu em seu TED Talk, mas às vezes há de fato uma única história, e ela dilacera meu coração.

Ao final do meu último ano de pós-graduação, com todas as outras coisas que tinha que lidar em minha vida pessoal, eu estava completamente esgotada. Não tinha mais nada a oferecer. Com muita frequência, os alunos não ligavam a mínima. Eu também não estava nem aí para nada. Não me orgulho disso, mas estava mesmo lidando com muita coisa. Isso é o que digo a mim mesma. Os alunos não compareciam aos encontros da Associação de Estudantes Negros. Foram relapsos em suas participações nos eventos da associação, não promoveram os eventos e desistiram, e eu já estava sem energia para enfrentar tudo aquilo, para gritar, empurrar, cutucar e incentivá-los para que desejassem fazer o melhor. Se depois de quatro anos não haviam aprendido nada, eu tinha fracassado, e pouco poderia fazer para consertar a situação. Estavam apenas agindo como alunos de faculdade, é claro, mas mesmo assim era frustrante. Quando acabou o último semestre, senti-me aliviada. Ficaria com saudade dos estudantes porque, para ser franca, eles eram uma imensa alegria — brilhantes, engraçados, charmosos, meio loucos, mas bons garotos. No entanto, eu precisava de um intervalo, um intervalo, muito, muito longo.

A mulher que me recrutou para essa função havia trabalhado com alunos negros durante vinte anos. Quando se aposentou, estava tão exausta que não conseguia sequer falar sobre eles sem ser esmagada pela frustração, devido à falta de vontade que mostravam em mudar, à maneira como haviam sido injustiçados e à ausência de fé de que existisse um caminho diferente e melhor além dos esforços pífios da administração em promover mudanças. Tudo isso combinado. Compreendi o esgotamento dela. Foram necessários apenas quatro anos, mas cheguei lá. E aqui estou. Houve um coquetel no fim do ano no qual os alunos me surpreenderam, oferecendo-me uma placa e lendo um belo discurso no qual diziam que eu era a síntese da integridade e da graça. Eles me agradeceram em função de meu reconhecimento de que eram incomensuravelmente talentosos e poderosos. E ainda disseram que me manifestei em nome deles, mesmo quando estavam errados, e que eu era da família, o que explicava muito bem nosso relacionamento — incondicional, mas complicado. Disseram várias outras coisas maravilhosamente elogiosas, e não tinham obrigação nenhuma de dizer aquelas coisas. Deixei a pós com a sensação de que os havia tocado. Eles certamente fizeram isso, despertando em mim o sentimento de que eu era parte de algo, ainda que fosse meu o trabalho fazê-los se sentirem assim.

Enquanto membro do corpo docente, ainda não procurei a Associação de Estudantes Negros porque estou tentando encontrar energia dentro de mim. Sinto-me culpada por estar tão lenta. Sinto esse senso de responsabilidade. E sinto-me também fraca e estúpida.

Durante meu primeiro ano, tive um aluno negro em minha turma e senti que pegava no pé dele porque era negro. Disseram-me que isso ocorre com frequência com professores negros. Mas a verdade é que eu não estava exatamente pegando pesado apenas com ele. Por um lado, não tenho tempo para esse tipo de coisa e, por outro, espero que todos os meus alunos alcancem a excelência, sem exceção. Aquele estudante mantinha um coeficiente de rendimento ótimo e simplesmente não conseguia acreditar que não estava conquistando mais um A em minha matéria.

Ele estava incrédulo por eu não achar que merecia uma notória estrelinha em função de ter sido um bom aluno antes de chegar à minha classe. Eu não acreditava em sua arrogância. Tenho a sensação de que ele queria que eu me impressionasse por ele ser "diferente", um bom aluno, como se eu devesse apenas avaliá-lo pelo desempenho anterior, em vez de pelo que fazia em minha disciplina. Certa vez, ele me disse: "Não sou como os outros [palavra com N][*] do campus". Retruquei que seria melhor que ele observasse sua atitude e sua linguagem. Tivemos algumas conversas bem tensas, uma delas tão carregada que meu chefe, sem meu conhecimento, permaneceu no corredor o tempo todo porque sentiu que o garoto talvez criasse confusão. Até pensei que meu aluno fosse ter alguma reação mais violenta. Demorou um semestre inteiro para que eu conseguisse contornar esse problema. Enfim, percebi que ele não queria ser visto como um daqueles alunos que chegam e não sabem o bastante para passar ou que sequer se importam com isso. Para provar que era diferente, ele, a todo custo, mantinha seu coeficiente de rendimento nas alturas. Esse aluno se formou e não sei por onde anda agora, mas espero que não passe a vida em negociações políticas em busca de respeito.

Trabalho duro. Sou voluntária em muitas frentes. Tento cumprir o que me proponho a fazer quando garanto que farei algo. Tento fazer bem meu trabalho. Esforço-me e, depois, ainda mais. Trabalho no trabalho e trabalho em casa.

---

[*] Refere-se a *nigger*, expressão usada por pessoas racistas nos EUA para menosprezar os negros. Há controvérsias em alguns setores afro-americanos, como artistas do rap e hip-hop, quanto a ressignificar o termo. Apesar disso, este e sua corruptela *niggah* são utilizados pela comunidade negra, no sentido de "camarada", "irmão". (N. T.)

Analiso as avaliações feitas por meus alunos a respeito de meu desempenho na tentativa de entender minhas imperfeições, de modo que, na próxima vez, possa acertar. Sento-me com meus colegas e penso: *Por favor, gostem de mim. Por favor, gostem de mim. Por favor, gostem de mim. Por favor, me respeitem. No mínimo do mínimo, não me odeiem.* Com frequência, as pessoas me interpretam mal; interpretam mal minhas motivações. A pressão é permanente e sufocante. Digo que sou uma *workaholic*, e talvez seja mesmo, mas pode ser que esteja apenas tentando, como aquele meu aluno, mostrar que sou diferente.

No início da pós-graduação, uma vez escutei uma colega falar algo em sala enquanto eu passava. Ela não sabia que eu estava ali. Estava fofocando sobre mim para um grupo de colegas nossos e disse que eu era aluna cotista. Fui para minha sala tentando me controlar até que estivesse sozinha. Eu não seria a garota que chora no corredor. Tão logo cheguei a meu limite, chorei de soluçar, porque esse era meu maior medo: não ser boa o bastante, e todos saberem disso. Racionalmente, sei que era um absurdo, mas me magoou de verdade ouvir como ela e talvez os outros me viam. Não havia ninguém com quem pudesse falar sobre essa situação toda, pois eu era a única estudante não branca no programa. Portanto, ninguém entenderia. Claro que eu tinha amigos, bons amigos que iriam se solidarizar, ainda que jamais conseguissem me entender, e eu jamais fosse capaz de acreditar no fato de que eles não me viam do mesmo modo que os demais.

Parei com a brincadeira sobre ser relapsa e tripliquei o número de projetos em que estava envolvida. E fui excelente na maior parte do tempo, embora às vezes ficasse aquém do que eu mesma esperava. Tenho certeza de que tirava boas notas. Tenho certeza de que meus exames de qualificação foram consistentes. Escrevi propostas de participação em conferências e fui aceita. Publiquei artigos. Elaborei um projeto de pesquisa bastante ambicioso para minha dissertação, do tipo que me fez sentir vontade de morrer. Não importava o que fizesse, eu ouvia aquela menina, aquela garota que havia realizado uma fração da fração do que eu realizara, dizendo aos nossos colegas que eu era a única que não merecia estar no programa. A propósito, esses colegas não me defenderam. Não discordaram. E essa postura me magoou demais. Aquelas palavras me mantiveram acordada por noites a fio. Ainda posso ouvi-la, a clareza de sua voz, a certeza de sua opinião.

MÁ FEMINISTA 25

No trabalho, constantemente me aflijo. *Será que pensam que só me contrataram para preencher uma cota?* Aflijo-me pensando: *Será que mereço estar aqui? Eu me aflijo. Será que estou fazendo o suficiente?* Tenho um maldito PhD pelo qual batalhei muito e me aflijo com a ideia de não ser boa o suficiente. Isso é insano, irracional e exaustivo. Com toda a sinceridade, é deprimente.

Sei que tudo isso pode ser sem sentido, mas, para mim, todas essas coisas estão conectadas. Ainda estou escrevendo minha rota rumo a um lugar onde me encaixe, mas também estou descobrindo minha gente em lugares inesperados — Califórnia, Chicago, a península superior de Michigan e outras localidades, algumas delas que sequer figuram no mapa. Escrever estabelece pontes entre muitas diferenças. A gentileza também estabelece pontes entre muitas diferenças, e assim ocorre com o amor em *One Tree Hill: lances da vida, Lost,* livros lindos ou filmes terríveis.

Há momentos em que eu desejaria que encontrar uma comunidade fosse algo simples, como inserir algumas informações pessoais e deixar um algoritmo me mostrar a que pertenço. E, então, percebo que, em muitos aspectos, é isso que a internet e as redes sociais têm feito por mim: oferecer uma comunidade.

Ou talvez eu não esteja buscando por nenhum algoritmo.

Um algoritmo é um processo de resolução de um problema em um número finito de passos. Um algoritmo conduz a uma nítida maneira de entender um problema cuja resolução é complexa demais para a mente humana.

Não é isso que estou procurando. John Louis von Neumann disse: "Se as pessoas não acreditam que a matemática é simples, é porque não perceberam como a vida é complicada". A matemática pode muito bem ser simples, mas as complexidades de raça e cultura são com frequência irredutíveis, e a abordagem de tais questões não cabe em apenas um ensaio, ou em um livro, ou mesmo em um programa de TV ou filme.

Continuarei escrevendo sobre essas interseções como escritora e professora, como mulher negra, como má feminista, até deixar de sentir que o desejo é impossível. Não quero mais acreditar que esses problemas sejam assim tão complexos para que não consigamos dar sentido a eles.

Benefícios peculiares

Quando eu era jovem, todo verão meus pais nos levavam para o Haiti. Para eles, era uma volta ao lar. Para meus irmãos e eu, era uma aventura, às vezes uma obrigação, e sempre uma necessária educação sobre o privilégio e a graça de um passaporte norte-americano. Até visitar o Haiti, eu não tinha ideia do que a pobreza realmente era ou da diferença entre pobreza relativa e absoluta. Ver a pobreza de forma tão clara e generalizada deixou uma marca profunda em mim.

Até hoje, eu me lembro de minha primeira visita, e como em cada cruzamento, homens e mulheres, reluzentes de suor, aglomeravam-se em torno de nosso carro, os braços magros esticados, esperando por alguns *gourdes** ou dólares. Vi as favelas que se espalhavam, os barracos que comportavam famílias inteiras, o lixo empilhado nas ruas, e também a linda praia e os rapazes uniformizados que nos traziam Coca-Cola em garrafas de vidro e nos faziam chapéus e barcos de folhas de palmeira. Era difícil para uma criança começar a entender o contraste dessa pobreza tão evidente ao lado de um luxo quase repulsivo, e então os Estados Unidos, a menos de 1.300 quilômetros de distância, com suas cidades iluminadas surgindo na paisagem, as rodovias bem conservadas que se estendem por todo o país, a água encanada e a eletricidade. Não foi até muitos, muitos anos depois que percebi que mi-

* Unidade monetária do Haiti. (N. T.)

nha educação sobre privilégios havia começado bem antes que eu pudesse apreciá-los de qualquer forma significativa.

O privilégio é um direito ou uma imunidade concedida como um benefício peculiar, uma vantagem ou um favor. Existe privilégio racial, privilégio de gênero (e de identidade), privilégio heterossexual, privilégio econômico, privilégio do capacitismo, privilégio educacional, privilégio religioso — e a lista segue. Em algum ponto, você tem de se render aos tipos de privilégio que tem. Quase todos, particularmente no mundo desenvolvido, têm algo que outra pessoa não tem, algo que outra pessoa anseia.

O problema é que os críticos culturais falam sobre privilégio com uma frequência tão alarmante, e de formas tão vazias, que diluímos o significado da palavra. Quando as pessoas mencionam a palavra "privilégio", tendemos a não as ouvir porque já ouvimos essa palavra tantas vezes que já não prestamos a menor atenção em seus significados.

Uma das coisas mais difíceis que já tive de fazer foi aceitar e reconhecer meu privilégio. É um projeto em andamento. Sou mulher, pessoa negra e filha de imigrantes, mas também cresci na classe média e depois me tornei parte da classe média alta. Meus pais criaram meus irmãos e eu em um ambiente rígido, porém amoroso. Eram e são casados e felizes. Então, não tive de lidar com divórcio ou péssimas dinâmicas intramaritais. Frequentei escolas de elite. Recebi bolsas de mestrado e doutorado. Logo em meu primeiro emprego já garanti estabilidade. Minhas contas estão pagas. Tenho tempo e recursos para me dedicar às frivolidades. Uma quantidade razoável dos textos que escrevi foi publicada. Tenho um agente literário e livros de minha autoria. Minha vida está longe de ser perfeita, mas é um tanto constrangedor para mim aceitar o quanto de privilégio tenho.

Também é realmente difícil para mim considerar os privilégios que me faltam ou as formas nas quais o privilégio não me resgatou magicamente de um mundo de dor. Nos meus dias mais difíceis, não tenho certeza do que é mais insuportável — ser negra ou mulher. Estou feliz por ser ambas as coisas, porém o mundo continua a intervir. Existem todos os tipos de lembretes irritantes sobre o lugar que ocupo no mundo — pessoas aleatórias me questionando no estacionamento do meu local de trabalho, como se fosse incompreensível eu ser membro do corpo docente, a persistência de legisladores tentando criar leis sobre o corpo feminino, o assédio nas ruas, as pessoas estranhas que tentam tocar meu cabelo.

Tendemos a acreditar que as acusações de privilégio implicam que as coisas são fáceis para nós, o que nos entristece, porque a vida é difícil para quase todos. É claro que nos ressentimos dessas acusações. Observem os homens brancos quando são acusados de ter privilégios. Tendem a ficar imediatamente na defensiva (e, às vezes, de forma compreensível). Dizem: "Não é minha culpa eu ser um homem branco"; ou "ser [insira outra condição que denote privilégio]", em vez de simplesmente aceitar isso. Sim, beneficiam-se de certos privilégios que outros não têm. Isso é fato. Ter privilégios em uma ou mais áreas não significa que você seja totalmente privilegiado. Render-se à aceitação do privilégio é difícil, mas é realmente tudo o que se pode esperar. O que lembro a mim regularmente é o seguinte: o reconhecimento de meu privilégio não é uma negação das maneiras através das quais fui e sou marginalizada ou que me fazem sofrer.

Você não *tem* de necessariamente fazer nada após reconhecer seu privilégio. Não tem de se desculpar por isso. Precisa entender a extensão de seu privilégio, as consequências de seu privilégio e estar ciente de que as pessoas que são diferentes de você se movimentam e vivenciam o mundo de maneiras que você pode nunca vir a saber nada a respeito. Elas podem suportar situações as quais você nunca saberá nada a respeito. Você pode, no entanto, usar esse privilégio para o bem maior — tentar nivelar as condições de jogo para todos, para trabalhar em prol da justiça social, chamar a atenção sobre como aqueles que não têm certos privilégios são privados de direitos. Temos observado as consequências da acumulação de privilégios, e os resultados são vergonhosos.

Quando falamos sobre privilégio, algumas pessoas começam a traçar uma disputa inútil e perigosa na qual tentam misturar e combinar várias características demográficas para determinar quem ganha no Jogo do Privilégio. Quem venceria a batalha do privilégio entre uma mulher negra rica e um homem branco rico? Quem venceria a batalha do privilégio entre um homem branco *queer* e uma mulher *queer* asiática? Quem venceria a batalha do privilégio entre um homem branco operário; um mexicano rico e uma mulher mexicana sem deficiências? Poderíamos lançar esse jogo o dia todo e nunca encontrar um vencedor. Brincar de Jogo do Privilégio é masturbação mental — e traz boas sensações somente para seus participantes.

Um número excessivo de indivíduos tornou-se os autointitulados policiais do privilégio, patrulhando os pavilhões do discurso, prontos para lembrar as pessoas de seus privilégios, independentemente se estas negam ou não a existência deles. Nos discursos on-line, em particular, o fantasma do privilégio está sempre sombriamente à espreita. Quando alguém escreve por experiência própria, muitas vezes há outra pessoa de prontidão apontando um dedo trêmulo, acusando o autor da postagem de ter vários tipos de privilégios. Como alguém ousa falar sobre uma experiência pessoal sem prestar contas sobre cada configuração possível de privilégio ou da falta dele? Viveríamos em um mundo de silêncio se os únicos autorizados a escrever ou falar a partir da experiência ou sobre diferença fossem aqueles absolutamente sem privilégio.

Quando as pessoas levantam acusações de privilégio, costumam querer ser vistas e ouvidas. Sua necessidade é pungente, senão desesperada, e essa urgência surge de muitos históricos e tentativas contínuas de silenciar e tornar invisíveis grupos marginalizados. Devemos satisfazer nossa necessidade de sermos ouvidos e vistos evitando que outra pessoa seja vista e ouvida? O privilégio nega automaticamente qualquer mérito sobre o que um detentor desse privilégio tenha a dizer? Devemos ignorar tudo o que, por exemplo, os homens brancos têm a dizer?

Precisamos chegar a um ponto no qual discutamos privilégios por meio de observação e reconhecimento, em vez de acusação. Precisamos ser capazes de argumentar para além da ameaça de privilégio. Precisamos parar de brincar de Jogo do Privilégio ou de Olímpiadas da Opressão, pois nunca vamos chegar a lugar nenhum até encontrarmos maneiras mais eficazes de falar através da diferença. Devemos ter a capacidade de afirmar "Essa é a minha verdade", e que esta verdade se sustente sem uma centena de vozes gritando, dando a impressão de que múltiplas verdades não podem coexistir. Por que, em certo ponto, o privilégio não se torna algo além da questão principal?

O privilégio é relativo e contextual. Poucas pessoas no mundo desenvolvido, sobretudo nos Estados Unidos, não têm privilégios em absoluto. Entre aqueles de nós que participam de comunidades que desenvolvem atividades intelectuais, o privilégio corre desenfreado. Temos tempo disponível e acesso regular à internet. Temos liberdade para expressar nossas opiniões sem a ameaça de retaliação. Temos smartphones, iProdutos, desktops e laptops. Se você está lendo este ensaio, você tem algum tipo de privilégio. Pode ser difícil ouvir isso, eu sei, mas, se você não consegue reconhecer seu privilégio, tem muito trabalho a fazer. Então, comece.

Típica professora do primeiro ano

Frequentei escolas por muito tempo e obtive alguns diplomas, até finalmente me mudar para uma cidadezinha no meio de um milharal. Deixo alguém para trás. Digo a mim mesma que trabalhei duro demais para escolher um homem em detrimento de uma carreira. Mas quero escolher ficar com ele. Alugo um apartamento, o lugar mais agradável onde já vivi enquanto mulher adulta. Tenho um banheiro para os visitantes. Não salvo vidas, mas tento não as arruinar.

Este é o sonho, todos dizem — um bom trabalho, titulação acadêmica. Tenho uma sala, sem precisar compartilhá-la com duas ou quatro pessoas. Meu nome está gravado em uma placa do lado de fora da porta. Meu nome está escrito corretamente. Tenho minha própria impressora. Esse requinte é valioso demais para ser superestimado. Imprimo aleatoriamente um documento e suspiro feliz enquanto a impressora o cospe, quente. Tenho um telefone com uma extensão e, quando as pessoas ligam para o número, costumam estar me procurando. Há muitas prateleiras, mas gosto de meus livros em casa. Há livros em todos os filmes a que já assisti sobre professores.

Rapidamente desembalo três caixas, conteúdo que acumulei no curso de pós-graduação — lamentável lixo de gaveta, livros que raramente abrirei de novo —, mas sou professora agora e, portanto, os livros devem ficar em exposição em meu escritório. É uma regra tácita.

Coloco um quadro-branco magnético em minha porta. Hábitos antigos demoram a desaparecer. Entre uma e outra semana, apresento uma nova pergunta: qual é seu filme favorito? (*Uma linda mulher.*) Qual seu musical favorito? (*Amor, sublime amor.*) O que você quer no Natal? (Paz de espírito.) Atualmente: qual é seu coquetel favorito? Melhor resposta: nenhum.

A assistente administrativa do departamento me apresenta um resumo de coisas importantes — caixa postal, material de escritório, o código de acesso para a impressora, visto que o esqueço semanalmente. É uma moça simpática, paciente e gentil, mas, se você a irritar, terá problemas. Prometo a mim mesma nunca a irritar.

Há uma sessão de orientação enfadonha que começa com um estudante tocando violão. Uma vontade ameaçadora de cantarmos todos juntos preenche o ambiente. O aluno não é cantor. Portanto, grande parte da plateia visivelmente se encolhe. Escondo-me na última fila. Para os próximos dois dias, acumulo um conhecimento que jamais usarei — uma questão de matemática, mais uma vez.

Vou trabalhar em três turmas, duas delas praticamente desconhecidas. Acontece que, quando você diz que pode fazer alguma coisa, as pessoas acreditam. Dez minutos antes de minha primeira aula, corro até o banheiro e vomito. Tenho medo de falar em público, o que torna ensinar complicado.

Quando entro na sala de aula, os alunos me encaram como se eu estivesse no comando. Assim, esperam que eu diga alguma coisa. Olho para trás e espero que eles façam alguma coisa. É uma disputa silenciosa de poder. Por fim, digo-lhes que façam coisas, e eles as fazem. Então, percebo que estou mesmo no comando. Vamos brincar de Lego. Por uns poucos minutos, sou incrível, porque trouxe brinquedos.

Lecionar em três turmas exige muita memorização quando se trata de nomes de alunos. A tendência é eles se misturarem em um enevoado confuso. Vou demorar quase três semanas para me lembrar de Ashley A. e Ashley M.; e Matt e Matt; e Mark e Mark; e assim por diante. Confio profundamente no gesto de apontar. Desse modo, atribuo um código de cores aos alunos. *Você de camisa verde. Você de boné laranja.*

Recebo meu primeiro pagamento. Somos pagos uma vez por mês, o que exige um tipo de planejamento orçamentário que sou incapaz de elaborar. A vida fica desagradável depois do 23º dia. Estive no curso de pós-graduação durante tanto tempo que é difícil compreender que um cheque possa ter quatro números e uns trocados. Então vejo o quanto O Homem recebe. Amaldiçoado seja O Homem!

Os alunos não sabem como lidar comigo. Uso jeans e tênis All Star. Tenho tatuagens espalhadas pelos braços. Sou alta. Não sou pequenininha. Sou filha de imigrantes. Muitos de meus alunos nunca tiveram uma professora negra antes, e não posso ajudá-los nessa questão. Em meu departamento, sou a única professora negra. Provavelmente, essa situação não mudará durante todo o percurso de minha carreira, seja lá onde for que eu lecione. Estou habituada a tal situação, embora desejasse não estar. Parece haver uma regra tácita sobre a quantidade de espaços acadêmicos que as pessoas negras podem ocupar ao mesmo tempo. Cresci cansada de ser a única.

Quando eu era estudante e ouvia o falatório ininterrupto de um professor entediante, sempre pensava: *Nunca serei essa professora*. Um dia, dando aula, percebi nesse exato momento que sou *essa* professora. Miro fixamente os alunos, a maioria deles sem fazer anotações, encarando-me com aqueles olhares moribundos que esmagam a alma como se dissessem *queria estar em qualquer lugar, menos aqui*. Então penso: *queria estar em qualquer lugar, menos aqui*. Falo mais e mais rápido para nos tirar de nossa angústia. Torno-me incoerente. Seus olhares moribundos assombram-me pelo restante do dia, e continuam a me assombrar por ainda mais tempo.

Mantenho contato com minha amiga mais próxima desde a pós-graduação. Gostamos de nossos novos empregos, mas a curva do aprendizado é íngreme. Não há um contorno final suave. Utilizamos metáforas sobre afogamento. Em longas conversas, questionamos a opção de sermos mulheres modernas respeitáveis. Há muitas avaliações e notas. Há muito a ser dito sobre trabalhar descalça na cozinha, quando encaramos uma pilha de documentos de pesquisa.

Andando pelo corredor, ouço uma moça dizer repetidamente "dra. Gay" e penso: *Essa dra. Gay é bastante grosseira por ignorar dessa maneira essa pobre estudante*. Viro-me para dizer alguma coisa e então percebo que ela está falando comigo.

Fico preocupada sobre o fato de que alguns de meus alunos não têm roupa com zíperes ou botões ou quaisquer outros métodos de fechamento e sustentação. Vejo uma porção de palavras desbotadas e espalhadas por suas nádegas, pelas alças dos sutiãs, pelas calças molengas frequentemente mal ajustadas. No inverno, quando há neve e gelo lá fora, os rapazes vêm para a aula de bermuda de basquete e chinelos. Preocupo-me com seus pés, seus pobres dedinhos.

Pais superprotetores enviam e-mails para mim querendo informações sobre os filhos: *Como vai o desempenho do meu filho? Minha filha frequenta as aulas?* Estimulo-os a abrir linhas de comunicação com seus filhos. Educadamente, explico-lhes que há leis que impedem esse tipo de comunicação sem a autorização do filho. E o aluno raramente consente.

Não há nada de novo na cidade nova, e não conheço ninguém. A cidade é plana, um pedaço de terra arrasada cheio de centros comerciais semiabandonados. E então há o milho, em grande quantidade, por toda parte, estendendo-se por todas as direções. A maioria de meus colegas vive a mais de oitenta quilômetros de distância. A maioria de meus colegas tem famílias. Vou para o norte até Chicago. Vou para o leste até Indianápolis. Vou para o sul até St. Louis. Inscrevo-me em uma competição de Scrabble[*] e venço o primeiro torneio do qual participo. Na última rodada, deparo-me com um inimigo que fica tão irritado quando o venço que se recusa a apertar minha mão e sai do torneio esperneando, bufando. A doçura dessa vitória perdura. Na próxima vez em que eu o encontrar em outro torneio, ele vai apontar para mim e dizer: "Melhor de três. Melhor. Duas. De. Três". Eu o venci em duas partidas em uma rodada de melhor de três.

Meus próprios pais perguntam: *Como você está, minha filha?* E lhes dou uma versão parcial da verdade.

Algumas vezes, durante as aulas, surpreendo alunos que olham fixamente para seus celulares sob a carteira, como se houvesse uma parede da invisibilidade. Isso é tão engraçado quanto irritante. Então, por vezes, acabo dizendo: "Estou vendo você". Outras vezes, confisco os aparelhos eletrônicos.

Em determinadas ocasiões, quando os alunos fazem trabalho em gru-

---

[*] Jogo de tabuleiro também lançado no Brasil como "Palavras Cruzadas". (N. T.)

po, arrisco uma olhadela para meu próprio celular, como se houvesse uma parede da invisibilidade também. Sou parte do problema.

Tento tornar a aula divertida, envolvente, *experimental*. Fazemos um debate acerca de questões sociais em redação. Recorremos ao Twitter para aprender a elaborar um pequeno conteúdo com novas maneiras de formular ideias via mídia escrita. Jogamos *Jeopardy*[*] para aprender sobre relatórios em escrita profissional. Faculdade e jardim de infância não diferem tanto assim. Todos os dias, eu me pergunto: *Como faço para manter esses alunos envolvidos de forma significativa, educados e engajados por cinquenta minutos? Como faço para mantê-los olhando para mim sem aquele ar de enfado? Como faço para que se sintam motivados a aprender?* É cansativo; às vezes, acho que a resposta a cada uma dessas perguntas é: *Não consigo*.

Há uma praga sobre os avós. Os familiares idosos de meus alunos falecem a uma velocidade alarmante dentro de apenas uma semana. De qualquer modo, quero alertar os avós. Quero que vivam. As desculpas que os alunos inventam para as ausências e as tarefas de casa não feitas, de tão absurdas e improváveis, acabam me divertindo. Eles acham que quero mesmo saber. Acham que preciso da explicação deles. Acham que não sei que estão mentindo. Às vezes, digo apenas: "Sei que está mentindo. Você expressa isso melhor quando não diz absolutamente nada".

Tento não ser velha. Tento não pensar: *Quando eu tinha sua idade...* Porém, muitas vezes, eu me lembro de quando tinha a idade deles. Gostava da faculdade; adorava aprender e trabalhar duro. A maioria das pessoas que frequentou a faculdade comigo também. Festejávamos bastante, mas compareceíamos às aulas e fazíamos o que devia de ser feito. Uma quantidade alarmante de alunos meus parece *não querer* estar na faculdade. Estão ali porque sentem não ter outra opção ou porque não têm nada melhor para fazer, pois os pais os obrigam a cursar uma faculdade; porque, como a maioria de nós, renderam-se à retórica de que, para ter sucesso, você precisa de um diploma universitário. Não estão necessariamente errados. Ainda assim, muitas vezes, vejo-me desejosa de lecionar para mais estudantes que queiram, de fato, cursar uma instituição de ensino superior; que não sintam ressentimento da educação

---

[*] Jogo de perguntas e respostas sobre vários temas. (N. T.)

imposta sobre eles. Meu desejo é que pudessem existir alternativas viáveis aos estudantes que preferissem estar em qualquer outro lugar que não fosse uma sala de aula. Meu desejo, sobretudo, é que o mundo fosse perfeito.

Diversos alunos encontram meu site. Assim é o ensino na era digital. Eles encontram meus textos, muitos dos quais são, digamos assim, explícitos por natureza. As notícias correm rapidamente. Querem conversar comigo sobre essas coisas no corredor, após a aula, em minha sala, pelo campus afora. É estranho e lisonjeiro, sobretudo estranho. Os alunos também sabem muito sobre minha vida pessoal. Sabem aquele rapaz com quem casualmente passei a noite, que me ajudou a beber duas garrafas de vinho e preparou meu café da manhã? Preciso mudar minha forma de blogar.

Relaciono-me bem com os estudantes. Em geral, são brilhantes e charmosos, mesmo quando causam frustração. Eles me fazem amar meu trabalho, tanto dentro quanto fora da sala de aula. Aparecem em minha sala para discutir problemas pessoais. Tento manter os limites. Há rompimentos de namoros de longa data, e namoros ruins, e um professor devasso em outro departamento, e um companheiro de quarto que deixa a porta aberta enquanto transa, e aquele negócio que aconteceu no bar na sexta-feira, e decisões difíceis sobre ir para a pós-graduação ou para o mercado de trabalho. Cada uma dessas situações desencadeia uma crise. Escuto e tento dar o conselho apropriado. Este não é o mesmo que meus amigos e eu trocamos. O que quero mesmo dizer a esses estudantes, mulheres na maioria, é: "MENINAAA!".

Sinto-me bem contente por estar na faixa dos trinta anos, e nada representa uma afirmação maior disso do que estar próxima de jovens no fim da adolescência, na faixa dos vinte.

Na pós-graduação, ouvimos histórias escandalosas de reuniões de departamentos nas quais se trocavam palavras exaltadas, e membros de vários setores quase chegaram às vias de fato. Esperava ansiosa por todo esse drama até descobrir que meu departamento se reunia uma ou duas vezes por semestre, em vez de semanalmente. Assim, reunimo-nos em comissões, e os chefes desses comitês reportam-se ao departamento. Reuniões de comitê não constituem minha parte favorita do trabalho. Há política, e agendas, e décadas de história que pouco conheço e compreendo menos ainda. Todos têm boas intenções, porém há muita burocracia. Prefiro o bom senso.

O primeiro ano termina, e recebo minhas avaliações. A maioria dos alunos considera que fiz um trabalho decente, alguns deles, um fantástico trabalho, mas há aqueles que discordam. Exijo muitos trabalhos — dizem eles. Tenho altas expectativas. Não considero esses comentários como imperfeições de meu trabalho. Um aluno escreve: "Típica professora de primeiro ano". Mas não tenho ideia do que essas palavras significam.

No recesso de inverno, minha amiga da pós-graduação e eu lamentamos nossas escolhas e o fato de aceitarmos empregos em locais isolados, além dos (relativos) sacrifícios que os acadêmicos frequentemente têm de fazer. É exaustivo ouvirmos com constância *como somos sortudas*. Parece que a sorte e a solidão são bem compatíveis.

Saio para beber com o rapaz... com o qual costumo sair para beber. Seria exagero chamar o encontro de namoro. Somos uma questão de convivência. Tomo um gole de *T & T* (tequila e gim-tônica) e lamento minhas avaliações. Quero ser uma boa professora e, na maioria dos dias, acho que sou. Eu me importo. Quero que os alunos *gostem* de mim. Sou humana e sou cheia de quereres. O rapaz dizia para que não me preocupasse com tanta veemência, e quase acredito nele. Ele pede outra bebida para mim, e depois outra bebida. Espero não encontrar nenhum de meus alunos, pois não conseguiria me comportar profissionalmente em meu estado atual. Essa é sempre minha oração quando saímos. Por isso, às vezes, vamos parar em uma cidade a oitenta quilômetros de distância. No fim da noite, dois homens bem baixinhos começam uma briga. Roupas são rasgadas. Estamos no estacionamento e observamos a cena. A fúria dos homens, o fervor sanguinário do momento, tudo me fascina. Mais tarde, depois de pegar um táxi para casa, bem embriagada, ligo para o homem que deixei para trás, o homem que não veio comigo.

"Meus alunos me odeiam", digo. Ele me garante que não e diz que isso seria impossível. Prossigo: "É tudo tão terrível! E tão bom!".

Ele retruca: "Eu sei".

Inicia-se outro semestre. Três novas turmas. O inverno chega, gelo por todo lado, planícies áridas. Há três novos grupos de alunos, feições diferentes, embora nomes semelhantes. *Oi, você de boné cáqui. Oi, você com o cabelo roxo.* Dizem que o objetivo é a estabilidade profissional no plano de carreira. Assim, todos os professores, entre eles os de primeiro ano, devem organizar um portfólio anual. Organizo uma pasta com registros relativos a um semestre de trabalho. Tento quantificar meu valor profissional. Meus colegas redigem documentos para atestar sobre minhas várias conquistas, provando que faço parte da comissão tal e tal, que participei do evento tal e tal, que sou um valioso membro que contribuiu para o departamento. Atualizo meu currículo. Grampeio minhas publicações. Compro um fichário de três furos verde-fosforescente. É dessa forma que me enfureço contra o sistema. Passo uma tarde organizando tudo e criando etiquetas, e escrevendo sobre mim mesma com quantidades iguais de humildade e bravatas. É um equilíbrio delicado. Mais tarde, comento com um amigo: "Parecia corte e colagem para adultos. Cursei pós-graduação para isso".

Parei de me perder procurando o banheiro. O prédio é estranho, com muitos corredores, alguns deles escondidos, com um sistema antiquado de numeração que desafia a lógica. Quando deixo minha porta aberta, os alunos passam e perguntam: "Onde é a sala da doutora fulana de tal?". Eu respondo: "Não tenho a mínima ideia".

Dizem que o verão é um período para descanso, relaxamento e fazer atualizações em geral. Leciono para duas turmas. Escrevo um romance. Volto ao lugar do qual saí para assumir esse emprego, para passar semanas com o homem que deixei para trás. Ele diz: "Não vá embora". Eu digo: "Por favor, me acompanhe".

Continuamos em um impasse. Volto para o milharal. Faltam poucas semanas para o fim do verão, e elas não são suficientes.

Um novo semestre começa. Assumo novas responsabilidades, entre elas presidir uma comissão. Dez minutos antes da primeira aula do primeiro dia, corro até o banheiro e vomito. Na sala de aula, olho fixamente para outro grupo de alunos cujos nomes terei de lembrar. *Você, de camiseta vermelha. Você, de short cor-de-rosa.* Recuso-me a baixar minhas expectativas. Tento aprender melhor, fazer melhor. Não tenho ideia de como cheguei a ser aquela que fica diante da classe, que é responsável pelas coisas. Muitas vezes, sinto-me como a criança que se senta na mesa dos adultos pela primeira vez no dia da Ação de Graças. Não tenho certeza de que garfo usar. Meus pés não conseguem alcançar o chão.

UM "PUXA, PRENDE, PASSA" DESAJEITADO OU FRENÉTICO

MEU TERCEIRO TORNEIO COMEÇOU com um jogo brutal que perdi com uma margem de mais de duzentos pontos. Eu era a quinta na classificação preliminar e me sentia confiante — na verdade, confiante demais. A música "We are the Champions" tocava infinitamente em minha cabeça. E mais: era o início de uma manhã de sábado. Não sou uma pessoa matutina. Antes do começo do torneio, as pessoas circulavam pela sala de reuniões do hotel, batendo papos fúteis sobre o calor, sobre o que havíamos feito desde a última vez que nos vimos (no torneio anterior, em Illinois) e sobre alguns dos jogos mais incríveis dos quais havíamos participado recentemente.

Jogadores de palavras cruzadas* adoram falar prolongadamente e, de certo modo, sobre seus triunfos vocabulares.

Havia 21 de nós com diferentes níveis de habilidade, mas, de fato, se você está jogando em um nível competitivo, significa que tem algum talento e pode ser um bom adversário. Os jogadores mais experientes, os Dragos para meu Rocky, estudavam listas de palavras e pareciam intensamente focados em alguma coisa que o restante de nós não conseguia enxergar. Muitos deles usavam pochetes (sem nenhuma ironia) — pochetes robustas, misteriosamente

---

* Com toda a seriedade, o jogo Scrabble foi inventado por um homem chamado Alfred Mosher Butts. Em tradução livre, Alfred Mosher Bundas.

estufadas. Enquanto eu aguardava o início do torneio, estudava a mesa de acessórios relacionados ao jogo: livros, conjunto de guias de viagem, uma toalha, um tabuleiro de luxo e alguns sabonetes franceses obviamente tirados do armário de alguém, tudo para ser sorteado mais tarde no fim do dia.*

Pontualmente, às nove horas, Tom, o diretor do torneio,** começou a dar avisos, um dos quais dizendo respeito ao falecimento da esposa dele havia alguns dias. Então ele disse que o torneio prosseguiria. Foi um momento estranho e comovente, pois o luto é pessoal, e aquele homem estava claramente de luto. A sala ficou em silêncio. Era difícil saber o que fazer. Ele anunciou que os primeiros pares seriam afixados em poucos minutos. Assim, esperamos em silêncio até que os pareamentos fossem postados ao redor da sala. Aproximamo-nos da folha de papel, anotando com rapidez o nome de nossos dois primeiros adversários. Sentei-me diante de minha primeira desafiante, classificada como a 19ª colocada. Minha confiança aumentou obscenamente. Ela me encarou toda cheia de si, quase com soberba. Senti um calafrio desconfortável. Determinamos que minha adversária começaria. Ela escolheu suas sete pedras. Iniciei a contagem de tempo e lhe dei uma encarada dura enquanto ela embaralhava os sete quadrados de plástico, em seu tabuleiro. Comecei a escolher minhas pedrinhas. Sob a mesa, minhas pernas tremiam.

Esse é o jogo de Scrabble competitivo.***

---

* Os torneios de Scrabble são bem semelhantes aos jogos de futebol promovidos para crianças de quatro anos de idade, nos quais, muitas vezes, todos voltam para casa com alguma coisinha.

** Oficialmente, os torneios são administrados por diretores aprovados pela Naspa (a sigla em inglês para Associação Norte-Americana de Jogadores de Scrabble). Os diretores de torneios costumam ter um conhecimento enciclopédico sobre o jogo e, assim, podem com facilidade esclarecer qualquer confusão sobre as regras ou contornar as contendas que surjam durante uma competição. E elas surgem.

*** A competição de Scrabble é muito séria: há um campeonato norte-americano, realizado todo ano durante o verão. O primeiro torneio nacional ocorreu em 1978. Também existem competições mundiais (a primeira foi realizada em 1991). Há uma indústria artesanal de produtos relacionados ao jogo: cronômetros, tabuleiros, peças etc., além de livros, documentários e artigos acadêmicos sobre as nuances do Scrabble. Existem ainda aplicativos (uso o Zarf, CheckWord, o jogo oficial Scrabble, Lexulous e Words With Friends). Há jogos de Scrabble no Facebook (jogo o oficial da Hasbro e o Lexulous). Ainda on-line, há o Internet Scrabble Club (isc), no qual também jogo. Existe até mesmo um site (cross-tables.com) dedicado a rastrear todos os torneios oficiais nos Estados Unidos, apresentando a pontuação e o ranking. Apareço na 1.336ª posição no ranking nacional.

Você precisa compreender. Estava sozinha em uma nova cidade em que não conhecia ninguém. Queria voltar a meu lar, com meu namorado em nosso apartamento, reclamando do fato de que o Sports Center parecia estar eternamente no ar ou ouvindo-o resmungar sobre meus amigos imaginários da internet. Meu apartamento estava vazio, sem móveis, pois deixei para trás meus tristes móveis da pós-graduação. Após o trabalho, sentava-me, quase triste, em minha solitária poltrona, comprada no Sofa Mart, perguntando-me como minha vida havia chegado a tal ponto.

Quando minha nova colega me convidou para ir à sua casa e jogar em um clube de Scrabble,* eu me sentia tão desesperada que teria concordado com praticamente qualquer coisa — limpar os banheiros, observar a grama crescer no quintal, algo de caráter duvidoso e vagamente ilegal envolvendo prostituição suburbana, pouco importava.

Eu não sabia bem o que era um clube de Scrabble, mas presumia que significasse um grupo de pessoas que gostava de amistosos jogos de palavras-cruzadas em uma tarde de sábado. Contei à minha mãe que ia participar de um jogo de Scrabble. Ela riu e me chamou de geek, com seu sotaque envolvendo a palavra de modo estranho. Fui energicamente ridicularizada por meus irmãos, que sempre foram populares, enquanto eu era a nerd rejeitada, um fato que eles alegremente me lembraram, fazendo uma série de piadas cada vez mais absurdas relacionadas ao jogo, como: "Você, com certeza, está passando por um PERÍODO DE SECA". O homem que deixei para trás disse: "Volte para casa. Você está me assustando". Ignorei todos eles.

Minha colega Daiva e seu marido, Marty, vivem em uma ampla casa em um bairro arborizado, bem no limite de nossa cidadezinha. Tudo lá é moderno, singular e interessante de se ver — cadeiras de couro liso, cerâmica, arte africana. No porão bem-acabado, há espaço para dez a vinte pessoas ou até mais se reunirem uma vez por mês e jogarem Scrabble o dia inteiro.

Suponho que o total gire em torno de 1.400 jogadores, em função de minha baixa classificação.

* Há mais de duzentos clubes de Scrabble nos EUA. O clube de minha cidade reúne-se todo mês, enquanto no de Champaign, Illinois, os encontros são semanais. Em cidades maiores, os clubes reúnem-se até mesmo duas vezes por semana.

Marty* é um jogador de ranking nacional, o 15º. Conhece não só cada palavra inventada, mas também o significado de cada uma delas. Se você lhe der uma combinação de sete letras, ele vai dizer todos os possíveis anagramas. Não me surpreenderia saber que ele pensa em anagramas. Há 39 possibilidades de palavras cruzadas na palavra inglesa *"anagram"*.**

Quando você é novo no clube, Marty explica cuidadosamente as regras da competição de Scrabble, e há muitas regras. Você tem de memorizá-las. Assim que concluir sua rodada, precisa apertar um cronômetro. E precisa também monitorar o tempo, pois existem penalidades caso exceda o total de 25 minutos para as jogadas. Há uma etiqueta apropriada para tirar as pedras do saco (mantenha o saco à altura dos olhos e a cabeça virada).*** Há uma penalidade caso você retire muitas peças. E um protocolo de impugnação se acreditar que seu adversário está trapaceando, ou seja, usando uma palavra que não esteja no Torneio Oficial ou na Lista de Palavras do Clube.****

À medida que Martin me contava todas as regras no primeiro dia, eu ria e revirava os olhos como uma idiota, esforçando-me para não levar nada daquilo a sério. Até aquele dia, meus jogos de Scrabble envolviam princi-

---

* É meu *sensei* no Scrabble. Quase o venci uma vez, e "quase" quer dizer "nem tanto". No início da competição, joguei TRIPLEX para cerca de noventa pontos. Então, joguei outro bingo. Estava bem à frente e iludida com a ideia de que me sairia bem. Minha doce e imaginada vitória era quase insuportável. Marty prosseguiu com ENTOZOAN, pela pontuação de duas palavras triplas para 203 pontos. Ele era tipo o Sub-Zero do Mortal Kombat e arrancou minha coluna no Scrabble com as mãos desarmadas — FATALITY. Desde a ocasião, não jogamos mais. Fui devidamente humilhada.

** Adoro anagramas. Quando eu era criança, minha mãe escrevia grandes palavras em um papel pautado e pedia-me que encontrasse todas as palavras possíveis. Agora, encontrar palavras é minha espécie de superpoder.

*** Na sétima rodada do Campeonato Mundial de Scrabble de 2011, Edward Martin, enquanto Chollapat Itthi-Aree jogava, percebeu que estava faltando uma peça. O diretor do torneio apresentou uma solução razoável, mas Itthi-Aree exigiu que Martin provasse que não estava escondendo a pedra que faltava. O jogo recomeçou, e Martin ganhou por apenas um ponto. Meu amigo/*sensei* Marty estava sentado ao lado desses rapazes quando isso ocorreu. Ele disse que "foi uma distração".

**** Existem várias listas oficiais de palavras. Na América do Norte, a maioria dos jogadores de Scrabble usa a "Lista oficial para torneios e clubes". Em outros territórios de língua inglesa, os jogadores usam o dicionário *Collins*. Em alguns torneios dos Estados Unidos, você encontrará versões menores do *Collins* para os jogadores que queiram testar suas habilidades usando esse dicionário. O desafio é lembrar quais as palavras aceitas pelo *Collins* e, então, as aceitas pela OWL quando voltam ao jogo tradicional.

palmente bebida, amigos, palavras loucas inventadas, pontuação aleatória e jamais restrições de tempo. Era uma época inocente.

As pessoas entravam lentamente com grandes estojos redondos. O estojo de uma mulher tinha rodas, como uma mala. Elas os dispunham em mesas e tiravam tabuleiros personalizados, temporizadores, sacos de peças e apoios. Tiravam também suas folhas de pontuação e amuletos pessoais. Os jogos começaram, e o recinto ficou silencioso. Percebi que não era hora de soltar piadas. Percebi que o jogo de Scrabble é um negócio muito sério.

Tenho um arqui-inimigo no Scrabble. Seu nome é Henry,[*] e tem os olhos azul-acinzentados mais lindos que já vi. A beleza daqueles olhos perfeitos só me faz odiá-lo ainda mais. É conhecido por usar uma pochete e costuma franzir a sobrancelha. Arqui-inimigos não nascem. Criam-se.

Logo após começar a jogar em meu clube de Scrabble local, Marty me contou sobre um torneio de caridade que ele realizava em Danville. Disse que jogar lá seria uma excelente experiência para mim. Não tinha nada a perder. Então, concordei. Não fazia ideia do que esperar quando entrei no edifício principal da faculdade comunitária de Danville. Depois de me registrar, fiquei lá estranhamente de pé, querendo saber o que fazer, até que meus amigos do clube tiveram pena de mim e me mostraram o ambiente do torneio.

Pessoas importantes no Scrabble estudam termos e lembram-se de partidas de oito anos atrás, nas quais montaram uma palavra de 173 pontos. Elas se lembram de quando não desafiaram um trapaceador e perderam a partida. Lembram-se de tudo. Alguns jogadores importantes de Scrabble são maus perdedores. Sou uma boa perdedora, e amo tanto o jogo que não me importo se perder. Tenho de ser boa perdedora, porque perco muito. Então, praticamente encarno esse papel. Ao contrário de jogadores importantes, não tenho paciência para estudar, por exemplo, todas as possíveis palavras de três e quatro letras. Mesmo assim, sou extremamente competitiva.[**] É uma combinação estranha.

---

[*] Henry não é o nome verdadeiro dele.

[**] Sempre gostei de jogos de tabuleiro. Adoro rolar os dados e mover as pecinhas de plástico ou de metal. Coleciono Monopolies do mundo todo. Jogo qualquer coisa, desde que haja a possibilidade de vencer. Levo jogos a sério. Às vezes, levo-os a sério demais e confundo ganhar o Jogo da Vida com vencer na vida.

MÁ FEMINISTA 45

Comecei o torneio pensando: *Vou vencer esse torneio*. Encaro a maior parte das coisas na vida com um perigoso nível de confiança, para equilibrar minha geralmente baixa autoestima. Isso me ajuda como escritora. Toda vez que envio uma história para revistas sofisticadas, como, digamos, a *New Yorker* ou a *Paris Review*, penso: *Com certeza, esta será publicada*.

Meu coração fica partido mais do que deveria.

Fiz meu registro, peguei todas as minhas tralhas e a papelada e olhei para os outros nerds de palavras. Senti como se as pessoas me analisassem. Estava preparada para reencenar o início do videoclipe de "Beat It", quando todos estavam em silêncio se observando, tentando avaliar a competição. Havia 32 jogadores, quatro grupos (com base no ranking) com oito jogadores em cada um. Travaríamos sete rodadas para determinar o jogador número um que teria domínio sobre todos os outros. O diretor do torneio leu o nome de cada pessoa em cada grupo, junto com a classificação. Leu meu nome por último, e entendi meu lugar. Eu era a jogadora de mais baixo ranking (a pior) no recinto.* Era a última criança a ser escolhida para o jogo de queimada.

Sentei-me para minha primeira rodada com a mulher mais bem classificada em minha categoria, e ela era muito arrogante. Eu também era, ou pelo menos tentava projetar arrogância e calma. Minhas mãos tremiam sob a mesa. Sentia-me muito nervosa. Minha ambição principal era não me humilhar, ou seja, não cometer nenhum erro no qual a etiqueta de palavras cruzadas estivesse envolvida,** ou envergonhar os membros de meu clube, muitos deles presentes.

---

* As pessoas que jogam Scrabble são, de fato, muito simpáticas e agradáveis, mas, para ser clara, também são muito intensas e extremamente sérias. Imagino um cenário. Em minha cabeça, enquanto nos preparávamos para a contenda de palavras, eu me sentia como se estivéssemos prestes a entrar em conflito, algo semelhante ao vídeo da música "Bad", de Michael Jackson. Muito de minha vida pode ser descrito em termos de músicas de Michael Jackson. Eu explicaria o significado de "Man in the Mirror", mas aí você pensaria que sou louca.

** Jogadores podem ser muito... *peculiares* sobre como você se comporta durante uma partida de Scrabble. Alguns querem silêncio absoluto durante as partidas. Portanto, não apreciarão sua conversa-fiada. Alguns acham que você está trapaceando quando mexe em seu telefone enquanto joga. De forma alguma atenda a uma chamada se seu telefone tocar. Uma vez recebi um olhar de recriminação por teclar em meu celular sem silenciá-lo. Aparentemente, os bipes suaves eram demais para esse jogador. Quanto mais você joga, mais aperfeiçoa essas particularidades. Eu, por exemplo, desenvolvi diversas implicâncias e preferências relacionadas com Scrabble. Tenho uma opinião convicta sobre o tipo de folhas de pontuação e espécie de canetas que uso para marcar a pontuação (*roller ball*

Minha oponente levantou o olhar e disse: "Eu estava na classificação acima desta ontem". A manopla foi lançada.* Ela pronunciou tais palavras com um sorriso amistoso, mas estava tentando me intimidar, o que percebi pela forma como o lábio superior dela se curvou. Que bela jogada! Eu me perguntei se poderia comprar fraldas para adultos na loja de conveniência do posto de gasolina mais próximo.

O torneio começou, e consegui soletrar minhas palavras e utilizar o temporizador corretamente. Entrei no ritmo. Fiz um bingo.** Sentia-me bem. Minha pele ficou corada pelo calor do sucesso inicial. Comecei a pensar que tinha uma chance. Então, a Número Um começou a limpar o tabuleiro com meu traseiro; a pontuação final foi de 366 x 277 . Sorri e apertei a mão dela, porém um pequeno pedaço de minha alma foi destruído. Pensei: *Je suis désoleé.****

Quando me recompus, fiz uma avaliação do que havia ocorrido. Joguei decentemente e fiz dois bingos no geral. Não havia nada que eu pudesse fazer. Continuei escolhendo horrivelmente as letras *J*, *V* e *K* e sendo vencida, e ela permaneceu extremamente confiante durante todo o tempo. Pior ainda:

Uni-ball de 0,5 milímetros). Agora, tenho tolerância muito baixa para jogadores que tiram suas peças de formas irritantes. Fico particularmente nervosa com jogadores que misturam demais as peças antes de fazer cada escolha. Isso NÃO ALTERA O RESULTADO. Também não tenho bons sentimentos sobre quem bate as peças no tabuleiro enquanto conta os pontos. Por que fazem isso? O que realmente passa dos meus limites, porém, é quando os jogadores recontam minha pontuação de palavras depois de eu já ter anunciado ao final de um turno, como se eu fosse incapaz de fazer cálculos de matemática básica. Com certeza, matemática não é meu forte, mas, em geral, sei somar. Quando essa desnecessária verificação de pontuação ocorre, tenho às vezes que me sentar sobre as mãos para não beliscar a cara de um jogador.

* Significa "desafiar". O termo deriva da época dos cavaleiros medievais, quando um deles fazia um desafio jogando a manopla ao chão (uma luva de metal que fazia parte da armadura). O outro cavaleiro aceita o desafio pegando a manopla.

** Um bingo é quando você joga todas as sete letras de seu tabuleiro. É uma das jogadas mais almejadas do Scrabble. Sou uma jogadora de bingo. Não tenho tempo para aprender todas as palavras de três letras e outras palavras obscuras e aleatórias. Então, passo a maior parte do tempo buscando bingos, pois, além dos pontos do tabuleiro que você ganha, também ganha um bônus de cinquenta pontos. Há 23 palavras de palavras cruzadas possíveis em "bingo".

*** "Estou desolada" em francês. (N. T.)

a Número Um jogou comigo melhor do que ela jogou o próprio jogo.* No início da partida, ela me perguntou se eu era estudante.** Respondi: "Não, eu ensino a escrever".

E ela retrucou: "Ai, estou em apuros!". Fingiu ser a presa mais fraca. Eis a questão. Jogo pôquer. Reconheço um blefe quando o vejo. Conforme ela avançava, continuou com o sorrisinho, informando-me que seu pé estava deixando uma marca feia em meu pescoço.

Estava determinada a ganhar meu segundo jogo, pois sou assim: competitiva, orgulhosa, e ganhar é muito melhor do que perder. Minha adversária era muito quieta e taciturna. Não foi divertido jogar com ela. Derrotei-a por 403-229 e queria berrar minha felicidade aos quatro cantos. Sentia-me tentada a pular sobre a mesa e gritar: "NA CARA!!!". Porém, por uma questão de espírito esportivo, permaneci tranquila e educada, agradecendo-lhe pela partida. A mulher foi embora friamente, sequer pediu licença. Mais tarde, quando dirigi de volta para casa, vibrei. Vibrei muito.

A terceira partida foi com uma mulher com quem eu jogava regularmente. Ela é muito agradável e nos damos bem. Ela sempre me vence, e esse dia não seria exceção — placar: 390 x 327. Meu ambicioso e delirante objetivo de ganhar o torneio estava fracassando. Restavam quatro partidas depois do intervalo. Por isso, antes de voltar a jogar, almoçamos, comi um sanduíche vegetariano. Disse a Daiva, a mulher que tinha me apresentado a essa loucura do Scrabble competitivo: "Vou ganhar este torneio". Ela me lançou o mais triste olhar, como se dizendo para me confortar: *Sim, sim, minha louca bebezinha jogadora de Scrabble.*

Há algo a ser dito sobre a ilusão da confiança. Ganhei meus quatro jogos seguintes (389-312; 424-244; 352-312; 396-366). Estava um demônio. Dominava a magia das palavras. Enxergava bingos em todos os lugares e fazia jogadas justas e inteligentes, bloqueando as linhas de pontuação tripla

---

* Não se confundam. Scrabble competitivo é tanto um xadrez quanto um pôquer com palavras. Você precisa de uma expressão confiante e de adotá-la intensamente.

** Prefiro acreditar que ela me fez essa pergunta porque tenho essa jovial e saudável aparência.

e rastreando com perfeição.[*] A cada vitória, sentia-me cada vez mais invencível. Queria bater em meu peito. E estava também tentando me distrair.

No meio da noite, horas antes do início do torneio, recebi um telefonema desesperado de minha mãe, o tipo de chamada que, quando seus pais já são mais velhos, você espera nunca receber. Meu pai normalmente saudável teve de ser levado às pressas para o hospital com dores no peito e falta de ar. Meu primeiro instinto foi dizer: "Estou voltando para casa". Felizmente, meu irmão mais novo mora próximo e podia ir até lá. Durante todo o torneio, eu recebia atualizações sobre a condição de meu pai, tentando tranquilizar minha mãe, afirmando que tudo ficaria bem.[**] Eu estava tentando não perder a merda[***] do controle completamente. Existem 227 palavras cruzadas possíveis em *"completely"*.

Em meu último jogo do dia, ficou claro que o vencedor dessa partida ganharia o torneio em nossa divisão. Foi assim que nasceu meu inimigo.

Henry, de belos e penetrantes olhos azul-acinzentados, era astuto como uma raposa. No início do jogo, ele ficou usando palavras de duas letras. Então, fiz o mesmo. Estávamos nos perseguindo, andando em círculos em uma jaula. Sabe a cena de luta com os participantes nus em *Senhores do crime?* Foi assim, só que não éramos criminosos nus, ou em um banho turco, e eu era a única com tatuagens visíveis. Ele usava uma camiseta que dizia: "Melhor jogador de Scrabble do mundo". Foi a camiseta que me deixou supermotivada a vencê-lo. O nível de concorrência era intenso, e, conforme o jogo se desenrolava, meu entusiasmo aumentava.

---

[*] Muito semelhante ao pôquer, jogo em que se tenta adivinhar as cartas do oponente. Grandes jogadores rastreiam as pedras usadas ao longo de uma partida. No fim, você deve saber exatamente o que o adversário tem no tabuleiro. Também é importante rastrear porque lhe permitirá tomar decisões estratégicas mais inteligentes. É bom saber se as letras de alto valor (J, X, Q, K, V etc.) estão em jogo, pois, se houver letras sobrando e você estiver esperando um U ou um I, e sabe que o Q ainda está no saco, deverá ficar atento sobre onde jogar essas vogais, para que seu adversário não possa construir uma palavra com o seu Q, a menos que tenha as vogais necessárias no próprio tabuleiro.

[**] Tudo terminou bem.

[***] "Merda" é uma palavra válida no Scrabble.

Como segundo do ranking, Henry, o Arqui-inimigo, estava confiante de que iria me derrotar. Ele estava exalando confiança. Fiz três bingos ao longo do jogo. Ele tentou jogar TREKING* por 81 pontos, mas eu sabia que não era uma palavra. *Trekking* tem dois Ks. Contestei. Ele revirou os olhos, como se não pudesse acreditar que tivesse a ousadia de desafiar sua ortografia. Minhas mãos tremiam enquanto digitava a palavra no computador. Ganhei o desafio. Ao final da partida, ele estava irado, e eu, inebriada. Quando ganhei, ele percebeu que não venceria o torneio e que havia caído para o terceiro lugar. Como meu ranking era muito baixo, a classificação de meu adversário ia sofrer uma queda. Ele se recusou a apertar minha mão e saiu furioso. Pensei que fosse virar a mesa. Como a raiva masculina me deixa intensamente desconfortável, tentei ficar sentada bem tranquila, esperando que aquele momento desagradável passasse rapidamente. A falta de espírito esportivo de Henry não afetou meu humor por muito tempo. Venci meu primeiro torneio, apesar de ser a jogadora de menor ranking** no evento, e levei para casa um pequeno prêmio em dinheiro. Era difícil medir o tamanho do meu ego na semana seguinte. No entanto, aquilo não seria duradouro. O que o Scrabble proporciona a você, outro jogador, em outro torneio, confisca.

Quando você tem sucesso de início em uma empreitada, acaba convencendo-se de que facilmente repetirá isso. Pergunte aos atores mirins.*** Três meses mais tarde, participei de outro torneio, a Copa Arden, um evento de vinte partidas com duração de dois dias e meio durante os quais ganhei oito jogos e perdi doze. Aprendi muito. Aprendi principalmente que é insano acreditar que você vai participar de um torneio competitivo, em um campo muito maior, com um ranking frágil e inflado, e de alguma forma vencê-lo.

* Não há bingos com as letras *T, R, E, K, I, N* e *G*. Se Henry estudasse, ele saberia disso.

** Acabei alcançando um ranking impressionante, alto o suficiente para me posicionar quase uma classificação acima. No próximo torneio de que participei, tinha um ranking muito maior, e pagaria caríssimo por isso.

*** Os atores mirins de *Arnold*, entre outros, conhecem essas circunstâncias. Achei que eu trilharia o caminho das irmãs Olsen, mas não foi o que aconteceu.

Henry, o Arqui-inimigo, estava presente, assim como uma série de jogadores igualmente intensos e intrigantes que me irritariam quase tanto quanto Henry. O jogador que eu mais detestava era Donnie,* que tentou fazer um *mansplaining* de como jogar palavras cruzadas, porque não me reconheceu** e achou que eu era uma novata. Quando nos sentamos para começar a partida, ele disse: "Agora, é só jogar do mesmo jeito que você joga Scrabble em casa". Naquele momento, estabeleci que seria meu objetivo de vida destruí-lo. Outro oponente perguntou se deveríamos jogar em seu tabuleiro ou no meu. Quando eu lhe disse que não tinha um só meu, ele me lançou um olhar de piedade.*** Logo, percebi que nadava ao lado dos tubarões do Scrabble. E eu era aquela que sangrava na água.

Houve um momento redentor, a despeito da humilhação daquele torneio, em que perdi tantas vezes que as partidas se misturaram em um borrão deprimente, no qual perdi principalmente para os *mansplainers* que definiam as palavras,**** embora eu não lhes pedisse explicações. Mesmo assim, divertiram-me com passagens de suas sórdidas histórias de Scrabble, além disso, enlouqueceram-me. Venci Henry, o Arqui-inimigo, novamente. Jogamos duas vezes durante o torneio, ele ganhou um jogo, e eu ganhei outro. Ao final de nosso segundo jogo, o que venci, ele se levantou e apontou para mim, dizendo: "Você ganhou a melhor de três. Melhor. De. Três".

Baixei meu olhar e mordi o lábio inferior para que não me abrisse em sorrisos.

---

* Também não é o nome verdadeiro dele.

** A comunidade de *Scrabble* é relativamente pequena, e, quando você começa a frequentar torneios regularmente, revê as mesmas pessoas várias vezes.

*** Agora tenho meu próprio tabuleiro de torneio, bem como um *timer* (com botões cor-de-rosa), pedras (cor-de-rosa) e suportes de pedras longos (infelizmente, não disponíveis na cor rosa). Também tenho uma maleta com alça de ombro, de forma que eu possa exibir minha placa de Scrabble pendurada em meus ombros com autoridade.

**** *Qoph* é uma letra hebraica. Meu adversário não apenas compartilhou seu significado como também explicou suas origens e a pronúncia (algo referente a uma agulha de costura; a essa altura, francamente, eu já havia me desconectado dele). Após a entusiasmante aula sobre a palavra, ele começou a me contar sobre todas as palavras com Q possíveis de serem soletradas sem U. Eu me perguntava: *Existe um Q em motherfucker* [filho da puta]?

"Eu não estava contando", disse.* Pedi desculpas e corri para o banheiro, no qual, na privacidade de meu cubículo, sussurrei: "Ganhei de você, ganhei de você, ganhei de você". Dei socos no ar.

Então... Meu terceiro torneio começou de forma brutal, e a brutalidade foi incessante. Acabei vencendo seis jogos (um foi porque entrei no estágio avançado do torneio), perdendo seis, e fiquei em 15º lugar. Meus amigos disseram-me que era um bom resultado. Tenho certeza de que estavam apenas sendo gentis, dado o aumento da fragilidade de meu ego no Scrabble.

Não cheguei a jogar com meu arqui-inimigo, mas ele estava lá e teve um bom desempenho. Tomei isso como algo pessoal.

Um novo inimigo foi criado logo no início desse torneio. Em meu primeiro jogo do dia, estava cansada. Havia dormido apenas três horas depois de uma noite na cidade com amigos. Não sou uma pessoa matutina, e não tive tempo para encontrar o Starbucks mais próximo, tampouco pude encontrar uma nota de um dólar para comprar uma Pepsi Diet. Não conseguia encontrar meu colírio. Estava de ressaca — gim, que não me faz bem no dia seguinte. Sentia-me desconfortável, com o estômago embrulhado e sonolenta. Se eu fechasse os olhos, poderia cair ali mesmo em um sono torto. Estava um lixo.

Eu era a quinta no ranking em um universo de 21. Então, estava estupidamente satisfeita comigo mesma por ainda manter uma classificação tão alta após o torneio anterior. Minha oponente não era ranqueada. Por isso, supus, equivocadamente, que se tratasse de uma novata.** Desde o início, tive certeza de que ganharia o jogo com folga, embora estivesse de ressaca e quase sem condições de lidar com o ressecamento dos meus globos oculares.

Perto do final do jogo, eu joguei BROASTED e BO para uma palavra de tripla pontuação. Minha oponente contestou e acabou vencendo. No entanto, quando você contesta palavras múltiplas, o computador só informa se a

---

* Essa foi uma pequena mentirinha.

** Ignorei deliberadamente a memória do resultado de meu primeiro torneio, que ganhei como a jogadora de posição mais inferior, sem ranqueamento.

combinação de palavras é boa ou ruim. Se a combinação for ruim, ele não vai informar se apenas uma ou todas as palavras da combinação são ruins. Pensei, porque estava mentalmente incapacitada, que BO não devia ser uma palavra válida. Posso não saber palavras de três letras, mas sei as de duas. Estava confusa. Não estava no meu melhor dia.

Alguns lances depois, joguei BROASTED e BA no mesmo local. Os olhos da minha adversária se arregalaram, observando-me como se eu fosse a pessoa mais estúpida do mundo. Naquele momento, odiei até a última célula do corpo dela.

"Você vai fazer *isso* de novo?", perguntou, mas não foi bem uma pergunta. Foi o tom dela que me chamou a atenção. Eu tinha acabado de posicionar as peças, tornando bem claro que cometeria o mesmo erro, ridículo e amador, pela segunda vez. O que ela era incapaz de entender?

Em minha defesa, estava tão convencida de que BROASTED[*] era uma palavra, pois realmente é, que permaneci firme em meu compromisso de jogá-la. Se tivesse tido sucesso, ganharia 87 pontos. Enquanto caminhávamos para a conferência via computador, podia senti-la rindo de mim. Eu queria chorar, mas meus olhos ainda estavam terrivelmente ressecados, e também não há lugar para choro em um torneio de Scrabble, a menos que você esteja no banheiro e tenha verificado cuidadosamente todos os compartimentos para se assegurar de que está sozinha.

A próxima vez que eu encontrar um Novo Arqui-inimigo, devo explicar: "Não sou a idiota que você acha que sou, ou, pelo menos, não pelas razões que você pensa".

A partida foi um massacre. A pontuação final: 500 x 263. Aquela partida definiu o tom do torneio. Reiteradamente, jogadores com pior ranking me ensinaram lições dolorosas. Reiteradamente, fui compelida a ser humilde. Ao final do torneio, depois que os prêmios foram entregues e aplaudimos cada um dos vencedores e os jogadores que compuseram as palavras de maior pontuação, nós, os perdedores, reunimo-nos em pequenos grupos de fracassados, lamentando como havíamos jogado ter-

---

[*] *Broasting* é um substantivo próprio, e substantivos próprios não são palavras válidas no Scrabble. *Broasting* é um método com patente registrada para cozinhar frango.

rivelmente, enquanto aqueles que jogaram bem tentavam não tripudiar. A modéstia deles era gentilmente falsa. Guardamos nossos tabuleiros, e o entusiasmo do torneio lentamente foi deixando nossos músculos. Apertamos as mãos e nos despedimos até o próximo encontro em clubes ou torneios. Não éramos mais adversários.

Gênero e sexualidade

Como ser amiga de outra mulher

1. ABANDONE O MITO CULTURAL de que todas as amizades femininas devem ser desagradáveis, tóxicas ou competitivas. Esse mito é como saltos altos e bolsas — lindos, mas projetados para ATRASAR as mulheres.

1A. Isso não quer dizer que as mulheres não sejam megeras ou tóxicas ou competitivas às vezes, mas para afirmar que tais características não definem a amizade feminina, especialmente à medida que você fica mais velha.

1B. Se você achar que está se sentindo mal-humorada, tóxica ou competitiva em relação às mulheres que deveriam ser suas amigas mais próximas, observe o porquê e descubra como retificar e/ou encontrar alguém que possa lhe ajudar a corrigir essas questões.

2. Muita tinta é utilizada para mitificar as amizades femininas como relacionamentos curiosos e frágeis que são sempre intensamente tensos. Pare de ler textos que incentivam esse mito.

3. Se você é o tipo de mulher que diz "A maioria de minhas amizades é com os rapazes" e age como se estivesse orgulhosa disso, como se fosse torná-la mais próxima de ser homem ou algo assim, e menos mulher como se ser mulher fosse uma coisa ruim, consulte o Item 1B. Está tudo bem se a maioria dos seus amigos são homens, mas se você defende isso como um comentário sobre a natureza das amizades femininas, bem, analise um pouco sua alma.

3A. Se você acha que é difícil ser amiga de mulheres, considere que talvez as mulheres não sejam o problema. Talvez seja só você.

3B. Eu costumava ser esse tipo de mulher. Lamento julgar.

4. Às vezes, suas amigas namoram pessoas que você não suporta. Você pode ser honesta sobre seus sentimentos ou mentir. Existem boas razões para ambas as atitudes. Às vezes, você será a pessoa que está namorando alguém que suas amigas não suportam. E, se a pessoa que está ao seu lado não vale nem um tostão furado, simplesmente assuma isso para que você e suas amigas possam falar sobre coisas mais interessantes. Minha explicação padrão: "Estou namorando um babaca porque sou preguiçosa". Fiquem à vontade para usá-la também.

5. Não queira nada além do melhor para suas amigas porque, quando seus amigos estão felizes e bem-sucedidos, provavelmente será mais fácil para você ser feliz.

5A. Se você está passando por uma fase difícil e uma amiga está vivenciando o melhor ano de todos, e você precisa extravasar alguns pensamentos sombrios sobre isso, faça sozinha, com seu terapeuta ou em seu diário para que, quando você realmente encontrar sua amiga, possa evitar o mito discutido no item 1.

5B. Se você e sua(s) amiga(s) estão no mesmo campo de trabalho e vocês podem colaborar ou se ajudar, façam isso sem nenhuma vergonha. Não é sua culpa que suas amigas sejam fantásticas. Homens inventaram o nepotismo e praticamente vivem em função dele. É normal que as mulheres também façam isso.

5C. Não destrua outras mulheres, porque, mesmo que elas não sejam suas amigas, elas são mulheres; e isso é muito importante. Não quer dizer que você não possa criticar outras mulheres, mas compreenda a diferença entre criticar construtivamente e demolir cruelmente.

5D. Todo mundo fofoca. Então, se você vai fofocar sobre suas amigas, pelo menos torne a fofoca divertida e interessante. Nesse contexto, nunca diga "Eu jamais minto" ou "Eu jamais fofoco" porque você está mentindo.

5E. Ame os filhos de suas amigas, mesmo que você não queira ter filhos ou não goste de crianças. Apenas ame.

6. Conte às suas amigas as verdades difíceis que elas precisam ouvir. Elas podem ficar chateadas com isso, mas provavelmente será bom para elas. Uma vez, minha melhor amiga me disse para organizar minha vida amorosa e que isso exigia um plano de ação, e foi irritante, mas também útil.

6A. Não seja totalmente rude para dizer a verdade e considere o quanto de verdade é realmente necessário para alcançar o objetivo da conversa. A finesse tem um longo alcance.

6B. Essas conversas são mais divertidas quando precedidas por um enfático "MENINA!!!".

7. Cerque-se de mulheres com quem você possa ficar bêbada e acabada, que não desenharão coisas estúpidas em seu rosto se você desmaiar, e que vão ajudá-la a vomitar se você festejar excessivamente e que também lhe dirão se você ficar bêbada demais ou se comportar mal quando estiver bêbada e acabada.

8. Não flerte, faça sexo ou se envolva em relacionamentos amorosos com pessoas que estejam emocionalmente envolvidas com suas amigas. Isso não deveria ser necessário dizer, porém precisa ser dito. Esse cara é um idiota, e você não quer se envolver com um idiota que seja mercadoria usada. Se você quiser ficar com um idiota, pegue um babaca novinho em folha de sua preferência. Eles existem em abundância.

9. Não deixe suas amigas comprarem roupas ou acessórios feios para os quais você não queira olhar quando sair para passear. Isso é só uma questão de bom senso.

10. Quando algo está errado e você precisa falar com suas amigas e elas perguntam como você está, não diga "Bem". Elas sabem que você está mentindo, e isso as irrita, e muito tempo é desperdiçado com os vaivéns do "Tem certeza?", "Sim?", "Sério?" e "ESTOU BEM". Diga às suas amigas a verdade para que possam falar a respeito da questão e você ficar amuada de forma amistosa ou prosseguir abordando outros tópicos.

11. Se quatro pessoas estão jantando, divida a conta uniformemente em quatro partes. Somos adultas agora. Não precisamos mais somar o que cada pessoa tem. Se você está vivendo em alto estilo, pague a conta de todas e façamos uma votação de quem será a próxima na rodada a pagar. Se você ainda está em fase de dificuldades financeiras, compartilhe do modo que puder.

12. Se uma amiga enviar um e-mail enlouquecido necessitando reafirmar-se com relação a amor, vida, família ou trabalho, responda apropriadamente, e de forma rápida, mesmo que seja apenas para dizer: "Menina, eu te entendo". E, se uma amiga lhe enviar cerca de trinta e-mails desvairados necessitando desabafar sobre a mesma merda, seja paciente porque um dia essa será você detonando o Gmail com seu drama.

13. O ditado favorito de minha mãe é *"Qui se ressemble s'assemble"*. Sempre que não aprovava minhas companhias, ela dizia isso em tom ameaçador. Significa, essencialmente: diga-me com quem anda e direi quem você é.

Garotas, garotas, garotas

Um programa de televisão poderia acompanhar minha vida de garota de vinte anos que está perdida, literal e figurativamente. Não haveria nenhum trecho para despertar gargalhadas. A cena de abertura seria profundamente inserida em meu *ano perdido* — em que abandono a faculdade e desapareço. Sem capacidade para suportar desafios e sem nenhuma forma de pedir ajuda, a personagem principal — eu — está completamente louca. Ela faz uma bagunça espetacular.

Muita coisa acontece no primeiro episódio da série. Cerca de dez dias antes do início do penúltimo ano da faculdade, minha personagem entra em um avião e abandona tudo. Ela foge para o Arizona em uma viagem que passa por São Francisco com um homem muito mais velho com o qual ela só se correspondeu por meio da internet. Estamos falando sobre a caduca internet de 1994 — uns 2.400 *bauds* rodando em um modem analógico ou algo parecido. É um pequeno milagre ela não ser morta. Ela corta todo contato com a família, as amigas ou qualquer pessoa que pensasse que a conhecia. Ela não tem dinheiro, nenhum plano, uma mala, é marcada por completa falta de autoestima. É um drama real.

O resto da primeira temporada é igualmente dramático. Depois de algum tempo, ela encontra um trabalho miserável fazendo a única coisa para a qual está qualificada a fazer: trabalhar da meia-noite às oito em um prédio comercial indefinido. Ela se senta em uma pequena cabine sem janelas e fala com estranhos ao telefone. Ela bebe refrigerante diet em um copo de plástico, às vezes com vodca, e faz palavras cruzadas. É tão fácil falar com estranhos! Ela ama o trabalho até que de repente deixa de amá-lo.

Existe um elenco interessante. Suas colegas de trabalho são meninas que também estão confusas. São de raças diferentes, de lugares diferentes, mas todas perdidas juntas. Elas se dão nomes como China, Bubbles e Misty e, ao final de um longo turno de trabalho, mal se lembram a quem pertence qual nome. Minha personagem tem muitos nomes. Ela acorda e diz: "Esta noite, sou Delilah, Morgan, Becky". Ela quer ser outra pessoa.

Essa programação é exibida tarde da noite. TV a cabo. China consome heroína no banheiro do trabalho. Às vezes, ela deixa uma tira queimada de papel-alumínio em cima do balcão. O gerente chama todas para seu escritório e grita. As meninas nunca vão delatar China. Bubbles tem problemas com o pai de sua filha. Às vezes, seu homem a deixa no trabalho, e garotas fumando no estacionamento assistem a Bubbles e seu parceiro gritando um com o outro coisas terríveis. Em outro episódio, ele a pega no estacionamento e os dois praticamente trepam no banco da frente do carro. Misty está sozinha desde os dezesseis anos. Ela é muito magra, tem crostas nos braços inteiros e parece que nunca lavou o cabelo. Ao fim da maioria dos turnos de trabalho, as meninas vão comer no Jack in the Box e, em seguida, se deitar ao redor da piscina da casa na qual minha personagem está ficando. As meninas contam à minha personagem como ela tem sorte de viver em uma casa com ar--condicionado. Elas têm climatizadores para controlar a temperatura e vivem em apartamentos ruins. Minha personagem encara o sol do trampolim onde ela adora se alongar e pensa, amargamente, *sim, tenho muita sorte*. Ela é muito jovem para perceber que, em comparação a elas, é uma garota de sorte. Ela fugiu, mas ainda tem algo para o qual retornar quando estiver pronta. Minha personagem não chega a essa compreensão até o fim da temporada.

Toda mulher tem uma série de episódios sobre a faixa de seus vinte anos, sua infância, e como ela superou as circunstâncias. Raramente esses episódios são tão perfeitamente arrematados como um episódio de, digamos, *Friends* ou uma comédia romântica sobre um garoto conhecendo uma garota.

Roteiros sobre meninas têm sido elaborados, e elas têm sido representadas na cultura popular de diferentes modos. Muitas dessas representações foram em grande parte insatisfatórias, pois elas nunca captam muito bem o universo das mulheres jovens. Não é possível que esse universo seja representado de forma genérica — esse universo das jovens é uma experiência muito vasta e individual. Só podemos tentar representar suas experiências de maneiras variadas e reconhecíveis. Frequentemente, no entanto, isso não acontece.

Colocamos muita responsabilidade na cultura de massa, especialmente quando algum artefato pop de alguma forma se distingue como não terrível. Nos meses e semanas que antecederam o lançamento do filme *Missão madrinha de casamento*, por exemplo, houve muitas conversas animadas sobre os caminhos pioneiros propostos pelo filme, como, de fato, as mulheres *são* engraçadas. Acredita nisso? Havia muita pressão sobre esse filme. *Missão madrinha de casamento* tinha de ser bom se quaisquer outras comédias dirigidas por mulheres tivessem alguma esperança de ser produzidas. Este é o panorama para mulheres no mundo do entretenimento de massa — tudo está em jogo o tempo todo.

Missão madrinha de casamento não podia fracassar, e não fracassou. O filme recebeu uma crítica positiva (o *New York Times* referiu-se a ele como "inesperadamente engraçado") e foi bem-sucedido nas bilheterias. Os críticos elogiaram o elenco por suas inovadoras performances. Algumas pessoas chegaram até a usar a palavra "revolução" em função da mudança que o filme traria para as mulheres na comédia.

Uma revolução é uma mudança repentina, radical ou completa — uma mudança fundamental na maneira de pensar ou visualizar algo. Um filme poderia realmente ser responsável por uma revolução? *Missão madrinha de casamento* é um bom filme, do qual realmente gostei — humor inteligente, boa atuação, um enredo que evoca afinidades, um retrato um tanto realista de mulheres em um deserto cinematográfico em que representações de mulheres são geralmente deploráveis. *Missão madrinha de casamento* não é perfeito, porém, em função da responsabilidade injusta colocada sobre o filme, o fardo foi bem carregado. Ao mesmo tempo, o filme não apresentou uma mudança radical, principalmente em decorrência do fato de que, como Michelle Dean discute em sua crítica do filme para o site Awl, muitas das personagens clichês familiares a que assistimos nas comédias e nas representações de mulheres estão presentes no filme. Ela observa que a representação da personagem de Melissa McCarthy, Megan, em particular, percorre um terreno familiar: "Quase todas as piadas foram elaboradas para focar sua suposta figura aterradora, e sua sexualidade bisonha, mas inconfundivelmente 'caminhoneira', era fundamentada principalmente em seu tipo de corpo e uma aversão à maquiagem". Nesse contexto, considerar *Missão madrinha de casamento* revolucionário é um pouco excessivo.

Por que colocamos tanta responsabilidade em filmes como *Missão madrinha de casamento*? Como chegamos ao ponto de um filme, um filme, poder ser considerado revolucionário para as mulheres?

Há outro artefato pop voltado para mulheres no qual se deposita uma grande responsabilidade nos dias de hoje: a série de televisão da HBO *Girls*, de Lena Dunham. O programa estreou com muita badalação. Os críticos quase universalmente abraçaram a visão de Dunham e a maneira como ela narra a vida de quatro jovens na faixa dos vinte anos, navegando nesse tempo intersticial entre a formatura na faculdade e o desenrolar da fase de crescimento/amadurecimento. Não sou o público-alvo de *Girls*. Não fiquei particularmente envolvida pelos três primeiros episódios ou as duas primeiras temporadas, mas o programa me propiciou muito assunto para refletir. Isso conta alguma coisa. A escrita costuma ser inteligente e habilidosa. Ri algumas vezes durante cada episódio e reconheci as maneiras pelas quais esse programa está expandindo novas fronteiras. Admiro como a personagem de Dunham, Hannah Horvath, não tem o corpo típico que normalmente vemos na televisão. Há alguma consistência nela. Nós a observamos comendo com entusiasmo. Nós a observamos trepando. Nós a observamos suportando as humilhações mesquinhas que tantas jovens têm de suportar. Nós assistimos à vida de uma garota real, e isso é importante. É incrível que uma mulher de 25 anos comece a escrever, dirigir e estrelar seu próprio programa para uma rede como a HBO. É simplesmente triste que isso seja tão *revolucionário* que mereça ser mencionado.

Uma geração é um grupo de indivíduos que nasce e vive na mesma época. No primeiro episódio, Hannah Horvath está explicando aos pais dela por que necessita que eles continuem a apoiá-la financeiramente. Ela diz: "Acho que posso ser a voz de minha geração. Ou, pelo menos, de uma geração… em algum lugar". Temos tantas expectativas, estamos tão sedentas por representações autênticas de meninas, que ouvimos apenas a primeira metade dessa declaração. Ouvimos dizer que *Girls* deve falar por todas nós.

Às vezes, acho que *Girls* e a premissa geral são forçadas. Em meio a toda inteligência, quero que a série tenha um tom emocional mais forte. Quero sentir algo genuíno, e raramente a série me deu essa oportunidade. Muitos dos personagens parecem caricaturas, em que mais nuances serviriam melhor tanto aos personagens quanto às suas tramas. Na primeira temporada, por exemplo, o ficante de Hannah, Adam, é uma composição deprimente e nojenta de cada idiota que cada mulher na casa dos vinte anos já namorou. Compreenderíamos mesmo se ele fosse metade do babaca que é. A fantasia de pedófilo que Adam compartilha no início do episódio "Pânico vaginal" é digna de calafrios estremecedores. A irônica piada sobre estupro que Hannah faz durante sua entrevista de emprego no mesmo episódio também é digna de calafrios estremecedores. Tudo parece muito "Olhe para mim! Estou tensa!". Talvez essa seja a questão. Não posso ter certeza. Na maioria das vezes, a série está se esforçando demais para fazer muito, mas tudo bem. Ela não precisa ser perfeita.

Girls me lembra de como meus vinte anos foram terríveis — eu me sentia perdida e estranha, fazendo um sexo terrível com pessoas terríveis, perpetuamente sem dinheiro, comendo macarrão instantâneo. Não tenho saudade dessa época. Não tinha dinheiro nem esperança. Como as meninas em *Girls*, nunca estive realmente à beira da miséria, mas no geral minha situação de vida era ruim. Não havia nada de romântico nessa experiência. Compreendo por que muitas jovens se identificam tanto com a série, mas assistir a ela me deixa um pouco nauseada e excepcionalmente grata por estar na casa dos trinta.

Como era de se esperar, o discurso em torno de *Girls* foi notavelmente extenso e vigoroso — nepotismo, privilégio, raça. Dunham nos deu uma verdadeira tríade de razões para dissecar sua série.

Na vida real, Lena Dunham é filha de um conhecido artista, e o elenco principal é formado pelas filhas de outras figuras conhecidas, como Brian Williams e David Mamet. As pessoas ressentem-se do nepotismo porque nos lembra que, às vezes, o sucesso realmente é quem você conhece. Esse nepotismo é um pouco irritante, mas não é novo ou admirável. Muitas pessoas em Hollywood fazem carreiras inteiras contratando seus amigos para cada um de seus projetos. Adam Sandler faz isso há anos. Judd Apatow faz isso com tal regularidade, que você não precisa consultar o IMDB para saber quem ele vai lançar em seus projetos.

Girls também representa uma existência muito privilegiada — um estilo de vida de mulheres jovens em Nova York que pode ser financiado pelos pais, em que essas jovens podem pensar sobre arte e estágios não remunerados, enquanto vão se descobrindo e escrevendo memórias aos 24 anos. Muitas pessoas são privilegiadas e, mais uma vez, é fácil ressentir-se disso porque o nível de privilégio expresso no programa nos lembra que, às vezes, o sucesso realmente começa a partir de onde você é proveniente. *Girls* é um bom exemplo de alguém escrevendo o que sabe e as dolorosas limitações de fazê-lo.

Uma das críticas mais significativas a *Girls* é a relativa ausência de personagens não brancas. A Nova York na qual *Girls* se desenrola é muito parecida com a Nova York onde *Sex and the City* foi ambientada — uma cidade mítica completamente vazia da rica diversidade da verdadeira Nova York. A crítica é legítima, e em muitas publicações as pessoas escreveram ensaios profundos sobre por que é prejudicial para um programa como *Girls* apagar completamente certas experiências e realidades. Na segunda temporada, *Girls* tenta e não consegue abordar a questão racial de modo relevante. No primeiro episódio, Hannah tem um namorado negro, e isso é muito bem tratado. O namorado, Sandy, é conservador, e há um momento inteligente em que Hannah afirma que não vê raça, expondo que ela não é tão evoluída quanto acredita. O episódio é inteligente, mas não inteligente o suficiente, porque perde o fio da meada — uma provocação inteligente não é suficiente para abordar um problema de diversidade.

Toda menina, ou quem já foi menina alguma vez, tem um programa "mais sua cara". Em *Girls*, finalmente temos um programa de televisão sobre garotas desajeitadas que dizem coisas terrivelmente inadequadas, que estão despreparadas para definir seus próprios limites e não têm noção de onde estarão daqui a alguns anos. Temos muitas expectativas para essa série porque *Girls* é uma mudança significativa no que normalmente assistimos sobre moças e mulheres em geral. Enquanto os críticos, em sua atenção generosa, afirmam que o programa de Dunham está falando para uma geração inteira de garotas, muitas de nós reconhecem que a série está apenas falando para um grupo demográfico restrito dentro de uma geração.

Talvez a limitação de *Girls* não seja tão relevante. Talvez também seja bom que a visão de Dunham sobre amadurecimento seja limitada aos tipos de garotas que ela conhece. Talvez, porém, Dunham seja um produto de uma cultura artística que a criou — uma cultura bastante míope e relutante em pensar de modo crítico sobre diversidade.

Todos nós temos ideias sobre como o mundo deveria ser, e às vezes esquecemos como o mundo é. A ausência do tema racial em *Girls* é um lembrete desconfortável de quantas pessoas levam suas vidas segregadas por etnia e classe. A brancura acentuada do elenco, seu ambiente de classe média alta e a Nova York onde elas vivem nos obrigam a interrogar nossas próprias vidas e a diversidade, ou a ausência dela, em nossos círculos sociais, artísticos e profissionais. Não me compreenda mal. A brancura total em *Girls* perturba e me decepciona. Durante a primeira temporada, perguntei-me por que Hannah e seus amigos não tinham pelo menos um amigo negro hipster ou por que o chefe de Hannah na editora ou um ou mais dos alvos amorosos das moças não poderiam ser atores não brancos. A série é muito óbvia. Mesmo assim, *Girls* não é o primeiro programa a cometer essa transgressão, e certamente não será o último. Não é razoável esperar que Dunham resolva de alguma forma a questão de raça e representatividade na televisão enquanto ela cria piadas e trocadilhos juvenis e nos aterroriza com cenas de sexo tão desconfortáveis que desafiam a imaginação.

Nos últimos anos, tenho gostado de observar fotos de eventos literários, em todo o país, perguntando-me se vou ver uma pessoa não branca. É um jogo que geralmente venço. Se o evento ocorre em Los Angeles, Nova York, Austin ou Portland, na maioria das vezes, o público nesses eventos é completamente branco. Às vezes, haverá um ou dois negros, talvez um asiático. Na maioria desses eventos literários de que participo, geralmente sou o único ponto colorido, mesmo em uma grande conferência de escritores, como a da Association of Writers & Writing Programs. Não é que as pessoas não brancas sejam deliberadamente excluídas, mas que não sejam *incluídas* porque a maioria das comunidades, literárias ou não, é em grande parte insular e formada por pessoas que conhecem as pessoas que conhecem. Esta é a verdade incômoda de nossa comunidade, e soa falso apontar o dedo para *Girls* quando a série se mostra um reflexo bastante preciso de boa parte da classe artística.

Há mais, porém, a ser dito sobre esse foco intenso em privilégios e raça em *Girls*. Por que *essa* série está sendo considerada o mais alto padrão quando há tantos programas de televisão que há muito tempo ignoram raça e classe ou cometeram transgressões flagrantes nestas áreas? Existem vários programas horríveis na televisão representando mulheres de maneira sexista, estúpida e tola. Os filmes são ainda piores. Utilizam uma ou duas ideias limitadíssimas sobre mulheres, transformam-nas em caricaturas e enfiam estas por nossa goela abaixo. No momento em que vemos um artefato pop que oferece até mesmo algo diferente — digamos, uma mulher que não é tamanho "PPP" ou que não trata um homem como o centro do universo —, agarramo-nos a ela desesperadamente porque essa representação é tudo o que temos. Existem todos os tipos de programas de televisão e filmes sobre mulheres, mas quantos deles retratam mulheres reconhecíveis?

Existem poucas oportunidades para que pessoas não brancas sejam reconhecidas na literatura, no teatro, na televisão e no cinema. É deprimente para as mulheres negras se sentirem totalmente excluídas ao assistir a um programa como *Girls*. É raro nos vermos como qualquer coisa, a não ser a amiga negra espevitada, a babá, o secretário, o promotor público ou o "negro mágico" — papéis relegados à relevância secundária e completamente sem autenticidade, profundidade ou complexidade.

Um dos poucos equivalentes a *Girls* a que já tivemos a oportunidade de assistir foi *Girlfriends*, criado por Mara Brock Akil. *Girlfriends* estreou em 2000 e durou 172 episódios. Apresentou a vida e as amizades íntimas de quatro mulheres negras em Los Angeles — Joan (Tracee Ellis Ross), Maya (Golden Brooks), Lynn (Persia White) e Toni (Jill Marie Jones). Particularmente, admiro como a série posicionou de modo raro a questão racial como seu foco. Joan, Maya, Lynn e Toni simplesmente viviam suas vidas. Todas eram profissionais (uma advogada, uma escritora e secretária, uma corretora de imóveis e uma artista/atriz ou o que ela inventasse de ser) que lidavam com estresse no trabalho, problemas e sucessos românticos e novas aventuras e tentavam se tornar mulheres melhores. Levou anos para que eu viesse a gostar de *Girlfriends*, e não sei por quê, mas quando me apaixonei pela série foi de maneira intensa. Por fim, fui capaz de reconhecer algo que dizia respeito a mim na cultura popular. O texto foi elaborado de modo inteligente e engraçado, e o programa desenvolveu um bom trabalho ao retratar a vida de mulheres negras na faixa dos vinte e trinta anos. A série não era perfeita, mas as mulheres eram humanas, e elas foram delineadas desse modo. *Girlfriends*, com certeza, *é* uma série que nunca recebeu a atenção crítica ou o público que merecia, porém durou oito temporadas e ainda tem uma base de fãs femininas muito dedicada que fica bastante aliviada por se ver retratada de algum modo, ainda que pouco.

Mulheres não brancas passam por processos de amadurecimento e têm as mesmas experiências que Dunham focaliza seus programas, mas raramente vemos isso, porque não se encaixam na representação do imaginário popular do Outro universo de juventude, algo que não costuma existir na cultura popular. Pelo menos houve alguns programas nos quais as mulheres negras puderam se reconhecer — o já mencionado *Girlfriends*, *Living Single*, *A Different World* e *The Cosby Show*. E quanto a outras mulheres não brancas? Para mulheres hispânicas e latinas, nativas norte-americanas, mulheres do Oriente Médio, mulheres asiáticas, a ausência delas na cultura popular é ainda mais pronunciada, e sua necessidade de ajuda mostra-se mais palpável e desesperada.

O incrível problema que *Girls* enfrenta é que queremos tudo aquilo que cada filme ou programa de televisão ou livro promete oferecer, uma nova voz, uma voz identificável, uma voz importante. Queremos, e com razão, acreditar que nossas vidas merecem ser renovadas, que evoquem afinidades, e que sejam importantes. Queremos ver representações mais complexas, matizadas sobre o que realmente significa ser quem somos ou fomos ou esperamos ser. Simplesmente desejamos muito. Simplesmente precisamos de muito.

Estou mais interessada em uma série chamada *Mulheres adultas*, sobre um grupo de amigas que, enfim, têm ótimos empregos e pagam todas as suas contas em tempo hábil, mas não têm economias guardadas e ainda lidam com suas vidas amorosas confusas e as ressacas na manhã de segunda--feira no trabalho. No entanto, essa série não existe, pois a estabilidade não tem muito apelo no imaginário popular, e Hollywood raramente reconhece mulheres de determinada idade. Até essa série ser lançada ou eu decidir escrevê-la, precisamos lidar com o que temos.

Quando fui Miss América

Em 1984, Vanessa Williams tornou-se Miss América. Mais tarde, teve de renunciar ao título por causa de um escândalo envolvendo uma foto dela nua, mas sua coroação foi um momento incrível para meninas negras do mundo todo. Williams foi a primeira mulher negra a usar a coroa de Miss América nos 63 anos de história do concurso. Eu não era o tipo de garota que se importava muito com concursos ou ser rainha de concurso de beleza, mas assistir a Williams e suas maçãs do rosto perfeitas e dentes reluzentes ao receber a coroa inspirou meninas como eu. Aquele momento nos fez acreditar que também podíamos ser lindas.

Enquanto Vanessa Williams oferecia às meninas negras uma nova imagem de como seria a *All-American Girl*,[*] a imagem mais tradicional disso poderia ser encontrada em Sweet Valley, uma idílica cidade no ensolarado sul da Califórnia, onde os gramados são bem cuidados. Todos estão em forma e são bonitos e bem-sucedidos. Como na maioria dos lugares perfeitos, a vida em Sweet Valley é episódica. Há um arco narrativo para cada dia, semana ou mês, sempre uma lição valiosa a ser aprendida com as experiências da vida. Os finais, em Sweet Valley, são acima de tudo felizes. Os mansos herdarão a terra.[**] Todas as coisas boas vêm para aqueles que esperam. Não há nenhum

---

[*] De modo geral, a *All-American-Girl* seria o protótipo da garota estadunidense ideal. (N. T.)

[**] Referência à citação bíblica de Salmos 37:11. (N. T.)

lugar no mundo como Sweet Valley. Elizabeth e Jessica Wakefield são as namoradinhas queridas de Sweet Valley. Elas são louras, magras e perfeitas mesmo com todas as suas falhas humanas. As irmãs Wakefield são gêmeas — duas vezes a perfeição.

Elizabeth é a gêmea boa e Jessica é a gêmea mais rebelde. Jessica é uma garota má, muito má, embora em Sweet Valley uma garota má nunca seja tão ruim assim. As irmãs usam cordões *de ouro* com pingentes iguais e dirigem um Fiat vermelho. Elizabeth e Jessica se amam e são melhores amigas, mas também são rivais. Irmãs são complicadas mesmo quando são perfeitas.

Elizabeth é responsável e adorada por todos pela doçura e pela paciência. Ela quer ser jornalista. Ela ama Todd Wilkins, um jogador de basquete alto, bonito e popular. Trabalha no jornal da escola e é líder de torcida — inteligente e atlética, a combinação perfeita.

Jessica gosta de meninos e festas. Ela é charmosa e adora fofocar, flertar e fazer compras. Ela adora pegar emprestado as roupas de Elizabeth, e esta suporta porque você não consegue dizer não para Jessica Wakefield. Ela também é líder de torcida, e, embora pareça ser um pouco cabeça de vento, Jessica tem profundidade e inteligência. Às vezes, diz coisas desagradáveis, mas isso ocorre porque é impulsiva e tem um certo temperamento. Ela é toda emoção. Jessica é o tipo de garota que cede aos impulsos, enquanto Elizabeth os controla, pelo menos na maior parte do tempo.

As gêmeas Wakefield não são reais; elas são as personagens principais da série *Sweet Valley High*.* Comecei a ler os livros quando tinha oito ou nove anos. Era estrábica e usava óculos bifocais grossos. Além do meu irmão mais novo, eu era a única pessoa negra na escola. Então, eu me destacava, embora quisesse muito passar despercebida. Era tímida e estranha e não sabia como me ajustar. Meu cabelo era rebelde, arrepiado, o que me conferia os inexplicáveis apelidos de Cabelo, Barba e Bigode, embora eu não tivesse barba nem bigode. Meus colegas de escola também me chamavam de Don King. Eu não me parecia em nada com Don King. Por exemplo, ele é homem. Diziam que meus pais "falavam engraçado". E mais

---

* No Brasil, a adaptação dos livros para série televisiva foi exibida nos anos 1990 com o nome de *Aí, galera*, pela Rede Globo. (N. T.)

tarde percebi ser uma referência ao forte sotaque haitiano deles, algo que não tinha percebido. De repente, sotaque foi tudo o que passei a ouvir. Eu lia livros enquanto caminhava para a escola. Tinha a risada mais estranha — um pouco entrecortada e hesitante — e era um pouco dentuça. Usava macacão regularmente por escolha e não conhecia *mesmo* nenhum palavrão. Então, isso deve lhe dar uma ideia de onde eu estava na escala social — no degrau mais baixo.

Quando comecei a ler os livros da *Sweet Valley High*, queria que as meninas como as gêmeas Wakefield me amassem. Eu queria que os meninos bonitos que perseguiam meninas como as gêmeas de Wakefield me amassem. Queria que as crianças populares me acolhessem em seus abraços e me tornassem popular também. A popularidade é contagiante. Muitos filmes da década de 1980 confirmam essa teoria. Eu tinha esperança, embora certamente essa esperança fosse tênue.

Havia um grupo particular de crianças douradas e populares na minha escola. Elas estão em todas as escolas, uma infestação intercambiável de bons genes e grandes sorrisos e cabelo perfeito e jeans da Guess ou Girbaud. Não me lembro muito da escola primária, mas lembro os nomes e sobrenomes das crianças populares. Se voltasse para meu bairro de infância, eu poderia apontar suas casas e outros locais de interesse. Observava essas crianças populares o tempo todo, tentando descobrir como respirar o ar em sua atmosfera. Elas eram *muito americanas* e, portanto, exóticas, pois tinham liberdades das quais eu não dispunha. Eu era um tipo diferente de americana. Tinha pais haitianos conservadores que queriam o melhor para os filhos, mas também eram muito cautelosos com a permissividade americana. Eu era americana na escola e haitiana em casa. Isso carecia de um equilíbrio perfeito, e sou uma pessoa desajeitada.

Não há nada mais desesperado e não correspondido do que o amor de uma garota impopular por crianças legais. Um dia, as crianças do "grupinho" estavam me provocando, não me lembro por quê. Ficava cada vez mais irritada quando eles me insultavam, não só porque estavam me provocando, mas também porque eu estava dolorosamente ciente da grande distância entre onde estávamos e onde gostaria que estivéssemos — caminhando pelo shopping, de braços dados, compartilhando segredos em uma festa do pijama ou fofocando sobre garotos bonitos. Eu gostava de shopping. Eu tinha segredos. Eu gostava de garotos bonitos.

Naquele dia, porém, precisava inventar uma resposta rápida para mostrar a eles que não podiam me provocar, para mostrar a eles que eu era legal também, para manter minha posição. Apontei meus dedos para eles, tal qual miss Celie quando lançava uma maldição sobre Mister em *A cor púrpura*, e gritei: "Um dia, esperem para ver. Eu vou me tornar Miss América". Era este o apelido pelo qual minha mãe me tratava: Miss América. Sou sua amada primogênita, sua primeira filha nascida nos Estados Unidos. Eu amava meu apelido. As crianças rolaram de rir. Pelo resto daquele ano e no próximo, eles me provocaram impiedosamente sobre ser a Miss América, perguntando como estava minha campanha, tecendo comentários sobre faixas e coroas, saltitando na minha frente, dando o tchauzinho de Miss América. Eles colocavam adereços. Essas crianças deixavam claro que eu não tinha a menor chance de ser coroada, mas sou teimosa, e Vanessa Williams ganhou o concurso de Miss América. Então, comecei a acreditar sinceramente que eu iria me tornar Miss América. Eu sempre recordava meus colegas sobre minha convicção, o que simplesmente alimentava mais seus tormentos mesquinhos. Não tenho a mínima ideia do rumo que eu buscava com aquela estratégia.

Os livros da série *Sweet Valley High* eram extremamente populares quando eu era jovem, e a maioria das meninas imediatamente se identificava como uma Elizabeth ou uma Jessica. A maioria das pessoas que me conhecesse poderia pressupor que eu era uma Elizabeth, sem sua popularidade, mas não era. Na minha cabeça e no meu coração, era uma garota má: incompreendida e interessante. Eu era uma Jéssica — uma garota confiante, sexy e inteligente, uma garota de quem todos queriam estar perto. Era a futura Miss América, consagrada por minha mãe e Vanessa Williams.

Sempre soube que havia algo anormal nos livros da *Sweet Valley High*. Eu não me importava. Ainda não me importo. Eu estava bem consciente de que nem todos vivem em um subúrbio perfeito com pais perfeitos vivendo vidas perfeitas. Visitei o Haiti, vi uma pobreza incompreensível com meus próprios olhos. Então, sabia que minha sorte relativamente boa foi um acidente de nascimento. Sabia que raramente existe um final feliz. Compreendi que os livros da *Sweet Valley High* apresentam uma teoria irreal, um ideal de beleza (louro, branco, magro) limitado e que qualquer cidade onde todos parecem e agem da mesma forma não é confiável. A única vez em que um cidadão de Sweet Valley (Steven Wakefield, o irmão mais velho das gêmeas) teve um namoro inter-racial, esse relacionamento durou por apenas um livro (o de número 94), pois o casal decidiu, por fim, que eles eram muito diferentes. Eu também sabia que aquele veredito era suspeito.

Como muitos escritores, vivi dentro dos livros quando criança. Dentro dos livros, poderia me livrar das coisas impossíveis com as quais tinha de lidar. Quando lia, nunca me sentia sozinha, atormentada ou com medo. Lia tudo o que estivesse ao alcance de minhas mãos, e meus pais faziam minhas vontades e me incentivavam. Eles eram rígidos sobre coisas como televisão e notas, mas nunca censuraram meu material de leitura ou questionaram meu amor por Sweet Valley. A gente se mudava muito em função do trabalho de meu pai, mas Sweet Valley nunca mudou, e as pessoas nunca mudaram. As crianças em Sweet Valley eram uma constante e, de um certo modo comovente, eram minhas amigas.

Esperava pelos novos livros da *Sweet Valley High* da mesma maneira que outras crianças esperavam por novos quadrinhos ou lançamentos de filmes. Cada vez que minha mãe me levava ao shopping, ia direto à Waldenbooks e rapidamente examinava as prateleiras da seção de jovens adultos, perguntando-me em que as gêmeas e seus amigos e inimigos estariam se envolvendo na sequência. Quando a série começou a produzir superedições, eu poderia ter morrido e partido em direção ao céu de Sweet Valley. À medida que minha coleção de livros da *Sweet Valley High* aumentava, eu os mantinha guardados de forma meticulosa, alinhados em perfeita ordem e perfeito estado. Às vezes, meus irmãos se enfiavam em meu quarto e mexiam nos livros. Explodiam pequenos conflitos entre nós, e tão frequentemente, que isso resultava em enterrar os brinquedos favoritos dos meus irmãos no quintal. Eu falava muito sério quando se tratava dos meus livros da *Sweet Valley High*.

A nostalgia é poderosa. É natural, humano, desejar o passado, especialmente quando podemos lembrar nossas histórias como melhores do que eram. A vida acontece mais rápido do que se pode compreender. Tenho quase quarenta anos, mas meu amor por *Sweet Valley High* continua forte e imediato. Quando leio os livros agora, sei que estou lendo lixo, mas me lembro de como era passar minhas tardes em Sweet Valley, saindo com as gêmeas Wakefield, Enid Rollins, Lila Fowler, Bruce Patman, Todd Wilkins e Winston Egbert. A nostalgia que sinto por esses livros e essas pessoas faz meu peito doer. Quando soube que Francine Pascal estava lançando *Sweet Valley Confidencial*, uma atualização da série *Sweet Valley High*, ambientada de sete a dez anos no futuro, basicamente perdi minha cabeça e comecei a ficar obcecada sobre o que estava acontecendo em Sweet Valley. Comecei a contar os dias até o lançamento do livro.

Às duas e meia da manhã, no dia de seu lançamento, *Sweet Valley Confidencial* foi enviado para meu Kindle. Passei as próximas três horas lendo. Não virei uma página eletrônica em que eu não pensasse *Meninaaa*, risse em voz alta ou murmurasse "Mmmm". Ler o livro foi uma experiência de sons e emoções.

Fui trabalhar e, quando cheguei em casa, li *Sweet Valley Confidencial* novamente. O livro era, como podem imaginar, terrível, um insulto à memória da série *Sweet Valley High* original. Enquanto lia, pensava: *Eles poderiam ter me ligado. Cobro pouco dinheiro para trabalhar.* "Eles", é claro, não têm ideia de quem eu sou, mas ainda assim foi doloroso saber quantos fãs de *Sweet Valley* estão por aí, fãs que poderiam ter escrito o livro da maneira que merecia.

Sweet Valley Confidential lhe faz compreender por que tantas pessoas estão lamentando a morte da publicação. O livro é desconcertante. Fundamentalmente, o texto é muito ruim. A palavra que vem à mente é "deplorável". A estrutura narrativa é tão falha que me causou dores físicas. A história salta do presente, contado em terceira pessoa no passado, para o passado contado em primeira pessoa no presente. Às vezes, o narrador muda de uma gêmea para a próxima e, em seguida, ele é outro personagem de menor importância. Passei mais tempo do que gostaria de admitir tentando entender essas escolhas autorais. De vez em quando, insere-se algum tipo de referência Web 2.0 à mídia social na narrativa como se Pascal estivesse dizendo: "Ainda sou relevante! Twitter! Facebook! Olha só!".

As gêmeas e seus amigos estão todos uma década mais velhos, mas há pouca evidência de qualquer maturidade emocional. Você esperaria que as gêmeas, como mulheres em seus vinte e tantos anos, teriam vida sexual, porém a maior parte do sexo no livro é estranhamente asséptica, com um erotismo meio secundário, como se o público ainda fosse adolescente. Quando você vê um pouco das *personas* sexuais de Elizabeth ou Jessica, da maneira que está escrito, só dá medo. Muitas das desavenças mesquinhas do ensino médio permanecem, e a maioria dos personagens acaba por parecer as piores pessoas no mundo. Toda a empreitada transmite a sensação de caricatura. As gêmeas foram escritas de tal forma que faz você pensar que Pascal (que criou a série, mas não escreveu qualquer um dos livros originais) não tem ideia de quem são as gêmeas Wakefield. Elizabeth e Jessica exibem comportamentos tão atípicos que a explicação mais simples é que Elizabeth e Jessica foram lobotomizadas. Não quero revelar muito, mas ao longo do romance sentimos pena de Elizabeth. No entanto, ela é retratada como alguém tão autoindulgente, tão cheio de autocomiseração, que você começa a sentir que ela merece infelicidade. Jessica, por outro lado, devemos odiá-la, mas ela é profissionalmente bem-sucedida e está em um relacionamento amoroso estável, além de ter personalidade. Ela parece racional, interessante e vibrante como sempre. Comete erros, mas de uma maneira realmente humana e cativante. Quando você se pega torcendo pela pessoa que deveria odiar por causa do enredo geral do romance, a narrativa fez uma curva completamente errada. (Para registrar minha preferência, sou do time Jessica para sempre!) Contudo, há algo que permanece gloriosamente o mesmo: as descrições gratuitas da beleza de Elizabeth e Jessica. Em *Sweet Valley High 1: Double Love*, as gêmeas são descritas assim:

> Com cabelos louros, lindos olhos azul-esverdeados e bronzeados californianos perfeitos, Elizabeth e Jessica eram duplicatas exatas uma da outra — até as pequenas covinhas em suas bochechas esquerdas quando sorriam. Cada uma usava um cordão de ouro no pescoço — presentes de seus pais no 16º aniversário em junho passado.

Vinte e oito anos depois, em *Sweet Valley Confidential*, as gêmeas são muito parecidas, embora sua descrição tenha envelhecido bem, como um vinho:

> Como as gêmeas daquele poema, Elizabeth e Jessica Wakefield pareceriam intercambiáveis, considerando apenas seus rostos. E que rostos eles eram! Lindos. Absolutamente surpreendentes. Do tipo que você não consegue parar de olhar. Seus olhos eram em tons de verde-água que dançavam na luz como estilhaços de pedras preciosas, ovais, com cílios grossos castanho-claros e longos o suficiente para lançar uma sombra por sobre as bochechas. Os cabelos louros sedosos, em cascata, caíam pelos ombros. E, para completar a perfeição, os lábios rosados

pareciam ter sido desenhados a lápis. Nelas, também não havia nada de errado quanto à personalidade. Era como se bilhões de todas as possibilidades se encaixassem perfeitamente. Duas vezes.

Quando li pela primeira vez a passagem de *Sweet Valley Confidential*, acordei alguém com minha gargalhada. Literalmente aplaudi, pois fiquei encantada por ser tão primorosamente péssimo. Para ser justa, *Sweet Valley Confidential* nunca poderia ter satisfeito às expectativas daqueles que se apaixonaram pela série original. Como disse, a nostalgia é poderosa. E seu poder aumenta com o tempo e frequentemente remodela nossas memórias. Não se trata do fato de que os livros originais fossem uma referência de ótima literatura, mas para algumas meninas pré-adolescentes e adolescentes os livros eram as expressões mais familiares e representativas de nossa angústia e nossos melhores desejos para nós mesmas, as meninas que queríamos nos tornar. Há um coração de menina ainda latejando em muitas de nós. Aquelas de nós que leram *Sweet Valley Confidential* ansiavam por recapturar um pouco da magia da Sweet Valley de nossa juventude.

Apesar das falhas do livro, a magia estava muito presente para mim. Abracei com facilidade o drama, o absurdo, as implausibilidades disparatadas. Você não acreditaria no que está acontecendo em Sweet Valley e quem acabou namorando quem, mas deixa eu contar: é tudo um delicioso escândalo. Alguém é gay! Alguém traiu a irmã dela. Alguém está morando em Nova York. Alguém se casou com um homem rico, mas controlador, e morou na Europa até que escapou. Alguém está noivo e está prestes a se casar e todo mundo está comentando. Um rapaz que todos pensávamos ser um príncipe é, na verdade, apenas mais um homem. Alguém se transformou em uma verdadeira megera. Alguém recorre a salgadinhos assados para sublimar a tristeza. Alguém teve câncer. Alguém se tornou um verdadeiro babaca. Alguém não mudou nem um pouco. Alguém ficou podre de rico. Alguém ficou mais podre de rico ainda. Alguém morreu. Alguém ama outra pessoa de uma forma trágica e não correspondida. Em meio a todo o drama, algumas coisas em Sweet Valley não mudam. Existem muitos finais felizes. É o entretenimento superestúpido, escapista, oferecido por *Sweet Valley Confidential*.

***

Eu nunca me tornaria Miss América. Sei disso agora. Havia limites para o que Vanessa Williams e seus dentes reluzentes podiam fazer. No entanto, continuo a ter uma vida fantasiosa muito ativa. Em um de meus voos fantasiosos mais elaborados e vergonhosos, ganho um Oscar por escrever o Melhor Roteiro Adaptado baseado em meu romance mais vendido, que está na lista do *New York Times* por, pelo menos, 57 semanas. Na cerimônia do Oscar, estou vestindo algo impecável assinado por um estilista de nome longo e exótico. Meu cabelo e meu rosto estão ajeitados. Não tropeço quando subo as escadas em meus sapatos Louboutins e aceito meu prêmio. Meu par é meu marido, sendo ele o mais bonito, a mais famosa estrela de cinema do mundo. Ele está louco e perdidamente apaixonado por mim e irradia felicidade enquanto olho para a plateia. Ele vai ganhar o prêmio de Melhor Ator ao final da noite porque estrelou meu filme.

Foi assim que nos conhecemos. Em meu discurso de aceitação do prêmio, agradeço aos meus pais e agentes, à minha famosa estrela de cinema e marido e aos meus amigos. Agradeço a Francine Pascal por criar *Sweet Valley* e a Vanessa Williams por me ensinar que eu poderia ser bonita. Então, menciono os nomes das douradas e populares crianças que nunca me amaram. Levanto meu Oscar sobre minha cabeça com uma das mãos e aponto meus dedos em direção a uma câmera, mais uma vez como miss Celie lançando uma maldição sobre Mister. Então digo: "Uma vez, disse a vocês que me tornaria a Miss América. Esta não é a coroa de Miss América, mas está bem perto".

Como uma garota negra, como uma garota haitiana, não deveria me ver nos livros de *Sweet Valley High*, mas fiz isso. Talvez fosse porque eu também morava no subúrbio, talvez fosse porque estivesse procurando o caminho para uma vida perfeita e me tornando Miss América, mas as histórias de *Sweet Valley* me tocavam profundamente. Eu lia e relia os livros inúmeras vezes. O drama, as tramas recicladas e as circunstâncias ridículas me comoviam intensamente. Isso também pode explicar por que, no ensino médio, me tornei totalmente devotada a *Barrados no baile*, que pegou a fórmula de *Sweet Valley High* e elevou-a a outro patamar. *Sweet Valley Confidential* me lembrou de meus anos mais estranhos e da promessa tola que fiz a um grupo idiota de crianças. O livro me lembrou do consolo, da fuga e da alegria silenciosa que encontrei em Sweet Valley. Algumas experiências são universais. Uma menina é uma menina, seja ela de West Omaha ou de Sweet Valley. Muitas vezes, os livros são bem mais do que apenas livros.

Espetáculos extravagantes e gloriosos

> *A menina verde gosta de*
> *observar-se sofrendo.*
> Kate Zambreno, *Green Girl*

Em seu livro inovador *Problemas de gênero*, Judith Butler afirma que o gênero é uma performance, uma identidade instável que se forma por meio de como ele é executado continuamente. Ela escreve:

> O gênero não deve ser construído como uma identidade estável ou um *locus* de ação do qual decorrem vários atos; em vez disso, o gênero é uma identidade tenuemente constituída no tempo, instituído num espaço externo por meio de uma *repetição estilizada de atos*. O efeito do gênero se produz pela estilização do corpo e deve ser entendido, consequentemente, como a forma corriqueira pela qual os gestos, movimentos e estilos corporais de vários tipos constituem a ilusão de um eu permanentemente marcado pelo gênero. (butler, 2003, p. 200)

Embora nossas concepções sobre gênero tenham evoluído desde a publicação do livro *Problemas de gênero: feminismo e subversão da identidade*, há muito a ser dito sobre a teoria, especialmente no que diz respeito às maneiras como as mulheres, consciente ou inconscientemente, executam a feminilidade e as formas às quais mulheres às vezes ficam aprisionadas nas expectativas de como se engajarão na performance de seu gênero.

No âmbito da cultura popular, muitas vezes o mundo parece um palco no qual as mulheres atuam, e nenhum romance mais recente capturou essa performance, tão carregada de ansiedade, melhor que *Green Girl* [Garota verde], de Kate Zambreno. A melhor palavra para descrever a obra é "abrasadora". Ao mesmo tempo, o romance é uma narrativa convincente sobre uma jovem americana que vive em Londres e uma denúncia do que aflige nossa cultura — consumismo galopante, relações humanas superficiais e, sobretudo, o culto à beleza e as contingências de gênero insuportáveis e impossíveis — uma cultura na qual mulheres usam seus rostos como máscaras e seus corpos como escudos. Ao longo do romance, a garota verde é tão estupidamente ousada quanto vulnerável. Ela habita suas contradições de modo profundamente sedutor. Se, como Butler acredita, gênero é uma performance, *Green Girl* é um romance sobre uma jovem que está aprendendo a representar sua feminilidade, que está aprendendo o poder disso: a fragilidade. Às vezes, sua educação é dolorosa. A garota verde é tanto cruel quanto vulnerável, e Zambreno habilmente expõe bastante essa maldade e essa vulnerabilidade em sua protagonista. *Green Girl* revela a consciência interior que muitas mulheres têm sobre a maneira como se encontram à mostra quando se movimentam em público, sobre a forma como representam seus papéis enquanto mulheres: "A consciência no trem, o desfile de moda. Os homens estão sempre observando, sempre com olhar de flerte. Pode-se fazer compras, mas não é preciso comprar. Mas, às vezes, a vida sob os holofotes pode ser difícil. Às vezes, ela quer ser invisível".

Em *Green Girl*, Ruth faz o papel de menina. A performance dela, às vezes, substitui sua identidade. Como Ruth percebe, "às vezes ela fica impressionada com a sensação de que um personagem pertence a um outro, que está dizendo as falas de outra pessoa". Ela também faz uma coisa e sente outra, pois "a passividade da garota verde se disfarça de polidez". Quer dar um soco na janela, mas não faz isso porque sabe que não é o que se espera de uma garota verde. Ela sabe que é linda, mas não sente necessariamente sua beleza dentro de si. No romance, essas tensões são intensas e continuamente expostas. Em determinadas ocasiões, o livro faz parecer que ser uma garota verde é estar em uma situação sem esperanças.

Ruth é a vendedora responsável por um perfume, o Desire [Desejo]. Está sempre em exibição na loja onde ela trabalha, pois é também parte do cenário. Certa manhã, no serviço, ela observa um grupo de adolescentes: "As garotas que se esgueiram pelos corredores parecem ensaiadas, bolsas posicionadas de modo igual nos ombros, os olhos baixos, porém ainda assim vigilantes. Elas não conseguem fugir dessa consciência de si mesmas. Estão atuando no papel de garotas, meninas mais novas que Ruth". Há uma ironia nas observações da protagonista. Ao longo do romance, ela atua no papel de jovem, e a consciência de si mesma (e, às vezes, a aversão a si própria) é palpável e tão inevitável quanto a autoconsciência que vê naquelas adolescentes.

Zambreno demonstra que a garota verde está absorta em si mesma, em sua vaidade, suas inseguranças, na(s) máscara(s) que usa, em seus conflitos e desejos. Em certos momentos, Ruth quer se proteger do olhar de estranhos. Ela se fecha em si, tenta ocupar o mínimo de espaço possível, seja andando na rua ou pegando o metrô. Outras vezes, ela quer ser vista, desejada, amada. Em um determinado ponto, está disposta a se deixar explorar por um ex-caso qualquer: "Ela reza para ser atacada. Ela é um cervo parado no meio da estrada da floresta, de joelhos dobrados, implorando por um predador". Ruth, como tantas de nós, quer tudo de uma vez.

Embora seja um romance sobre mulheres, claro que existem homens em *Green Girl*: o homem no trabalho que Ruth deseja, o brutal ex-amante o qual deseja, o amor aparentemente platônico por que anseia até se consumar o relacionamento, momento em que que passa a querer outra coisa. Ruth tem desejos, mas eles parecem muito contidos, carecem de imediatismo e raramente se evidenciam. Quando Ruth faz sexo, geralmente é de forma desapegada. Seus parceiros são bastante casuais em relação ao ato, e a própria Ruth é casual. Ruth tem um encontro com um barman no almoxarifado do bar, com um distanciamento finamente elaborado. "É uma voyeur de si mesma", observa Ruth. Depois, quando Ruth e o barman estão transando, "ela já tinha visto tudo antes, como se estivesse em um sonho. Mas não está realmente lá. Não mesmo". Em *O riso da Medusa*, de Hélène Cixous, a autora afirma que "a mulher deve se colocar no texto — como para o mundo e para a história — por seu próprio movimento". *Green Girl* é fascinante pelo modo como Zambreno coloca a mulher no texto, física e emocionalmente:

> Ruth quer escapar. Ela quer escapar de si mesma. Em todos os lugares a que vai, quer confidenciar: "Você sabe o que é não poder abalar sua própria personalidade?". Ela não quer ser. Ela não quer viver. Quer se perder dela mesma, se perder na multidão. De algum modo, está entorpecida pelos horrores do dia a dia. Ima-

gens e mais imagens assombram seu cérebro. É a violência da vida — observa ela, sem expressão.

Mais do que tudo, *Green Girl* é implacável no que revela sobre a garota verde e sua vida interior, o vazio e a solidão, a violência nua, como ela deve engoli-los "bem, bem no fundo". O romance faz parecer que há uma garota verde dentro de todas nós, tão desesperadamente frágil quanto resiliente. A garota verde consegue compreender os danos que causa a si mesma, mesmo que nada faça para evitá-los.

Se Ruth é uma garota verde florescendo como mulher em *Play It As It Lays* [Jogue como tem de ser], de Joan Didion, Maria Wyeth é a garota verde em queda, a que se cansa de fazer o papel de menina, a que decide deixar de fazer esse papel porque não há mais necessidade (ou, talvez, desejo) de fazê--lo. Embora *Play It As It Lays* tenha sido publicado em 1970, pouco mudou no que diz respeito à mulher como espetáculo. Maria Wyeth é atormentada e um pouco trágica, mas nela há tenacidade. O romance narra o processo de decadência de Maria até a loucura depois de fazer um aborto a pedido do ex-marido. Sua decadência é mais controlada do que você possa imaginar.

Play It As It Lays revela uma complexa teia de relacionamentos entre Maria e seu marido, Carter; seus amigos Helene e BZ; seu amante, Les Goodwin; e seu ex-amante, Ivan Costello; e também revela como essas pessoas rompem entre si de formas terríveis. Há também uma filha pequena, Kate, que sofre de uma doença rara e vive em uma instituição longe de casa. Uma filha a qual Maria anseia fortemente reencontrar, a única pessoa no romance por quem ela demonstra genuíno afeto. Assim como Ruth, a garota verde, Maria, modelo e atriz *wannabe*, está sempre em exibição e ciente disso, desejando atenção na mesma proporção que a despreza. Morando em Hollywood, ela é como Ruth na loja onde trabalha: apenas mais uma parte do cenário de mulheres desesperadas e drogadas que, como Maria se refere à sua própria beleza, "tinha uma aparência apresentável" e se movimentava pela vida fazendo as performances adequadas. Como Ruth, Maria é egocêntrica e egoísta, mas tem uma consciência mais aguçada dessas falhas. Ela gosta de assistir a um filme que estrelou porque "a garota na tela parecia

84 *Roxane Gay*

ter um talento especial para controlar seu próprio destino". Assim como Ruth muitas vezes se sente como a personagem pertencente a outra pessoa, Maria, como atriz, teve a oportunidade de se tornar a personagem de outra pessoa surtindo um efeito semelhante.

Como uma garota verde que se esvanece, Maria permanece desconectada. Ela ama sua filha e vivencia o luto por sua mãe, porém, como com Ruth em *Green Girl*, aborda a maioria de seus relacionamentos clinicamente, com um desapego confuso. Raramente demonstra verdadeiro interesse em preservar seu casamento e tem pouca tolerância com os homens de sua vida. Quando seu amante, Les, deixa três mensagens, fala para a secretária eletrônica dizer a ele que não retornou suas mensagens porque "ela não tinha nada a responder para nenhuma delas". Depois de fazer um aborto, conhece Les Goodwin; e ele pergunta o que há de errado com ela. Maria diz: "Estou muito, muito cansada de ouvir todos vocês". O que as pessoas em sua vida rotulam, ao longo do romance, como insanidade ou egoísmo, pode ser lido claramente como cansaço — cansaço de desempenhar seu papel corretamente, de estar em exibição, de ser a ingênua e boa garota verde.

A literatura sobre aborto é complexa. Certamente, existem romances como *The Abortion* [O aborto], de Richard Brautigan, e *As regras da casa de sidra*, de John Irving, entre outros. Esses tratamentos literários à questão do aborto várias vezes lutam para encontrar o equilíbrio adequado entre a mensagem narrativa e a mensagem política. O tratamento de Didion sobre o assunto apresenta muito mais nuances — a *mensagem* não inclui a história. Essa é uma história sobre o aborto, mas também sobre o que acontece com a garota verde que muda, mas não necessariamente se torna menos sem poder, vazia, cheia de anseios.

Durante o procedimento, Maria é desapegada: "Nenhum momento é mais ou menos importante do que qualquer outro. Mesmo assim, a dor sentida à medida que o médico fazia a raspagem não significou nada além da própria dor, não constituía mais que o padrão de vida de filme na televisão daquela casa em Encino". Somente depois, quando percebe que talvez tenha feito algo que preferia não ter feito, é que o significado emocional começa a afetá-la e, ainda assim, ela parece não saber o que fazer com essas emoções e entorpece-as por meio do uso generoso de barbitúricos.

Mesmo que seus desejos sejam frequentemente silenciados, Ruth os tem. Ela anseia por coisas, ainda que não faça nada para alcançar seus desejos. Maria Wyeth anseia por coisas que ela não pode alcançar — a mãe morta, a filha doente, um feto abortado.

Como Ruth, Maria está disposta a se tornar uma presa, disposta a ser mulher como vítima. Em um estacionamento onde vários meninos estão vandalizando carros, Maria caminha na direção deles:

> Ela manteve os olhos firmes, com o ritmo regular. E, quando se viu destrancando o carro sob seu olhar vazio, fez isso com extrema vontade. Enquanto deslizava para o banco do motorista, olhava diretamente para cada um deles, um por um; e, naquele instante de total cumplicidade, um deles se inclinou sobre o capô e ergueu a mão em reconhecimento ao que havia acontecido entre todos, a palma aberta.

Quando Maria sai ilesa de tais situações, há uma sensação de decepção, pois ela não consegue se livrar de sua fadiga. Perto do fim de *Play It As It Lays*, Maria passa uma noite com um ator do qual não gosta. Tão desapaixonada quanto Ruth transando com o barman, Maria se mantém imóvel debaixo do ator. Quando ele adormece, Maria pega sua Ferrari e dirige até Las Vegas, onde é parada por um policial rodoviário por excesso de velocidade. O agente que ela divide com o marido, Freddy, vem resgatá-la e encontra Maria "ainda usando o vestido prateado, descalça, e seu rosto estava sujo de poeira". No voo de volta para Los Angeles, Freddy diz que não compreende *garotas* como Maria. Ele diz: "Quero dizer que há algo em seu comportamento, Maria, que eu chegaria a chamar isso de... Quase chamaria de um tipo de personalidade muito autodestrutiva". Maria não se preocupa em responder. E por que deveria? Freddy só tem uma ideia sobre *garotas como Maria*. Não está interessado em tentar entendê-la como uma pessoa real.

Somos deixados com Maria Wyeth em uma clínica psiquiátrica. Ela cometeu um crime terrível. As pessoas em sua vida pensam que ela é louca, egoísta, *autodestrutiva*. Provavelmente, Maria é a pessoa mais sã em seu triste grupo de amantes e amigos. Não quer nada mais do que sair, pegar sua filha e criá-la. Como garota verde em decadência, Maria sabe de algo que Ruth nunca poderia saber. Ao tentar se explicar, Maria diz: "Eu sei o que 'nada' significa e continuo jogando".

***

Se Ruth é a garota verde em ascensão e Maria Wyeth, a garota verde no outono, as mulheres do reality show são as garotas verdes interrompidas, em seu aspecto mais extravagante, abertas para as câmeras, apresentando as melhores e piores partes de si mesmas, buscando atenção, para serem vistas, por amor, para serem adoradas, pela fama, para serem desejadas.

Os reality shows costumam dar a impressão de que, como o gênero, a vida toda é uma performance. Adoro assistir a essa performance — aquela em que as pessoas revelam como estamos dispostos a nos comprometer por algo tão fugaz quanto a fama. A mansão de Los Angeles, a selva tropical ou o ônibus turístico de uma estrela do rock em decadência são o palco — e que palco! — brilhantemente iluminado, sinistro, que nos incentiva a ver o extravagante espetáculo da vida em seu aspecto mais artificialmente real. Assisto a tudo — à falsa alta classe da *Bravo*, à programação da MTV encharcada de álcool, aos brilhantes programas de competição da CBS, à asquerosa e exploradora VH1 e até mesmo aos programas de menor prestígio em redes de TV a cabo, como *Bad Girls Club* [O clube das garotas más] e *Quatro mulheres e um marido*.

Ninguém reluz mais de forma obscenamente sensacionalista nesse falso palco real do que uma mulher. Quer se trate de uma competição de modelos, uma chance de *competir* pelo amor, um desafio para perder peso ou uma olhada na vida do harém de um editor de revista que envelhece, as mulheres são frequentemente os troféus brilhantemente polidos na vitrine de reality shows. Esse gênero narrativo desenvolveu uma fórmula de muito sucesso para reduzir as mulheres a uma estranha série de estereótipos sobre baixa autoestima, desespero conjugal, incapacidade de desenvolver relacionamentos significativos com outras mulheres e obsessão por um padrão de beleza quase pornográfico. Quando se trata de reality shows, as mulheres, na maioria das vezes, trabalham bastante para desempenhar o papel de mulher, embora seus roteiros sejam muito vergonhosamente distorcidos.

Reality Bites Back: The Troubling Truth about Guilty Pleasure TV [A realidade incomoda: a verdade perturbadora sobre a TV que provoca o prazer culpado], de Jennifer Pozner, destaca os reality shows por suas táticas sexistas, racistas e desumanizantes em quase todos os gêneros de reality shows. Embora me considere alfabetizada em mídia e feminista, não sei se algum livro que li este ano me deixou tão desconfortável quanto *Reality Bites Back*, por seu exame incisivo do que sempre pensei como programação de entretenimento inofensiva. Tive de me questionar pelo fato de sentir tanto prazer no drama de *The Real Housewives of Beverly Hills* [As esposas reais de Beverly Hills] ou nas travessuras bêbadas que arrancam apliques de cabelo em *Rock of Love* [Rock do amor] ou *Flavor of Love* [Sabor do amor]. Eu, como muitas outras pessoas, sinto prazer no que Pozner chama de "exibição catártica das humilhações de outras pessoas". Esses programas existem porque o público precisa de lembretes dos caminhos errados que nossas vidas podem tomar.

Em sua análise, Pozner revela os muitos tropos explorados em reality shows — mulheres retratadas como "maliciosas, mal-intencionadas, manipuladoras e não confiáveis", por exemplo — e como esses tropos são codificados em todos os aspectos desses programas, desde o marketing até a forma que os programas são roteirizados. As garotas verdes interrompidas são manipuladas de modo a se tornarem as piores versões de si mesmas e, embora certamente qualquer pessoa que vá a um reality show nos dias de hoje tenha um certo nível de noção de realidade, tem-se a impressão, a partir da crítica de Pozner, que essas garotas verdes não têm a autoconsciência de uma Ruth ou de uma Maria Wyeth. Elas não têm a oportunidade de desenvolver essa autoconsciência porque a "realidade" do reality show é tão fortemente construída que essas mulheres só conseguem estar cientes do artifício que as rodeia e das partes que foram programadas para desempenhar dentro dele.

Talvez nenhum reality show exemplifique melhor a garota verde interrompida, aquela totalmente ciente do artifício que a cerca e um tanto cúmplice em mantê-lo, do que os agora extintos reality shows de celebridades da vhi: *Rock of Love* e *Flavor of Love*. Em *Rock of Love*, as mulheres competiam pelo afeto do astro do rock Bret Michaels, enquanto em *Flavor of Love* elas competiam pelo afeto do Flavor Flav, do Public Enemy, um cara que já foi considerado descolado. Em cada um desses programas, as mulheres habilmente desempenham o papel de garota má (verde) ou garota boa (verde) ou garota boa (verde) que deu errado — cada uma fingindo que a ex-estrela é o centro do universo romântico em meio ao álcool que flui

88 *Roxane Gay*

livremente, interações forçadas projetadas para criar conflitos artificiais, mas violentos, contorcendo-se em postes de strip-tease e outras cenas obscenas e espetaculares. Em *Flavor of Love*, as mulheres nem mesmo mantêm seus nomes verdadeiros. Em vez disso, Flav, como as mulheres o chamam, atribui a cada mulher um novo nome de sua escolha, pois ele não se incomoda em ver a garota verde ser interrompida em detrimento de quem ela realmente é. Os nomes variam de tolos (Smiley) [Sorridente] a degradantes (Thing 1 e Thing 2) [Coisa 1 e Coisa 2]. O artifício do programa permite que essas mulheres entrem facilmente em identidades construídas por meio dessa renomeação. As mulheres são, sem dúvida, exploradas, porém muitas vezes parecem resignadas a isso e dispostas a deleitar-se com a exploração, ao invés de desafiá-la. Em ambos os programas, ao longo de várias temporadas, essas garotas verdes interrompidas passam pelo processo de procurar o amor verdadeiro com homens que estão contribuindo para o artifício, jorrando sentimentos vazios e banalidades como meio de sedução enquanto metaforicamente piscam para a câmera para nos informar que sabem como sua realidade é irreal — geralmente durante confissões improvisadas. A exploração, e a participação dessas mulheres nessa realidade, continuou quando muitas delas, dos dois programas, passaram a aparecer em continuações com premissas igualmente artificiais como em *Flavor of Love: Charm School* [Sabor do amor: escola do charme], *Charm School with Ricki Lake* [Escola do charme com Ricki Lake], *I Love Money* [Eu amo dinheiro], vários programas com a ex-concorrente nova-iorquina de *Flavor of Love*, Tiffany Pollard, e assim por diante. Durante cada um desses programas, essas mulheres raramente demonstram qualquer autoconsciência. Em vez disso, elas revelam o quão intimamente cientes estão do artifício a seu redor e o que este vai lhes trazer (atenção, um pouco de fama, dinheiro). Essas garotas verdes interrompidas são os papéis que devem desempenhar e, no contexto desses programas, não evoluem além desses papéis. Permanecem interrompidas.

Se os reality shows têm alguma conexão com a realidade, é que as mulheres são frequentemente chamadas para performar seu gênero, por meio de como se apresentam, de sua sexualidade, de como se comportam e como se conformam (ou não) às expectativas da sociedade para as mulheres. A repetição de atos de gênero em reality shows torna-se grosseiramente estilizada por meio da pele bronzeada artificialmente, sofisticados apliques de cabelo, maquiagem carregada, corpos aprimorados por cirurgias e rostos cheios de produtos químicos injetados. Os atos tornam-se grosseiramente estilizados por meio de mau comportamento, muitas vezes cuidadosamente orquestrado pelos produtores. Sob o brilho persistente da câmera, essas mulheres não têm escolha a não ser se sacrificar para nosso entretenimento. As mulheres dos reality shows são, talvez, as mais verdes das meninas, mulheres que se deleitam em ver a si mesmas sofrendo, pois foram tão irrevogavelmente interrompidas que não sabem o que mais deveriam fazer. Não conseguimos desviar o olhar. Essas mulheres — essas Ruths e Marias interrompidas — olham para sua ruína. São espetáculos extravagantes e gloriosos.

No fim de *Green Girl*, Ruth quer algum tipo de renascimento, alguma maneira de se limpar. Ela quer "romper aquela coisa que me abriga dentro de mim". Ela decide: "Quero ir a uma igreja, direcionar meus olhos para o alto e abrir meus braços, abrir meus braços para o teto. E gritar. E gritar. E gritar". Ela quer gritar de agonia e êxtase. Quer se perder tanto quanto quer se encontrar. O mesmo pode ser dito de Maria Wyeth. E, talvez, a mesma coisa pode ser dita para as mulheres do reality show enquanto se chocam umas contra as outras, com a câmera, com as formas que se espera que façam sua performance de gênero.

O que pode ser mais assustador é o quão verdadeiros são os reality shows afinal. Dizemos que assistimos a esses programas para nos sentirmos melhor sobre nós mesmas, para ter a certeza de que não estamos tão desesperadas. Não somos tão verdes. Mas talvez assistamos a esses programas porque nas moças verdes interrompidas vemos, mais do que qualquer coisa, os mais simples reflexos de nós mesmas, espalhafatosamente expostas, mas desenfreadas.

Não estou aqui para fazer amizades

Minha memória sobre os homens
nunca é tão animada
e iluminada quanto minha
memória sobre as mulheres.

Marguerite Duras, *O amante*

Em meu anuário do ensino médio, há a mensagem de uma garota que escreveu o seguinte: "Gosto de você, embora você seja muito má". Não me lembro da garota que escreveu isso. Não me lembro de ter sido má com ela, ou com qualquer pessoa, por sinal. Só me lembro de que era arredia no colégio, socialmente desajeitada, emocionalmente fechada, completamente perdida.

Ou talvez eu não queira me lembrar de ter sido má porque mudei nesses vinte anos que se passaram entre aquela época e agora. Por volta do meu penúltimo ano, deixei de ser quieta e retraída para ser má, e por má quero dizer expressar exatamente o que eu pensava e fazer comentários sarcásticos de forma implacável. A sinceridade tornou-se letal em mim.

Eu tinha tão poucos amigos que realmente não importava a maneira como me comportasse. *Não tinha nada a perder. Não tinha ideia do que significava ser simpática, embora estivesse cercada por pessoas geralmente agradáveis* — ou, suponho, que investiam muito em projetar uma fachada agradável, que estavam dispostas a seguir as regras. Tive pais e irmãos agradáveis. Eu era a anomalia, a exilada social. Desde muito jovem, entendi que, quando uma garota é desagradável, ela é um problema. Também compreendi que não estava sendo intencionalmente maldosa. Estava sendo honesta (reconheço que sem tato) e estava sendo humana. Ou é uma bênção ou uma maldição que essas qualidades raramente sejam agradáveis em uma mulher.

Inevitavelmente, em todos os reality shows, alguém irá declarar com ousadia: "Não estou aqui para fazer amigos". Essas pessoas fazem isso para estabelecer que estão em um determinado programa para ganhar o prêmio nebuloso, o coração de algum solteiro ou para obter a exposição de que precisam para começar sua instável ascensão a um mínimo de fama. Fazem essa declaração para explicar sua antipatia ou a edição inevitavelmente cruel que receberão dos produtores do programa. Não é que sejam terríveis, entende? É simplesmente que não estão participando do programa para fazer amigos. Estão se libertando do fardo da agradabilidade ou, talvez, livrando-nos do fardo da culpa pela antipatia e pelo eventual desprezo que possamos ter por elas.

Em *Jovens adultos*, Charlize Theron estrela o filme na pele de Mavis Gary. Quase todas as críticas do filme aumentam a antipatia de sua personagem, pintando-a com um A vermelho-escarlate brilhante. Com base na recepção crítica da personagem, uma mulher desagradável incorpora uma série de características desagradáveis, mas inteiramente humanas. Mavis é linda, fria, calculista, autocentrada, cheia de tiques estranhos, insensível e amplamente disfuncional em quase todos os aspectos da vida. Estes são, aparentemente, traços inaceitáveis para uma mulher, especialmente devido ao grande número de pessoas que trabalham em conjunto. Algumas avaliações vão tão longe a ponto de sugerir que Mavis está mentalmente doente, pois não há nada mais confiável do que o diagnóstico de poltrona feito por críticos desaprovadores. Em sua crítica, Roger Ebert elogia a roteirista de *Jovens adultos*, Diablo Cody, por tornar Mavis uma alcoólatra porque, "sem esse contexto, Mavis seria simplesmente louca". Ebert e muitos outros exigem uma explicação para o comportamento de Mavis. Exigem um diagnóstico para sua desagradabilidade para poder tolerá-la. A explicação mais simples, de Mavis como humana, não será suficiente.

Em muitos aspectos, a agradabilidade é uma mentira muito elaborada, uma atuação, um código de conduta ditando a maneira correta de ser. Personagens que não seguem esse código se tornam desagradáveis. Os críticos que condenam a antipatia de um personagem não podem necessariamente ser desaprovados. Estão apenas expressando um mal-estar cultural mais amplo com todas as coisas desagradáveis, todas as que ousam violar a norma de aceitabilidade social.

Por que ser agradável é uma questão? Por que estamos tão preocupados se, de fato ou não, alguém é simpático? Desagradável é uma designação fluida que pode ser aplicada a qualquer personagem que não se comporte de modo que o leitor considere palatável. Lionel Shriver observa, em um ensaio para o *Financial Times*, que "esse negócio de 'gostar' tem dois componentes: aprovação moral e afeto". Precisamos que os personagens sejam amáveis enquanto agem corretamente.

Alguns podem sugerir que tal questão de ser agradável é um subproduto de uma cultura on-line na qual clicamos reflexivamente em "Curtir" ou "Favoritar" em cada atualização de status e compartilhamento em redes sociais. Com certeza, existe uma cultura de afirmação implacável on-line, mas seria miopia acreditar que esse desejo de ser amado, de expressar o que ou quem gostamos, começa ou termina com a internet. Não tenho dúvidas de que Abraham Maslow tem algumas ideias sobre esse desejo persistente, em tantas de nós, de ser amada e, por sua vez, de pertencer, de ter nossa habilidade em seguir o código adequado de conduta afirmado.

Enquanto escritora e pessoa que teve dificuldades com esse ser agradável, querer ser amada, querer pertencer, passei muito tempo pensando sobre a agradabilidade nas histórias que leio e nas que escrevo. Costumo ser atraída por personagens desagradáveis, por aqueles que se comportam de maneira socialmente inaceitável, dizem o que pensam e fazem o que querem sem pensar muito nas consequências. Quero que façam coisas ruins e escapem impunes de seus erros. Quero que tenham pensamentos feios e tomem decisões feias. Quero que os personagens cometam erros e se coloquem em primeiro lugar, sem se desculpar por isso.

Nem me importo com personagens desagradáveis cujo comportamento é psicopata ou sociopata. Isso não quer dizer que tolero, por exemplo, assassinatos, mas Patrick Bateman, em *Psicopata americano,* é um homem muito interessante. Existe um diagnóstico psiquiátrico para ser desagradável, uma patologia desviante, mas ele tem seus encantos, principalmente em sua contundente autoconsciência. Os assassinos em série também são pessoas e, às vezes, engraçados. "Minha consciência, minha pena, minhas esperanças desapareceram há muito tempo (provavelmente em Harvard), se é que algum dia existiram", pensa Bateman, no romance.

Quero que os personagens façam as coisas que tenho medo de fazer por medo de me tornar mais desagradável do que já sou. Quero que sejam as mais honestas de todas as coisas — humanos.

Que a questão da agradabilidade exista mesmo em conversas literárias é estranho. Isso implica que estamos nos engajando em nos cortejarmos. Quando os personagens são desagradáveis, não atendem a nossos padrões mutáveis e variáveis. Certamente, podemos encontrar parentesco na ficção, porém o mérito literário não deve ser ditado pelo fato de querermos ser amigos ou namorados daqueles sobre quem lemos.

Francamente, acho personagens "bons", supostamente agradáveis, bastante insuportáveis. Observe May Welland em *A idade da inocência,* de Edith Wharton. A agradabilidade de May é, para ser justa, proposital, uma escolha que Wharton fez para que a paixão de Newland Archer pela condessa Olenska fosse cada vez mais tensa e agridoce. Ainda assim, May é o tipo de mulher que sempre faz tudo certo, tudo que é esperado dela. Ela é uma senhora da sociedade perfeita. Sabe como manter as aparências. Enquanto isso, todos desprezam a tácita rival e prima de May, a condessa Olenska, uma mulher que ousa desafiar as convenções sociais, que ousa não tolerar um casamento terrível, que ousa desejar a verdadeira paixão em sua vida, mesmo que esta seja encontrada em um homem inadequado.

Não devemos gostar dela, mas a condessa Olenska me intriga porque ela é interessante. Ela se destaca do borrão de conformidade social. Devemos gostar de, ou pelo menos respeitar, May por ser a adequada inocente e por quão doce é a maneira que ela se comporta. No entanto, nas hábeis mãos de Wharton, acabamos vendo que May Welland é tão humana e, portanto, tão desagradável quanto qualquer outra pessoa. Essa questão de agradabilidade seria muito mais tolerável se todos os escritores fossem tão talentosos quanto Edith Wharton, mas, infelizmente, *não é o caso*.

Muito mais perniciosos do que os personagens cuja agradabilidade serve a um propósito maior dentro de uma narrativa são aqueles absolutamente agradáveis. É um pouco bobo, mas passo muito tempo, mesmo agora, lamentando a perfeição de Elizabeth Wakefield, uma das duas gêmeas douradas protagonistas da popular série jovem *Sweet Valley High*. Elizabeth é a boa menina que sempre faz as escolhas certas, mesmo quando tem de sacrificar sua própria felicidade. Ela tira boas notas. É boa filha, irmã e namorada. É entediante. A agradabilidade de Elizabeth é absolutamente repulsiva. Eu torço pela Jessica. Prefiro Nellie Oleson a Laura Ingalls Wilder. Essa questão de agradabilidade é amplamente fútil. Frequentemente, um personagem simpático é simplesmente projetado como tal para mostrar que sabe como jogar conforme as regras e se preocupa em ser visto atuando de acordo. O personagem agradável, assim como o personagem desagradável, costuma ser usado para apresentar algum argumento narrativo mais amplo.

Muitas vezes, na crítica literária, os escritores são informados de que um personagem não é agradável, como se a agradabilidade de um personagem fosse diretamente proporcional à qualidade da escrita de um romance. Isso se mostra particularmente verdade com relação às mulheres na ficção. Na literatura, como na vida, as regras muitas vezes são diferentes para as meninas. Existem muitos casos em que se classifica um homem desagradável como um anti-herói, ganhando um termo especial para explicar as formas por meio das quais ele se desvia da norma, o tradicionalmente agradável. A lista, começando com Holden Caulfield em *O apanhador no campo de centeio*, é longa. Um homem desagradável é inescrutavelmente interessante, sombrio ou atormentado, mas, em última análise, atraente, mesmo quando pode se comportar de maneiras desagradáveis. É a única explicação que posso dar para a popularidade de, digamos, os romances de Philip Roth, um grande escritor, mas que também praticamente se deleita com a improvável capacidade de seus homens, com suas neuroses e autoconfiança e com a aversão por si mesmo (e, claro, pela humanidade) audaciosamente exibida página a página.

Quando as mulheres são desagradáveis, isso se torna um ponto de obsessão nas análises de críticos profissionais e amadores. Por que essas mulheres ousam desdenhar das convenções? Por que não estão se tornando agradáveis (e, portanto, aceitáveis) para a sociedade educada? Em uma entrevista da *Publishers Weekly* com Claire Messud sobre seu romance *The Woman Upstairs* [As mulheres do andar de cima], que apresenta uma protagonista bastante "desagradável", Nora, que é amarga, desolada e bastante irritada com o que sua vida se tornou, a entrevistadora disse: "Eu não gostaria de ser amiga de Nora, e você? Sua visão é quase insuportavelmente sombria". E aí está. Uma leitora estava aqui para fazer amizade com os personagens de um livro e não gostou do que encontrou.

Messud, por sua vez, teve uma resposta contundente para sua entrevistadora.

> Pelo amor de Deus, que tipo de pergunta é essa? Você gostaria de ser amigo de Humpert Humbert? Você gostaria de ser amigo do Mickey Sabbath? Saleem Sinai? Hamlet? Krapp? Édipo? Oscar Wao? Antígona? Raskolnikov? Algum dos personagens de *As correções*? Qualquer um dos personagens de *Graça infinita*? Algum dos personagens de qualquer coisa que Pynchon já escreveu? Ou Martin Amis? Ou Orhan Pamuk? Ou Alice Munro, aliás? Se você está lendo para encontrar amigos, está em apuros. Lemos para encontrar a vida, em todas as suas possibilidades. A questão relevante não é "Essa é uma amiga em potencial para mim?" mas "Essa personagem está viva?".

Então, talvez os personagens desagradáveis, os mais humanos, sejam também os que estão mais vivos. Talvez essa intimidade nos incomode porque não ousamos estar tão vivos.

Em *Sobre como funciona a ficção*, James Wood diz:

> Uma grande quantidade de absurdos é escrita todos os dias sobre personagens de ficção — por aqueles que acreditam muito no personagem e aqueles que acreditam muito pouco. Aqueles que acreditam demais têm uma série de ferrenhos

preconceitos sobre o que os personagens são: devemos "conhecê-los"; eles devem "crescer" e "desenvolver"; e eles devem ser gentis. Então, eles devem ser muito parecidos conosco.

Wood está correto, em parte, mas a questão contínua da agradabilidade do caráter deixa a impressão de que o que estamos procurando na ficção é um mundo ideal no qual as pessoas se comportam de maneira ideal. A pergunta sugere que os personagens devem ser reflexos não de nós, mas do que somos.

Ele também diz: "Não há nada mais difícil do que a criação de um personagem fictício". Posso atestar quanto a essa dificuldade, embora talvez com menos hipérbole. Na verdade, descobri várias outras tarefas mais difíceis ao longo dos anos. Independentemente disso, os personagens são difíceis de criar porque precisamos desenvolver pessoas que sejam interessantes o suficiente para prender a atenção do leitor. Precisamos garantir que tenham alguma medida de credibilidade. Precisamos torná-los distintos de nós mesmos (e, no melhor dos mundos, daqueles em nossas vidas, a menos que seja necessário acertar contas). De algum modo, precisam ser bem desenvolvidos o suficiente para apresentar um enredo, ou uma narrativa sem enredo, ou suportar as tribulações que nós, escritores, tendemos a descarregar em nossos personagens com entusiasmo. Não é de admirar que tantos personagens sejam desagradáveis, dado o que têm de aturar.

É uma posição sedutora em que os escritores colocam o leitor ao criar um personagem interessante e desagradável — tornam o leitor cúmplice de maneiras desconfortáveis e intrigantes.

Se pessoas com vidas complicadas são o foco de certas narrativas, se mulheres desagradáveis são o foco de certas narrativas, de romances como *Battleborn* [Nascido para a batalha], *Treasure Island!!!* [Ilha do Tesouro!!!], *Tens coragem?*, *Magnificence* [Magnificência] e muitos outros exibem um delicioso excesso de propósito, com histórias cheias de mulheres consideradas desagradáveis porque fazem as assim chamadas más escolhas, descrevem o mundo exatamente como o veem e são, em última análise, honestas e incrivelmente vivas.

Esses romances retratam mulheres que claramente não estão participando de suas narrativas para fazer amigos e cujos personagens sejam as melhores para tal. Livres das restrições de agradabilidade, são capazes de existir no papel *e além* dele como personagens totalmente realizadas, interessantes e realistas. Talvez o ditado "a verdade dói" seja o que está no cerne da preocupação com a agradabilidade ou a falta dela — a quanto de verdade estamos dispostos a nos sujeitar, a quanto estamos dispostos a machucar, quando fazemos a imersão na segurança de um mundo fictício.

Treasure Island!!!, de Sara Levine, apresenta uma narradora desagradável de modo curioso. Ela é totalmente obcecada por si mesma, age sem considerar as consequências e sempre faz escolhas que irão beneficiar a si mesma em relação aos outros. Está intensamente preocupada com o livro *Treasure Island!!!* e se propõe a viver a vida pelos valores fundamentais do livro: OUSADIA, RESOLUÇÃO, INDEPENDÊNCIA E ELOGIOS A SI PRÓPRIA. Enquanto a narradora passa de um desastre provocado por si própria a outro, ela não se arrepende. Não há redenção ou lição aprendida com as más ações. Não há desculpas ou moral para a história, e isso torna um romance já incisivo e inteligente ainda mais atraente.

Quando você pensa sobre isso, estes são os valores fundamentais que a narradora em *Treasure Island!!!* busca utilizar como parâmetros de vida: OUSADIA, RESOLUÇÃO, INDEPENDÊNCIA E ELOGIOS A SI PRÓPRIA. São as características que definem como mulheres supostamente desagradáveis levam suas vidas ficcionais.

Em *You Take It From Here* [Você conduz a partir daqui], de Pamela Ribon, uma mulher, Smidge, está morrendo de câncer de pulmão e quer que sua melhor amiga, Danielle, termine essencialmente o trabalho de criar sua filha e ser a companheira de luto de seu marido. A premissa do livro é interessante, mas o que realmente se destaca é o quão Smidge se mostra profundamente desagradável. Ela é o tipo de pessoa que, ao que parece, não deveria ter amigos — mandona, intensa, controladora, uma mulher que não se arrepende e manipuladora. Mesmo assim... Ela tem uma melhor amiga, uma filha, um marido e uma comunidade de pessoas que lamentarão profundamente quando ela se for. A firmeza de Ribon na falta de agradabilidade dessa personagem é admirável. Ela nunca cede fazendo Smidge de alguma forma ter algum tipo de epifania da personagem simplesmente porque está morrendo. Ribon é inabalável no que nos demonstra de Smidge, e o romance é melhor por isso.

Uma análise da leitora Danae Savitri na Amazon.com a respeito de *You Take It From Here* diz o seguinte: "Nunca gostei de Smidge como personagem, pensei que ela sofresse de um transtorno de personalidade limítrofe, comum entre pessoas narcisistas carismáticas, que alternadamente intimidam, manipulam e encantam as pessoas a seu redor". Em vez de julgar o livro, ela questiona a agradabilidade de uma mulher. Novamente, há um diagnóstico diletante de doença mental. Patologizar o desagradável em personagens de ficção é uma resposta quase pavloviana.

A obra *Tens coragem?*, de autoria de Megan Abbott, é um livro sobre líderes de torcida do ensino médio, porém não é nada parecido com aquilo que se poderia esperar. Povoado por mulheres que agem com ousadia, determinação, independência e priorização de si mesmas, os princípios poderosos da *Treasure Island!!!*, *Tens coragem?* é envolvente e aterrorizante porque revela a intensa intimidade entre as meninas. É um romance sobre corpos e luta pela perfeição, ambição e desejo tão nus, tão palpáveis, que você não consegue controlar a vontade de que as mulheres profundamente imperfeitas do livro obtenham o que almejam, não importa o quão terrivelmente ajam para alcançar o que buscam. As jovens protagonistas do romance, Beth e Addy, são amigas tanto quanto inimigas. Elas traem a si próprias e se traem. Cometem erros e ainda são o centro gravitacional uma da outra. Ao telefone, após uma noite de bebedeira, Beth pergunta a Addy se ela se lembra:

> Como costumávamos nos pendurar no trepa-trepa, enganchando nossas pernas uma na outra, e como ficamos fortes e como ninguém poderia nos vencer, e nunca poderíamos nos vencer, mas concordávamos que soltássemos nossas mãos na contagem de três, e que ela sempre trapaceava e eu sempre a deixava de pé abaixo de mim, olhando para ela com um sorriso pré-aparelho dentário e com uma "janelinha" onde antes havia um dente de leite.

É um momento que nos mostra como Addy sempre viu Beth claramente, e a compreendeu e amou, no entanto. Ao longo do romance, Beth e Addy, até certo ponto, permanecem desagradáveis, continuam falhas, mas não há explicação para isso, nenhuma trajetória clara entre causa e efeito. Parâmetros tradicionais de agradabilidade são habilmente evitados ao longo do romance em momentos tão honestos e não menos pungentes quanto estes.

Susan Lindley, uma viúva, precisa seguir em frente após a trágica morte de seu marido no livro *Magnificence*, de Lydia Millet. Desde o início, sabemos que ela foi infiel ao marido. Ela herda a mansão de seu tio, cheia de coleções podres de bichos empalhados, e começa a colocar algum tipo de ordem, tanto na mansão quanto em sua própria vida. Susan tem uma filha que está envolvida com o chefe e um namorado que é casado com outra mulher. Sente-se responsável pela morte do marido, mas é categórica ao se reconciliar com isso. "Ficou aliviada, vagabunda?", pensa Susan. "Havia algo nela por se sentir aliviada por tudo isso? Se alguém podia admitir tal coisa, deveria ser ela. Não era apenas uma vagabunda, mas uma assassina." Susan passa a reconhecer que sente uma profunda ausência pela perda do marido, uma "liberdade de nada", e ao longo do romance ela se entrega a essa liberdade; ela a abraça.

Muito de *Magnificence* baseia-se unicamente na experiência de Susan, em suas percepções estranhas do mundo que ela criou e continua a criar para si mesma. Também temos o prazer de ver uma mulher de quase quarenta anos como um ser profundamente sexual que não se envergonha de desejar as coisas materiais conforme se apega cada vez mais à mansão que herdou. Embora a prosa muitas vezes ceda ao excesso exuberante e à meditação, o que permanece atraente é essa mulher que revela pouco remorso por suas infidelidades e pelo modo como tende a falhar com as pessoas em sua vida. Em um romance menor, esse remorso seria o impulso narrativo principal, mas em *Magnificence* vemos como uma mulher, considerada desagradável por muitos, consegue existir e fazer parte de uma história que se expande muito além do remorso e dos tipos de armadilhas que poderiam reter personagens agradáveis. Podemos ver simplesmente como é a liberdade de nada.

A coletânea de contos *Battleborn*, de Claire Vaye Watkins, contém muitas histórias com mulheres aparentemente desagradáveis. Por mais que as histórias sejam sobre um lugar, todas ambientadas, de algum modo, no deserto do Oeste americano, várias são sobre mulheres e sua força, de onde vem essa força e como ela pode falhar de maneiras insuportavelmente humanas. A expressão *battle born* ("nascido na batalha") é, na verdade, o lema do estado de Nevada — destinado a representar a força deste estado, forjado a partir da luta. Na história talvez mais poderosa, "Rondine al Nido" [Andorinha no ninho], há uma epígrafe no início. Normalmente, não ligo para epígrafes. Não quero que minha leitura de uma história seja enquadrada pelo escritor de forma tão aberta. A epígrafe desta história, porém, é do *Bhagavad Gita* e diz: "Agora me tornei a Morte, o destruidor de mundos". Desde o início, sabemos que apenas a ruína está à frente, e a história se torna uma questão de aprender como essa ruína acontece. Aprendemos sobre uma mulher que "abandona um homem que, no fim, decidirá que não a amou o suficiente, embora na verdade a amasse, mas seu amor arrancou algo de dentro dele, e isso o levou a magoá-la". Na verdade, porém, esta é uma história sobre quando a mulher era uma menina, de dezesseis anos, com uma amiga, Lena, do tipo que seguiria a narradora, "nossa menina", aonde quer que ela fosse. Há uma noite em Las Vegas e um incidente em um quarto de hotel com alguns rapazes que as garotas conheceram, que mudará irrevogavelmente a amizade, um incidente que poderia ter sido evitado se uma jovem imperfeita não fizesse a escolha errada, a escolha que transforma a história toda.

Talvez a mulher mais desagradável na memória fictícia recente seja Amy, em *Garota exemplar*, de Gillian Flynn, uma mulher que vai a extremos — ao simular seu próprio assassinato e incriminar seu marido, Nick — para punir sua infidelidade e mantê-lo a seu alcance. Amy era tão desagradável, tão impenitente, tão desavergonhada, que às vezes o livro fica extremamente desconfortável. Flynn envolve-se em uma manipulação inteligente na qual aprendemos mais e mais sobre Nick e Amy em pequenos momentos, de modo que nunca sabemos exatamente como nos sentir a respeito deles. Nunca sabemos se são agradáveis ou desagradáveis, e então sabemos que são falhos, terríveis e conectados em muitos aspectos, e é estimulante ver uma escritora que não pisca, que não se retrai.

Há um fio condutor de raiva que percorre todo o livro *Garota exemplar*; e, para Amy, essa raiva nasce dos fardos irracionais que as mulheres são frequentemente forçadas a suportar. O romance é um thriller psicológico, mas também um estudo de personagem requintado. Amy é, ao que tudo indica, uma mulher da qual as pessoas deveriam gostar. Ela é "uma garota inteligente, bonita e legal… com muitos *interesses* e *entusiasmos*, um trabalho legal, uma família amorosa. E vamos dizer: dinheiro". Mesmo com todos esses bens, Amy está solteira aos 32 anos e, então, encontra Nick.

O aspecto mais desconfortável de *Garota exemplar* é a honestidade do livro e como muitas de nós, provavelmente, somos parecidas com Nick e Amy no modo como se amam e se odeiam. A verdade dói. Dói, dói, dói. Quando enfim começamos a ver a verdade sobre Amy, ela conta sobre a noite em que conheceu Nick:

> Naquela noite, na festa do Brooklyn, eu estava interpretando a garota que estava na moda, a garota que um homem como Nick quer: a Garota Legal. Os homens sempre dizem isso como um elogio definitivo, não é? Ela é uma garota legal. Ser a garota legal significa que sou uma mulher gostosa, brilhante e engraçada que adora futebol, pôquer, piadas sujas e arrotos, que joga videogame, bebe cerveja barata, adora sexo a três e sexo anal, e enfia cachorros-quentes e hambúrgueres na boca como se estivesse fazendo o maior *gang bang* culinário do mundo, mas mantendo um manequim 36, porque garotas legais são acima de tudo gostosas. Gostosas e compreensivas... Os homens realmente pensam que essa garota existe. Talvez estejam enganados porque muitas mulheres estão dispostas a fingir ser essa garota.

Isso é o que raramente se diz sobre mulheres desagradáveis na ficção — que elas não estão fingindo, que não vão ou não podem fingir ser alguém que não são. Não têm energia nem desejo. Elas não têm a disposição de uma May Welland para desempenhar o papel exigido dela. Em *Garota exemplar*, Amy fala sobre a tentação de ser a mulher que um homem deseja, mas no fim ela não cede à tentação de ser "a garota que gosta de cada merda de que ele gosta e nunca reclama". Mulheres desagradáveis recusam-se a ceder a essa tentação. Ao contrário, são elas mesmas. Aceitam as consequências de suas escolhas, e tais consequências tornam-se histórias que valem a pena ler.

Como todos nós perdemos

As discussões sobre gênero são frequentemente enquadradas em palavras como "ambos" e "ou". Os homens são de Marte e as mulheres de Vênus, ou pelo menos é o que nos dizem, como se isso significasse que somos todos tão diferentes que é quase impossível nos alcançarmos. A maneira como falamos sobre gênero torna fácil esquecer que Marte e Vênus fazem parte do mesmo sistema solar, divididos por apenas um planeta, mantidos sob o domínio do mesmo Sol. Infelizmente, muitos livros lançados em 2012 pouco contribuíram para reformular de forma produtiva a conversa cultural sobre gênero. Em vez disso, tais livros ofereceram percepções bastante restritas sobre mulheres e homens e foram, às vezes, decepcionantes pelas oportunidades que perderam de trazer nuances à maneira como pensamos sobre gênero.

Caso a sorte das mulheres melhore, deve significar que a sorte dos homens sofrerá, como se houvesse uma quantidade finita de boa sorte no universo que não possa ser dividida igualmente entre homens e mulheres. Certamente foi assim que me senti ao ler o interessante e inteligente, mas frustrante, *The End of Men and the Rise of Women* [O fim dos homens e a ascensão das mulheres], de Hanna Rosin. O que significa sugerir que o fim dos homens está explicitamente ligado à ascensão das mulheres? Não há como negar que as mulheres estão em uma situação melhor do que nunca, mas isso realmente quer dizer muito? Quando consideramos como era a vida para as mulheres antes do sufrágio, antes do Título ıx,[*] antes da Lei de Igualdade Salarial, antes de Roe versus Wade,[**] antes de uma série de mudanças que tornaram a vida meramente tolerável, qualquer sucesso que as mulheres tivessem pareceria um aumento nas circunstâncias.

Rosin claramente fez muitas pesquisas e apresenta argumentos convincentes. Gostei particularmente da maneira como ela tentou avançar a conversa sobre gênero, mudando nossas expectativas. Com frequência, quando falamos sobre gênero, temos uma visão estreita, na qual só podemos entender a vida das mulheres como estando fundamentada na desvantagem (o interminável debate sobre "ter tudo", por exemplo). Rosin complexifica essa noção ao revelar as muitas maneiras por meio das quais as mulheres estão obtendo avanços na educação, em vários setores e na cultura em geral.

Estava cética ao ler *The End of Men*, mas Rosin tornou fácil respeitar muitas de suas ideias. Ao mesmo tempo, é muito fácil estruturar um argumento de forma convincente sendo seletiva nos dados apresentados. Nenhum escritor ou crítico está livre dessa seletividade, mas às vezes ela se destaca como problemática em *The End of Men*. No capítulo "Pharm Girls: How Women Remade the Economy" [Mulheres farmacêuticas: como as mulheres refizeram a economia], Rosin discute a ascensão das mulheres na indústria farmacêutica. Ela observa que, "em 2009, pela primeira vez na história americana, o equilíbrio da força de trabalho inclinou-se para as mulheres e continua oscilando em torno de 50%". É uma estatística encorajadora e importante, porém, de acordo com os dados do censo de 2010, as mulheres ainda ganham 77% do salário dos homens, e isso não pode ser ignorado. Formamos metade da força de trabalho, mas pagamos um preço muito alto por esse privilégio. Ao longo do capítulo, Rosin destaca os grandes avanços que as mulheres alcançaram como farmacêuticas, como elas estão praticamente dominando o campo, e é mesmo inspirador ver o quão longe

---

* Lei federal de direitos civis nos Estados Unidos da América que foi aprovada como parte das Emendas à Educação de 1972. Ela proíbe a discriminação baseada no sexo em qualquer escola ou outro programa educacional que receba dinheiro federal. (N. E.)

** Caso judicial encerrado em 22 de janeiro de 1973 pelo qual a Suprema Corte dos Estados Unidos reconheceu o direito ao aborto ou interrupção voluntária da gravidez. (N. E.)

chegamos a uma área que antes era inteiramente dominada por homens. Ao mesmo tempo, esse é apenas um campo. Para cada argumento, existe um contra-argumento. As mulheres estão indo bem no setor farmacêutico, mas as estatísticas são totalmente diferentes, digamos, nas ciências e na maioria das disciplinas de engenharia.

Um dos temas recorrentes em *The End of Men* é o da ambição feminina — as mulheres estão trabalhando mais, estão mais focadas e dispostas a fazer o que for necessário para cumprir suas responsabilidades, tanto pessoal quanto profissionalmente. Em muitas faculdades e universidades, as mulheres são a maioria, enquanto os homens optam por não se matricular ou não terminar seus estudos universitários. Rosin não faz o suficiente, no entanto, para explorar por que essa tendência surgiu. Ela destaca o fato de que houve um tempo em que os homens não precisavam ir para a faculdade — podiam trabalhar na indústria ou aprender um ofício e ter uma boa vida para si e suas famílias. À medida que muitas dessas vagas foram encerradas para serem abertas em outros países e a economia entrou em colapso, nada substituiu esses empregos. Os homens não se adaptaram. O que não se diz é que as mulheres podem ser mais ambiciosas e focadas porque nunca tivemos escolha. Tivemos de lutar para votar, para trabalhar fora de casa, para trabalhar em ambientes livres de assédio sexual, para frequentar as universidades de nossa escolha, e também tivemos que nos provar repetidamente para receber qualquer fração de consideração. As mulheres estão em ascensão, mas Hillary Clinton, ex-secretária de Estado e candidata à presidência em 2016, ainda precisa responder a perguntas sobre moda. A CNN sente-se confortável em publicar um artigo sugerindo que os votos das mulheres podem ser influenciados por seus hormônios.

E então Rosin discute a violência, o aumento da violência feminina, e observa que "as mulheres hoje têm muito menos probabilidade de serem assassinadas, estupradas, agredidas ou roubadas do que em qualquer momento da história recente". Esta é uma excelente notícia, mas há um aparte curioso quando Rosin prossegue: "Um relatório da Casa Branca de 2010 sobre mulheres e meninas expôs as estatísticas mais recentes de maneira direta, para grande irritação de muitas feministas", mas não fornece nenhuma evidência dessa suposta irritação. É difícil aceitar sem questionamentos que as feministas ficariam irritadas com o declínio da violência contra as mulheres, como se a ascensão das mulheres fosse de alguma maneira antitética à "agenda feminista". Rosin prossegue citando várias outras estatísticas sem reconhecer quantos abusos e violências sexuais não são relatados. A verdade é que nunca teremos uma contagem estatística verdadeiramente precisa da violência que mulheres ou homens vivenciam. Só podemos fazer as melhores suposições.

Outro avanço que Rosin apregoa é como a "definição de estupro se expandiu para incluir atos que param antes da penetração — sexo oral, por exemplo — e circunstâncias em que a vítima estava muito incapacitada (geralmente significando muito bêbada) para dar consentimento claro". Foi uma melhoria considerável no reconhecimento da amplitude da violência sexual, mas também precisamos levar em conta os muitos tipos diferentes de estupro que aprendemos nos últimos anos, quando políticos conservadores erram tentando explicar suas posições sobre violência sexual e aborto.

Por exemplo, o tesoureiro do estado de Indiana, Richard Mourdock, que concorreu ao Senado dos Estados Unidos em 2012, disse, em um debate: "Eu mesmo lutei contra isso por muito tempo e percebi que a vida é um presente de Deus e acho que, mesmo quando a vida começa na situação horrível de um estupro, era algo que Deus pretendia que acontecesse". Ando obcecada com estas palavras e tento entender como alguém que afirma acreditar em Deus também pode acreditar que qualquer coisa nascida de estupro foi intencionalmente almejada por Deus. Assim como existem muitos tipos diferentes de estupro, existem muitos tipos diferentes de Deus. Também me lembro que as mulheres, na maioria das vezes, são os recipientes das intenções de Deus e também devem carregar o fardo dessas intenções.

Mourdock certamente não é o único a oferecer opiniões sobre estupro. O ex-representante do Missouri Todd Akin acredita em "estupro legítimo" e no oxímoro "estupro forçado", que não deve ser confundido com todo aquele estupro ilegítimo que está acontecendo. Ron Paul acredita na existência de "estupro honesto", mas fecha os olhos para os estupros desonestos que ocorrem por aí. O ex-representante do Estado de Wisconsin Roger Rivard acredita que algumas garotas se "estupram muito facilmente". Para que você não pense que essas novas definições de estupro são apenas da competência dos homens, a candidata fracassada ao Senado Linda McMahon, de Connecticut, apresentou-nos a ideia de "estupro de emergência". Dada essa gama bizarra de novas definições de estupro, é difícil conciliar a crença de que as mulheres estão em ascensão, quando ainda há tantas questões atuantes em nosso clima cultural configurando-se para conter a ascensão das mulheres. Acho que pode nos servir de conforto saber que nenhuma dessas pessoas continua a ocupar posições de poder.

A edição de bolso de *The End of Men* oferece um novo epílogo. Grande parte do texto antagoniza as feministas que Rosin imagina estarem se deliciando com o sofrimento de todas nós, as mulheres oprimidas. Rosin implora para que as feministas aceitem que o patriarcado está morto, o que é tão obviamente absurdo que a *hashtag* #RipPatriarcado surgiu rapidamente no Twitter em resposta. No epílogo, ela começa uma briga inútil com um público que simplesmente não está prestando nenhuma atenção a ela.

Rosin não está errada ao dizer que a vida melhorou de maneira considerável para as mulheres, mas está errada ao sugerir que melhor é bom o suficiente. Melhor não é bom o suficiente, e é uma pena que alguém esteja disposto a se contentar com tão pouco. Não consigo pensar em nenhuma evidência mais clara de como o patriarcado permanece bem e vivo (veja acima).

É uma pena mesmo, pois o epílogo e seu tom prestam um péssimo serviço a um livro razoavelmente bom. Também há informações flagrantemente incorretas, como a sugestão de que as mulheres ocupam um terço do Congresso. As mulheres representam 18,3% das 535 cadeiras do 113º Congresso.

No entanto, não precisamos ser mesquinhas. O patriarcado, se é assim que o chamamos hoje, está vivo e bem. A indústria de tecnologia está constantemente envolvida em uma ou outra controvérsia relacionada à misoginia. Na convenção Disrupt de 2013, promovida pelo site especializado em tecnologia TechCrunch, dois programadores compartilharam o aplicativo TitShare,* que *é* exatamente o que você pensa que é.

Algo tão pueril dificilmente vale o tempo ou a energia de alguém, porém é mais um exemplo da estupidez cultural alimentada pela misoginia. Naquele mesmo ano, Harvard lançou o Riptide, um projeto que examinará

---

* Em inglês, "Compartilhamento de tetas". (N. E.)

como o jornalismo entrou em colapso sob a pressão dos avanços digitais. Infelizmente, a maioria das pessoas entrevistadas para o projeto era de homens brancos, o que oferece, como sempre, uma perspectiva limitada sobre uma questão que se beneficiaria de um conjunto mais diversificado de vozes. A Fix the Family [Consertem a família], uma organização católica conservadora de "valores familiares", publicou uma lista de motivos pelos quais as famílias não deveriam mandar suas filhas para a faculdade. A lista não é piada.

No entanto, são coisas relativamente pequenas — sintomas, não a doença. Essas situações são irritantes, mas são de menor relevância em comparação com os problemas mais significativos que as mulheres enfrentam nos Estados Unidos e em todo o mundo. Poderíamos falar sobre a retração da liberdade reprodutiva na Carolina do Norte, no Texas e em Ohio, ou poderíamos conjurar muitas estatísticas sobre violência doméstica e sexual ou mulheres vivendo na pobreza. Se o patriarcado está morto, os números não receberam o memorando com essas comunicações.

Rosin sugere que as feministas estão guardando rancor, que as feministas estão obstinadamente agarradas a essa noção de domínio patriarcal como se não fôssemos capazes de funcionar se não estivéssemos sofrendo. Sou apenas uma feminista, mas tenho certeza de que ficaríamos bem se tudo desse certo no mundo. Rosin escreve: "Quanto mais as mulheres chegam ao poder real, mais elas se apegam à ideia de que não têm poder. Alegrar-se com as vitórias feministas hoje em dia conta como traição". A falha aqui é a mesma que em *The End of Men* — uma perspectiva baseada no tudo ou nada, e uma relutância em considerar as nuances. O empoderamento de algumas mulheres não prova que o patriarcado está morto. Isso prova que algumas de nós têm sorte.

É muito mais importante discutir o poder do que regurgitar exaustivamente os efeitos culturais prejudiciais das estruturas de poder nas quais as mulheres são constantemente marginalizadas. Já conhecemos os efeitos. Nós os vivenciamos e tentamos superá-los. Mas vamos falar sobre poder. Existem brilhantes estrelas como Marissa Mayer e as outras vinte mulheres que são CEOs das *Fortune 500* — colossais 4%. No epílogo atualizado,

Rosin alegremente faz referência a esse número como se dissesse *Deixe--me dentro de minha ilusão. Estou ocupada.* Também podemos falar sobre como nenhuma mulher jamais foi presidente dos Estados Unidos e como, em julho de 2013, havia apenas dezenove presidentes mulheres e primeiras-ministras em todo o mundo.

De certa forma, Rosin — que no livro diz que não é nem uma feminista radical nem antifeminista — dá um passo retórico inteligente. Não importa como você reaja, ela a coloca na posição de dar a impressão de que, na verdade, tem rancor, de que você está se agarrando à raiva e não quer ver a verdade como a autora em questão a formula. Discordância, entretanto, não é raiva. Apontar as muitas maneiras pelas quais a misoginia persiste e prejudica as mulheres não é raiva. Aceitar a ideia de que a raiva é uma reação inadequada à injustiça que as mulheres enfrentam as coloca em uma posição injusta. Tampouco discordância significa que estejamos cegas para os modos pelos quais houve progresso. As feministas estão celebrando nossas vitórias e reconhecendo nosso privilégio quando o temos. Estamos simplesmente nos recusando a fazer um acordo. Estamos nos recusando a esquecer o quanto de trabalho ainda precisa ser feito. Estamos nos recusando a saborear o conforto que temos à custa das mulheres que ainda buscam esse mesmo conforto.

Em *Como ser mulher*, de Caitlin Moran, ela sugere que, historicamente falando, as mulheres não alcançaram muita coisa, que as mulheres ainda não ascenderam. Moran diz:

> Mesmo o historiador feminista mais fervoroso, homem ou mulher — citando amazonas, matriarcados tribais e Cleópatra —, não consegue esconder que as mulheres têm basicamente feito merda nenhuma nos últimos 100 mil anos. Vamos lá — vamos admitir. Vamos parar de fingir exaustivamente que há uma história paralela de mulheres sendo vitoriosas e criativas, em igualdade com os homens, que tenha sido amplamente superada pelo Homem.

De acordo com Moran, as mulheres simplesmente não tiveram a chance de alcançar a grandeza dos homens por causa de uma série de fatores socioculturais que favoreceram a dominação masculina.

Como ser mulher, um livro de memórias combinado com texto feminista, também aborda questões de gênero de maneira seletiva, baseada em uma marca limitada de experiência feminina. É uma obra cuja tese principal gira em torno de perguntar se os homens se preocupam com as coisas com que as mulheres se preocupam. É uma ideia atraente. Um dos trechos mais citados é este:

> E está fazendo as seguintes perguntas: "Os homens estão fazendo isso? Os homens também estão preocupados com isso? Isso está ocupando o tempo dos homens? Os homens são instruídos a não fazerem isso, pois estão 'destruindo a reputação da classe masculina'? Os homens têm de escrever raios de livros sobre essa besteira exasperante, retardada e que desperdiça tempo?". Quem não gostaria de concordar com uma filosofia tão sucinta?

Há muito no livro que exige que reconciliemos a insensibilidade casual e a consciência cultural estreita em prol do pensamento feminista caricato (apesar de datado). Novamente, temos de lidar com a seletividade porque, embora as pessoas adorem citar a pergunta "Será que os homens estão fazendo isso?", elas ignoram o que Moran diz mais abaixo na página sobre sua postura em relação às burcas. "Foi com base no princípio 'São os meninos que estão fazendo isso?' que enfim percebi que era contra as mulheres que usavam burcas." Esta é uma declaração estranha e gritante porque eu não tenho certeza sobre o que a postura de Moran sobre burcas tem a ver com qualquer coisa que seja. Laurie Balbo observa em um artigo sobre uma jornalista egípcia que escolheu usar o *hijab* durante um noticiário: "Não há diferença entre forçar as mulheres a usar o *hijab* e obrigá-las a não usar. A decisão final deve ser do indivíduo". As opiniões ocidentais sobre o *hijab* ou as burcas são bastante irrelevantes. Não podemos decidir pelas mulheres muçulmanas sobre o que as oprime ou não, não importa o quão elevadas nos consideremos.

Em *Como ser mulher*, Moran também diz: "Quero recuperar a expressão 'feminista histérica da mesma maneira que a comunidade hip-hop reivindicou a palavra *nigger*". Esta é uma afirmação desconcertante porque simplesmente não há realidade em que a expressão "feminista histérica" possa ser razoavelmente comparada com a palavra que se inicia com N. Estou fascinada com o silêncio em torno dessa afirmação, como as pessoas fazem vista grossa a um eventual racismo em nome do feminismo caricato. Em sua maioria, amontoaram-se elogios generosos sobre o livro. O *New York Times* delira: "*Como ser mulher* marca uma gloriosa e oportuna posição contra o sexismo tão arraigado que mal o notamos".

Mais de uma resenha observou a falta de humor em textos feministas, pois, você sabe, amamos a narrativa de feministas sem humor. Por isso, gostam ainda mais do humor do livro de Moran. Mais uma vez, podemos desprezar a ignorância cultural, contanto que nos façam rir. Repetidamente, Moran enfraquece suas ideias, pensando que deveria aplicar sua perspectiva a experiências culturais sobre as quais nada sabe. Ela escreveu alegremente: "Todas as mulheres amam bebês — assim como todas as mulheres amam os sapatos Manolo Blahnik e o George Clooney. Mesmo aquelas que só usam tênis ou são lésbicas e detestam sapatos e George Clooney". Mais uma vez, isso é engraçado, mas também não é verdade, e tentar generalizar sobre as mulheres por uma questão de humor descarta a diversidade das mulheres e do que amamos. Moran se enfraquece ao privilegiar o feminismo como algo que pode existir isoladamente de outras considerações. Seu feminismo existe em um vácuo muito estreito, em detrimento de todas. É uma pena, pois o livro poderia ter sido muito mais se Moran tivesse olhado um pouco além de si mesma. Dada a popularidade de *Como ser mulher*, não posso deixar de sentir que foi uma oportunidade perdida.

Mas então há uma escrita sobre gênero que é assumidamente extensa, que alcança retrospectiva e prospectivamente e tenta explodir o vácuo das conversas culturais. Devemos começar pelo fim de *Heroines* [Heroínas], em que Kate Zambreno escreve: "Pois minha crítica foi proveniente, sempre foi proveniente, de um *enorme sentimento*". O que mais me intriga na escrita de Zambreno é como ela incorpora tão ricamente o etos que defende. Em *Heroines*, Zambreno criou um texto híbrido que é parte manifesto, parte memória e parte crítica literária contundente. Esse hibridismo é a característica mais forte do livro, e a maneira como ela se movimenta entre essas diferentes ambições funciona muito bem. Ela não apenas tenta elevar as conversas que temos sobre gênero, mas também propicia o exemplo.

Sua crítica surge da emoção. É atraente ver uma escritora localizar tão claramente as motivações por trás de suas críticas. Com muita frequência, a crítica é tratada de maneira bastante antisséptica, sob os auspícios da objetividade. Não existe essa distância em *Heroines*. Zambreno deleita-se com a subjetividade.

> Zambreno alterna entre o pessoal e o político em um ritmo acelerado, mas o estilo narrativo funciona porque incorpora claramente o que Zambreno evoca ao final do livro quando afirma: "Um novo tipo de subjetividade está se desenvolvendo on-line — vulnerável, desejoso, bem versado na cultura popular e na escrita contemporânea e em nossos ancestrais literários". A natureza do livro também emerge do quanto desse livro vem de seu blog, *Frances Farmer Is My Sister* [Frances Farmer é minha irmã], no qual Zambreno narra determinados aspectos de sua vida e seus interesses culturais e críticos.

Dizem que todo escritor tem uma obsessão, e, em *Heroines*, essa obsessão é a recuperação ou, talvez, a abertura de novos caminhos em que as mulheres podem ser feministas e femininas e possam resistir aos rótulos e às forças que muitas vezes marginalizam, silenciam ou apagam suas experiências. Zambreno discute sua vida pessoal e o relacionamento romântico, os desafios de se adaptar a Akron, em Ohio, para onde se mudou com seu companheiro, o que significou segui-lo, e intercala essas observações pessoais com análises sobre escritoras e artistas que, em vários caminhos, foram marginalizadas, silenciadas ou apagadas.

Heroines não é um livro perfeito. Existem silêncios, principalmente em torno de questões de raça, classe e privilégio heterossexual. O que dizer quando a maior parte das heroínas é de mulheres brancas heterossexuais? Nenhum livro pode ser tudo para todos, mas teria sido bom ver o que Zambreno, com seu pensamento e sua escrita tão sagazes, faria se estendesse seu escopo, se explodisse ainda mais o vácuo das conversas culturais.

Eu estava em conflito com a coletânea de Junot Díaz, *É assim que você a perde*. Não há como negar o talento de Díaz. O homem escreve excepcionalmente bem. Suas histórias são vivas e memoráveis, inteligentes e intensas. Ele sabe trabalhar com o texto curto e traz uma verdadeira elegância às estruturas de seus contos. Díaz fundamenta sua escrita em um rico contexto cultural e consegue capturar a autenticidade de seus personagens ao permitir que eles apresentem assumidas falhas. Essas nove histórias interconectadas seguem Yunior, sua família, as mulheres que ele amou, perdeu e desprezou e como, no fim, ele acaba sozinho, em meio às ruínas de seus crimes. Encontro-me em conflito com esse livro porque adoro as tramas, a riqueza dos detalhes, a voz, a maneira como as histórias atraem o leitor do início ao fim. São histórias com conteúdo. Elas prendem o leitor.

"Otravida, Otravez", sobre uma mulher que trabalha como lavadeira e tem um relacionamento com um homem casado, o pai de Yunior, fala lindamente sobre a experiência do imigrante, das escolhas que as mulheres fazem no amor, do que elas toleram dos homens, do quão perto eles mantêm suas esperanças. "Otravida, Otravez" é, sem dúvida, uma das melhores histórias que já li.

Há, de fato, algo para admirar em cada história. Em "Invierno", não consigo esquecer a descrição de um inverno longo e desolador quando Yunior, seu irmão e sua mãe foram trazidos para os Estados Unidos, como era a sensação de neve na cabeça raspada de Yunior. Em "Miss Lora", Díaz torna mais fácil simpatizar com Yunior, de dezesseis anos e lamentando a perda de seu irmão, e com a Miss Lora, a mulher de meia-idade com quem ele tem um caso. A coleção termina com "The Cheater's Guide to Love" [O guia do trapaceiro para o amor], uma história cheia de arrependimento e tristeza enquanto Yunior detalha os anos após sua noiva romper com ele por causa de suas traições em série. A história é nua e crua, intensamente confessional, uma ruptura consigo mesmo, Yunior tentando se redimir de seus erros.

Depois, tem o sexismo, que às vezes é virulento. Em uma entrevista à NPR, Díaz diz que cresceu em um mundo onde "eu não era muito incentivado a imaginar as mulheres como totalmente humanas. Na verdade, fui bastante — pela cultura mais ampla, pela cultura local, pelas pessoas a meu redor, pelas pessoas na TV — incentivado a imaginar as mulheres como algo ligeiramente inferior aos homens". A influência desse mundo é claramente aparente em *É assim que você a perde*. As mulheres são seus corpos e o que podem oferecer aos homens. Eles são separados para a diversão sexual de Yunior. Não há nada de errado com isso: o fato de Yunior ser um misógino da mais alta ordem, de ser produto de uma cultura que rotineiramente reduz as mulheres, de ser incapaz de permanecer fiel às suas mulheres, de nenhum dos homens do livro ser muito bom para as mulheres. Isso é ficção, e se as pessoas não podem ter falhas na ficção, não há lugar para sermos humanos.

Ainda assim, continuo voltando à relativa impunidade com que os homens de *É assim que você a perde* se comportam mal e o tom da recepção crítica a essas histórias, que não são apenas histórias, mas confissões, lamentações sobre delitos. Todos nós fomos influenciados por uma cultura em que as mulheres são consideradas inferiores aos homens, e eu teria adorado ver o que um escritor do calibre de Díaz faria se permitisse que seu personagem saísse das restrições do ambiente em que cresceu, aquele ao qual todos os leitores estão sujeitos.

Em resposta a essas maneiras limitadas como falamos, escrevemos e pensamos sobre gênero, esses vácuos em que mantemos conversas culturais, não importa quão boas sejam nossas intenções, não importa quão bem elaborada nossa abordagem, não posso deixar de pensar: *como todos nós perdemos*. Não tenho certeza de como podemos melhorar essas conversas, mas sei que precisamos superar nossas posições profundamente arraigadas e resistentes às nuances. Temos de estar mais interessados em tornar as coisas melhores do que simplesmente estarmos certos ou sermos interessantes ou engraçados.

Buscando a catarse: engordar do jeito certo (ou errado) e o livro *Skinny*, de Diana Spechler

Fui para um acampamento para gordos uma vez, em um verão após meu segundo ano do ensino médio. Em grande parte, fui para o acampamento contra minha vontade. Achei que estava muito velha para participar de qualquer tipo de acampamento. Disse a mim mesma que não era gorda *o suficiente* para participar desse tipo de acampamento. Nos três anos anteriores, entretanto, comi tudo o que estivesse à vista. Por fim, com dezoito quilos a mais, as pessoas começaram a notar. Meu namorado fez comentários irritantes sobre meus quadris que cresciam aos poucos, quando estávamos deitados em sua cama de solteiro no colégio interno. Um de meus colegas disse: "Cacete, garota!", quando percebeu um chacoalhar extra em minha bunda.

Eu voltava para casa nas férias, e meus pais notaram uma nova forma arredondada em minha figura. Eles não aprovaram. Deram-me todos os tipos de conselhos sobre como se controlar e comer corretamente. *Moderação*, diria meu pai, é a chave para tudo. "Moderação" é praticamente sua palavra favorita. Meus pais tinham boas intenções. Preocuparam-se porque sempre fui magra, meio esguia e, de repente já não era mais. Houve um incidente com alguns meninos na floresta e, de repente, eu estava me empanturrando de bolinhos Twinkies ou pedindo uma pizza tarde da noite, tentando ocupar essa coisa feia e esfarrapada dentro de mim que não podia ser preenchida ou acalmada. Ignorei, completamente, meus pais e suas preocupações. Tudo o que eu queria fazer era comer. Meu corpo cresceu, tornou-se mais expressivo, mais perceptível e mais invisível ao mesmo tempo. O mais importante, porém, quanto maior eu tornava meu corpo, mais segura me sentia. Coisas ruins, percebi anos antes, não poderiam acontecer com corpos grandes. Eu não estava necessariamente errada em meu raciocínio. Em parte, comer era um instinto de sobrevivência.

Lembrei-me de minha passagem pelo acampamento para gordos quando li *Skinny* [Magrela], de Diana Spechler. Li este livro principalmente porque não sou magrela. O romance conta a história de Gray Lachmann, uma mulher na casa dos vinte anos que foge para trabalhar como instrutora de um spa na Carolina do Norte enquanto sofre com o luto do pai que havia falecido. Há uma história complexa entre Gray e seu pai, de quem ela se afastou antes da morte. Por motivos tênues, ela se culpa pela morte dele. Quando foge para o spa na Carolina do Norte, Gray deixa para trás um namorado de longa data em Nova York, Mikey, um comediante que a ama, e a mãe, que também tem um relacionamento problemático com comida.

Apesar de tudo que ela deixa para trás, Gray se esquece de abandonar sua obsessão de toda a vida com o corpo, de ser magra e comer compulsivamente. No spa, administrado por um grupo incompetente de pessoas que não deveriam estar cuidando dos filhos de ninguém, muito menos de gordos em um spa, Gray tem a grande oportunidade de continuar a se entregar a seus comportamentos prejudiciais à saúde. Dispõe de muito tempo para tentar satisfazer suas próprias fomes arrebatadoras. Faz tentativas meio desanimadas de se relacionar com os demais pacientes, embora estes voltem suas atenções para Sheena, a instrutora "legal" mais jovem. Quando Gray percebe problemas com os outros pacientes, tenta levá-los à atenção do diretor do local, Lewis. Como ela é terrivelmente inadequada para a tarefa de servir como instrutora, faz o que pode. Gray não é tão diferente da maioria dos instrutores de acampamentos de verão.

Existem outras coisas acontecendo em *Skinny* além do luto, da aversão a si mesma e de Gray tentando recuperar o controle sobre seu corpo. Ela acredita que tem uma meia-irmã, uma paciente chamada Eden. Gray a encontrou por meio da internet depois de ser nomeada inventariante do pai e soube que uma quantia em dinheiro foi legada à mãe de Eden. Gray passa o verão tentando cair nas boas graças da garota, sem muita sorte, pois esta é adolescente e muitas vezes é difícil aproximar-se de adolescentes. Embora tivesse um namorado em Nova York, Gray também começa um caso complicado com Bennett, o preparador físico do spa, que na verdade não é um preparador físico. Nenhum dos membros da equipe está preparado, de fato, para exercer as funções que lhes foram atribuídas, mas eles se viram, ou pelo menos tentam. Bennett está muito bem fisicamente e, então, a obsessão de Gray com o corpo só se intensifica, ao tentar reduzi-lo a nada além de ossos.

Ela passa as noites esgueirando-se para ver Bennett, usando o sexo para esquecer seu monólogo interior exaustivo. Passa seus dias tentando tornar-se bonita, como se por meio da beleza encontrasse a felicidade: "Gastava o tempo livre fazendo coisas importantes: colocando faixas branqueadoras Crest nos dentes, passando autobronzeador nos seios, experimentando a calça jeans que agora estava muito grande, enrolando o cós para baixo para admirar a saliência dos meus quadris...". O livro é quase hipnótico, pois estamos intimamente imersos no quão Gray é absorta consigo mesma. A certa altura, Bennett e Gray estão conversando e ele diz: "É como se você... Não sei... Estivesse apaixonada por si mesma". E ela responde: "Estar absorta consigo mesma é diferente de amor-próprio".

O spa que frequentei estava aninhado nas montanhas de Berkshire, onde me disseram que os jardins eram lindos, mas a beleza está nos olhos de quem contempla, e não contemplei tal beleza. Achei que o spa era o pior lugar do mundo. Fiquei lá por seis semanas caras e dolorosas. Estava quente e não havia ar-condicionado. Tínhamos de caminhar por toda parte, e havia grandes distâncias entre todos os prédios. Os dormitórios ficavam no alto de uma colina e, quando digo "colina", o que realmente quero dizer é "montanha". Se você quisesse trocar de roupa ou deitar por um minuto ou se, Deus me livre, esquecesse algo em seu beliche, você precisava escalar a versão do Everest do garoto gordo do spa. Era exaustivo, o que, suponho, era o objetivo. Passávamos bastante tempo ao ar livre, caminhando, nadando e sendo comidos por mosquitos. As pesagens eram humilhantes, quando você tirava os sapatos, subia na balança e prendia a respiração enquanto o diretor

MÁ FEMINISTA *117*

continuava deslizando o que quer que essas coisas sejam chamadas para frente e para trás até que a balança assentasse em seu peso. Se você se saísse bem, era parabenizado e incentivado a fazer melhor. Caso não se saísse bem, recebia um severo sermão e um olhar decepcionado. Nenhum dos pacientes realmente dava a mínima de qualquer forma, pois os jovens em spas não se importam realmente em ser gordos, meio gordos ou prestes a engordar. Seus pais são os que se importam.

Como na maioria dos acampamentos de verão, além de todo o exercício e de fazer dieta, havia noites de atividade em que escrevíamos cartas para casa, fofocávamos e ficávamos juntos. Sabe o que aprendi, de fato, no spa? Aprendi a fumar. Eu me apaixonei perdidamente por fumar. Aprendi a vomitar. Aprendi a ficar nas bordas da balança para tirar um pouco do peso. Depois que as crianças menores tinham o toque de recolher, a maioria dos instrutores, um grupo heterogêneo de estudantes universitários não muito mais velhos do que nós, alguns ex-campistas, reunia-se atrás de um dos dormitórios para beber, fumar e beijar.

Quando ficávamos em torno do círculo formado por eles, os instrutores raramente protestavam e com frequência nos incentivavam a participar da diversão. Há certa emoção na corrupção, embora, para a maioria de nós, nossa corrupção tenha começado muito antes de chegarmos ao spa. O primeiro cigarro que fumei foi um Benson & Hedges mentolado. Sentia-me bastante sofisticada sentada em um tronco, inspirando profundamente, expirando devagar, fingindo que fumava havia anos. O hábito permaneceria comigo pelos próximos dezoito anos. Então, de certa forma, o acampamento para gordos teve um efeito muito duradouro.

Faz todo o sentido que muitos sejam obcecados por nossos corpos. Não há nada mais inevitável. Nossos corpos nos movem em nossas vidas. Eles trazem prazer e dor. Às vezes, nossos corpos nos servem bem e outras vezes tornam-se terrivelmente inconvenientes. Há momentos em que nossos corpos nos traem ou são traídos por outras pessoas. Penso em meu corpo o tempo todo — como parece, como é, como posso torná-lo menor, o que devo colocar nele, o que estou investindo nele, o que foi feito com ele, o que faço com ele, o que deixo outras pessoas fazerem com ele. Essa preocupação corporal é exaustiva. Não há ninguém mais egocêntrico do que uma pessoa gorda, e *Skinny* expõe como as pessoas são obsessivas quando estão infelizes com seus corpos. Isso não quer dizer que todas as pessoas gordas estão infelizes com seus corpos, mas muitas estão. A maioria de meus amigos é igualmente obsessiva, embora eles sejam magros — odiando a si mesmos ou partes específicas de si mesmos: os braços, as coxas, o queixo, os tornozelos. Fazem dietas malucas, passam fome e esgotam-se tentando manter alguma aparência de controle sobre coisas que estão um tanto fora de nosso controle. Acho que não conheço nenhuma mulher que não odeie a si mesma e a seu corpo, pelo menos um pouco. A obsessão corporal é, talvez, uma condição humana devido à sua inevitabilidade.

Skinny fala bem de como nossos corpos realmente são inevitáveis e de como é fácil perder o controle. Conforme o verão avança, Gray torna-se praticamente anoréxica. O que começa como uma vontade de perder o excesso de peso passa a ser um foco singular. Ela passa a não comer nada e se exercitar o tempo todo, correr, fazer aeróbica, se forçar a extremos, deleitando-se com o modo considerável como seu corpo muda, com ossos proeminentes por toda parte e roupas largas e a sensação de fome. Quando Gray está fazendo sexo com Bennett, ela se maravilha com o quão atléticos e em forma os dois estão e como seus corpos se encaixam:

> Montaria nele, ajoelhada, segurando suas orelhas como se fossem alças. Ou me inclinaria totalmente para trás, com a espinha arqueada, o cabelo espalhado sobre seus pés. Ou me deitaria de frente enquanto ele se ajoelhava em cima de mim, com as pernas tão fortes quanto pilastras, minha cabeça à beira da cama, um calcanhar em cada um de seus ombros.

Gray mergulha no caso com Bennett para que ela possa evitar confrontar a si mesma ou sua dor. O relacionamento deles nasce, sobretudo, da oportunidade. Gray pensa no namorado, Mikey, às vezes, mas mostra pouco remorso por como ela trai o homem que a ama e como ela se trai. Afinal, está sofrendo e, na tristeza, há uma certa indulgência pelo mau comportamento. A tristeza nos permite uma liberdade que a felicidade não possibilita. Conforme o corpo de Gray afina, a escrita voa com euforia, quase como se a própria escritora se sentisse mais livre.

Gostei de *Skinny* porque me lembrava da miséria do acampamento para gordos e porque é raro ler ficção bem escrita sobre questões de tamanho corporal. Ao mesmo tempo, tive dificuldades com o livro. Era difícil levar Gray a sério, pois ela claramente não tinha excesso de peso. O corpo é um território pessoal, e a luta do peso de cada pessoa deve ser levada a sério, mas há excessos e *excessos*. Se você for esta última categoria, é difícil levar o primeiro a sério, certo ou errado. Ninguém que faz compras na Lane Bryant, na The Avenue ou na Catherines[*] vai sentir empatia por alguém que está quinze quilos acima do peso. Isso não vai acontecer. Existem dois pontos fracos significativos no livro, e a maneira como quinze quilos de excesso de peso são tratados como se fossem trezentos quilos a mais é um deles.

Pode ser difícil, às vezes, separar o escritor da escrita. Eu não sabia nada sobre Diana Spechler antes de ler *Skinny*. Depois de ler o livro, usei a pesquisa de imagens do Google para ver se era gorda. Fiquei curiosa para saber se ela escrevia por experiência própria ou se estava escrevendo o que imaginava ser a vida interior de um gordo. Preciso acreditar que não sou a única que fez isso. Sei que não deveria fazê-lo, eu sei, mas eu não consegui evitar. Evidências fotográficas revelam que Diana Spechler é uma mulher linda e magra de cabelos longos. Ela pode não ter sido sempre assim. Sua aparência não importa, mas... importa. É importante porque estamos falando sobre corpos e gordura e as mesquinhas traições da carne.

Na pós-graduação, uma colega disse que levou um livro sobre raça mais a sério quando soube que uma mulher branca o escreveu. Eu queria bater a cara daquela mulher na mesa, pois me ofendeu, profundamente, que ela pensasse que uma mulher branca merecia mais respeito e detinha mais autoridade para abordar questões complexas sobre raça. Pensei naquele dia com um pouco mais de compreensão enquanto lia *Skinny* e estava disposta a levar o livro mais a sério se tivesse sido escrito por uma mulher muito gorda, alguém corpulento, que chacoalhasse camadas de carne, alguém que *soubesse* o que é ser gordo de fato, a onipresença avassaladora disso, e ser capaz de escrever sobre essa experiência com autenticidade. Esperava muito desse livro e de quem o escreveu. Optei por ignorar saber mais a respeito.

---

[*] Cadeias de lojas norte-americanas especializadas em moda *plus size*. (N. T.)

Em *Skinny*, Gray adquiriu os quinze quilos que a angustiam tanto porque o pai morreu. A história tem mais detalhes, porém a explicação mais imediata para as preocupações de Gray com o peso é a tristeza. Quando se trata de gordura, deve haver um motivo. Precisamos ser capazes de rastrear a genealogia da obesidade. Sem essa genealogia, ficamos simplesmente perplexos. As pessoas precisam de uma explicação de como alguém pode perder o controle sobre o corpo. Querem saber se você vem de uma família gorda, se tem algum problema clínico ou se apenas é fraca e gosta mesmo de comer muito. Em *Skinny*, vemos um pouco da genealogia da gordura de Gray, mas talvez não o suficiente para que a história pareça tão confiável quanto deveria.

Assisto a todos os programas de TV que evocam a vergonha da gordura como penitência e motivação — *The Biggest Loser, Ruby, Heavy*, alguns daqueles programas de pessoas gordas de menor visibilidade de canais a cabo de menor porte e, recentemente, *Extreme Makeover Fat People Edition*. É perversamente emocionante ver os lindos treinadores em perfeita forma gritando e envergonhando os competidores gordos até suas cordas vocais sangrarem, forçando-os a malhar oito horas por dia enquanto consomem apenas 1.200 calorias para que possam tornar-se uma instantânea e gratificante história de sucesso, por mais temporário que isso seja. Em determinado ponto de cada episódio, os treinadores ou os produtores vão ficar aparentemente preocupados com os competidores, tentando descobrir por que pesam 127, 164 ou quase 272 quilos, tentando revelar a genealogia gorda como se tudo o que bastasse para resolver o problema de peso fosse uma conversa sincera e lacrimejante sobre o que deu errado ou quem agiu errado, quando e por quê.

Há maridos e bebês falecidos, pais divorciados, pais ausentes, abusos terríveis e todas as coisas dolorosas que acontecem a uma pessoa e ao corpo dela ao longo da vida, as quais podem ser apaziguadas, ou pelo menos entorpecidas em parte, por um litro de sorvete ou o queijo derretido de uma pizza. Às vezes, os concorrentes dizem: "Não sei como acabei ficando assim", mas sabem. Sempre há um motivo. Jillian Michaels, uma das treinadoras de *The Biggest Loser*, adora forçar seus competidores à catarse dramática. Torna-se um bom espetáculo televisivo. Em *Skinny*, você tem a sensação de que Gray também está buscando a catarse. Ela está se esforçando de todas as maneiras possíveis para alcançar algum tipo de revelação emocional disruptiva. Não tenho certeza se em algum momento encontra essa revelação.

Às vezes, uma pessoa corajosa e insensível me pergunta como fiquei tão gorda. Querem saber o *porquê*. "Você é tão inteligente", dizem, como se a estupidez fosse a única explicação para a obesidade. E, claro, há aquela parte sobre ter um rosto tão bonito, que é pena desperdiçá-lo. Nunca sei o que dizer a essas pessoas. Essa é a verdade, certamente. Isso aconteceu e depois essa outra coisa também e foi terrível, e eu sabia que não queria que nada disso ocorresse novamente, e comer parecia seguro. Batatas fritas são deliciosas, e eu sou naturalmente preguiçosa. Então, isso não ajudou. Nunca sei o que devo dizer. Por isso, quase sempre não digo nada. Não compartilho minha catarse com esses inquisidores.

Ao longo de *Skinny*, Gray escreve cartas para pessoas gordas. Tais cartas, que os campistas também têm de escrever, são uma oportunidade para um exame de consciência e para dizer a verdade e tudo mais. Qualquer pessoa que já tenha passado algum tempo em terapia está familiarizada com a ferramenta de escrever cartas como um passo em direção à cura. A gordura tem mais a ver com a mente do que com o corpo, não é? Lewis, o diretor do acampamento, quer que os campistas escrevam essas cartas para pessoas gordas para explicar por que odeiam pessoas gordas. "Todos vocês odeiam pessoas gordas", declara Lewis. Essas cartas são o primeiro passo, diz ele, para ajudar os campistas a aceitarem seus corpos e começar a transformar seus corpos. As cartas estão cheias de crueldades (ou verdades?) que todo mundo pensa dos gordos.

Por exemplo, Gray escreve: "Desculpas não valem nada. Ou mude sua vida, pare de lançar a culpa, pare de enfiar comida nas rachaduras de seu coração ou entregue-se à encurtada, desconfortável e suada vida dos obesos". É claro que essas cartas acrescentam algo à narrativa. São momentos propositais e didáticos. Realizam um trabalho no sentido de que você não pode deixar de ter uma reação, mas o romance teria funcionado bem, ou até melhor, sem esses interlúdios. Então, você deve se perguntar por que foram incluídos. As cartas são um tanto forçadas, como aqueles momentos psicológicos superficiais na programação de televisão de extrema perda de peso, como se as cartas fossem destinadas a ser oportunidades para o leitor também alcançar um lugar catártico, para acenar com a cabeça e dizer: "Sim, penso essas coisas sobre pessoas gordas também", para que possam chegar a um ponto de empatia e compreensão.

Às vezes, essas cartas aparentam ser vazias e indulgentes porque parecem ter sido escritas por um magricela imaginando apenas uma existência possível para uma pessoa gorda, imaginando que a vida gorda é um tanto distinta da vida magrela. É, mas não é, exceto que o guarda-roupa dos magros costuma ser melhor e as pessoas a seu redor são mais gentis em geral.

Há uma carta em que Gray escreve: "Queridos gordos, vejo vocês em cadeiras de rodas motorizadas, em assentos de ônibus que não os acomodam. Vejo vocês fazendo pausas ao caminhar, fingindo admirar a paisagem". Reconheço o que acontece nessa carta. Sou gorda, mas tenho olhos e julgo as pessoas também. Outro dia, estava em uma loja de roupas, e havia três pessoas muito gordas em carrinhos motorizados reunindo-se perto da caixa registradora, rindo alegremente, e pensei: *Como podem ser tão felizes quando estão imóveis?* Então me senti culpada. Considerei todas as coisas terríveis que as pessoas devem pensar quando me julgam. Todos nós somos cúmplices nessas questões, e tais cartas funcionam, em parte, para nos lembrar disso.

Não que esperasse que essas cartas, ou mesmo tal romance, abordassem todo o espectro da experiência da gordura. Isso de fato existe? Diz mais respeito ao fato de que as cartas falam ao menor denominador comum. Nada mais. Decepciona que Gray não consiga imaginar que talvez algumas pessoas gordas façam um sexo incrível e atlético, assim como ela. Talvez não estejam sentadas por aí se empanturrando miseravelmente ao lado de alguém que não as ama.

Anteriormente, observei que havia dois pontos fracos no livro — a implausibilidade de todo esse drama sobre uns meros quinze quilos de excesso de peso e, é claro, essas cartas de "Caras pessoas gordas". Na verdade, porém, esses problemas são sintomas da mesma fraqueza. É como se a compreensão da autora sobre pessoas gordas fosse tal que o mais gorda que ela poderia imaginar Gray como ainda desejável e interessante para Mikey, para Bennett, para o leitor, seria com apenas quinze quilos de excesso de peso. A obra seria incrivelmente melhor se Gray estivesse 45 quilos acima do peso, talvez mais, porém tive a sensação de que a escritora estava com medo de chegar a esse ponto. As cartas "Caras pessoas gordas" são supostamente de Gray, mas, conforme o livro avança, tem-se a impressão de que, na verdade, são da própria autora confessando seus pecados, buscando a catarse de seus preconceitos pessoais sobre gordura.

No fim de *Skinny*, tudo desmorona. O acampamento está fechado. Os campistas voltam às suas vidas, mais magros, certamente, mas apenas por acaso. Não confrontaram seus problemas ou aprenderam sobre alimentação saudável e maneiras saudáveis de lidar com circunstâncias difíceis. Não adquiriram as ferramentas para impedir que seus corpos se expandissem ainda mais. Bennett retorna para casa, e Gray retorna para Nova York, embora não para o relacionamento com Mikey. Ela recupera a maior parte do peso que perdeu. O final é um pouco apressado. Por isso, é difícil saber se Gray aprendeu muito sobre qualquer coisa que seja. No fim, Gray está sentada em uma sala vazia com Bennett. Há uma nova distância entre os dois, embora ele ainda não saiba. "E, por um segundo, esqueci onde estava. Esqueci as coisas que sempre desejei esquecer. E senti uma notável leveza." Somos levados a acreditar que algo profundo aconteceu nesse momento, porém não é convincente. Na última carta "Caras pessoas gordas", Gray escreve: "Você se pergunta por que o odiamos? Você é a manifestação visível das partes de nós mesmos que escondemos". Também há verdade nisso. Pessoas gordas usam suas questões desagradáveis do lado de fora, com seios caídos e tornozelos inchados e coxas pesadas. Ao contrário de um viciado em heroína, que pode ser capaz de cobrir marcas de picadas com mangas compridas, uma pessoa gorda não consegue esconder o fato de que algo deu errado. Pessoas gordas têm segredos, e você pode não saber quais são, mas eles são vistos claramente. Ao final de *Skinny*, sabemos muitos dos segredos de Gray, mas parece que não sabemos ou vemos os segredos que importam.

Quando saí do acampamento para gordos, tinha perdido o peso de que precisava, sobretudo porque a comida no acampamento era péssima e havia muita caminhada. Qualquer um pode perder peso se suas únicas opções culinárias forem gelatina e salada com molho leve e peito de frango grelhado e se a ela nunca é dado um minuto para sentar e relaxar. Nas primeiras sema-nas após o acampamento para gordos, foi divertido me sentir eu novamente, sentir-me leve e de alguma maneira livre. Quando voltei para a escola, houve elogios e outras expressões de apreço por meu corpo muito mais magro. Isso também foi bom. Mas então comecei a comer de novo, trabalhei ainda mais duro para fazer meu corpo preencher o máximo de espaço possível, tentei preencher aquela instável necessidade dentro de mim. Muito pouco mudou. Eu não tinha encontrado mesmo a catarse. Ah, como sentia fome!

A MANSIDÃO DO IDÍLICO

A FELICIDADE NÃO É UM ASSUNTO popular na ficção literária. Lutamos, como escritoras, para tornar a felicidade, o contentamento e a satisfação interessantes. A perfeição costuma carecer de textura. O que podemos dizer sobre essa mansidão do idílico? Como encontramos algo que assegure a narrativa? Ou, talvez, por não percebermos como a felicidade pode ter textura e complexidade, escrevemos sobre a infelicidade. Isso pelo menos parece mais fácil para mim. Provavelmente me sinto muito confortável *indo para lá*, chafurdando na escuridão, no sofrimento, na infelicidade. A miséria adora companhia. Na ficção, podemos ser infelizes juntos.

Tenho pensado em finais felizes. Estou sempre pensando em finais felizes. Estou sempre pensando em felicidade. Durante uma entrevista, perguntaram-me se alguma vez escrevi histórias ou finais felizes. Considerei essa pergunta por dias. Também ouço muito essa pergunta de pessoas que estão próximas a mim. Quase todas as histórias que escrevo são felizes, algum tipo de conto de fadas. Sim, você encontrará morte, perda, traição, escuridão e violência em minhas histórias, mas muitas vezes há também um final feliz. Às vezes, as pessoas são incapazes de reconhecer a felicidade porque tudo o que enxergam é a escuridão. Observo muitas de minhas histórias e vejo uma mulher que encontrou algum tipo de salvação depois de passar por circunstâncias aparentemente insolucionáveis, um herói que a ajuda a chegar a esse lugar de paz, por mais incompleta que essa paz possa ser. Os detalhes mudam, porém essa estrutura subjacente, esse conto de fadas, muitas vezes está lá. Estou tão intrigada com finais felizes quanto com a maneira profundamente falha como as pessoas tratam umas às outras, mesmo que eu não saiba bem o que fazer com esse comportamento.

Os contos de fadas têm finais felizes. Frequentemente, há lições a serem aprendidas, e às vezes estas são aprendidas da maneira mais difícil, mas no fim há felicidade, pelo menos nos contos de fadas de que mais gosto. Meu romance, *Um estado selvagem*, à sua maneira, é sobre contos de fadas. A história acompanha a trajetória de uma mulher que vivia um conto de fadas e, então, é sequestrada, e seu encanto termina. Em geral, cada história pode ser resumida em termos do que *realmente* aborda em uma frase. Achei que seria interessante começar com um final feliz e ver como isso poderia se desfazer. Não apenas se desfez. No romance, o final feliz de Mireille Duval desmorona completamente e, então, tive de descobrir como juntar as peças de novo, como trazer meus personagens de volta a algo que se assemelhasse à felicidade.

Gostei mesmo de escrever o romance *Um estado selvagem*. Aprendi muito sobre me esforçar para escrever o mesmo projeto todos os dias e como contar uma história de forma longa e de fato desacelerar a narrativa, dando a ela o espaço de que necessitava. O primeiro rascunho de *Um estado selvagem* não teve um final feliz, mas recebi um feedback indicando que algum tipo de final feliz, embora imperfeito, era necessário para tornar as coisas menos desesperadoras. Tentei o máximo que pude. Quando comecei a pensar no próximo romance, sobre maternidade, barriga de aluguel, um casamento de conveniência e as escolhas incompletas que fazemos quando somos muito jovens para termos consciência de que estamos fazendo a coisa errada, decidi que, seja lá como fosse, por mais implausível que parecesse, o livro teria um final muito feliz. Não tinha ideia de como chegaria lá sem desafiar o plausível, mas tentei. Talvez não seja totalmente realista e talvez isso não seja um problema. O realismo é relativo. Muitas vezes, minha vida de fantasia parece bastante real.

A arte contemporânea costuma unir o real e o fantástico. Frequentemente a arte contemporânea inspira porque é muito difícil de explicar ou contextualizar. Em 2011, vi a exposição de curadoria brilhante chamada *Hard Truths* [Duras verdades], no Museu de Arte de Indianápolis, que apresentava a arte de Thornton Dial. É difícil definir o estilo de Dial: ele trabalha em diversas vertentes — escultura, desenho, montagem, colagem, muito disso com consciência social, tudo lindo, ardente, visceral.

Nascido em 1928, Dial cresceu na zona rural do sul dos Estados Unidos e enfrentou muitas dificuldades financeiras. Começou a trabalhar em tempo integral aos sete anos. Vivenciou muito racismo, o fardo insustentável da segregação. A marca indelével do racismo pode ser vista em grande parte de seu trabalho — tormento, raiva, tristeza e dor são todos palpáveis. A infelicidade como musa não é competência exclusiva dos escritores.

A escala da arte de Dial costuma ser imponente. A maioria de suas peças é maciça e ocupa paredes ou pisos inteiros, como se o artista precisasse de muito espaço para se expressar melhor. Meu Deus, e como ele faz isso! A magnitude da arte realmente reforça a escala da influência sombria e emocional. Com certeza, essa magnitude me fez sentir grata pela existência da arte como uma válvula de escape.

Trophies (Doll Factory) [Troféus (fábrica de boneca)] é uma das primeiras peças da exposição *Hard Truths*. Thornton Dial foi criado por mulheres, e a influência feminina delas marca grande parte de sua arte. Em *Trophies*, as bonecas são pintadas de maneira espalhafatosa, semivestidas, muitas delas pintadas de ouro como troféus. É uma leitura interessante sobre a feminilidade moderna, talvez ainda mais em função de que provenha de um homem. Há muito para se ver em *Trophies*, em todas as peças de Dial. O nível de detalhamento é notável. Eu já teria ficado contente por ficar em apenas uma das muitas salas da exposição, mas havia muito para ver. A maneira como as bonecas se espalham pela tela, como os seios ficam à mostra, as pernas abertas em meio ao caos do resto da montagem, realmente dá o tom da exposição. Conforme prosseguia, pensava: *Não haverá histórias felizes aqui.*

Dial incute seu trabalho de sofrimento. O livro que acompanha a exposição, editado por Joanne Cubbs e Eugene W. Metcalf, detalha como a arte de Dial funciona como denúncia social sobre raça, classe, gênero, guerra, política, todas as preocupações humanas. Em 1993, Dial foi entrevistado por Morley Safer no programa *60 Minutes*. Ele pensou que a entrevista seria sobre sua arte, porém, em vez disso, Safer aproveitou a oportunidade para expor como os artistas negros sulistas estavam sendo explorados por negociantes de arte brancos. Dial foi e sentiu-se emboscado, enganado e mal representado. Ele ficou com muita raiva por causa do incidente durante anos, raiva que você pode ver em *Strange Fruit: Channel 42* [Fruta estranha: Canal 42]. O trabalho de Dial realmente me deu a oportunidade de pensar sobre a arte como narrativa. Em *Strange Fruit: Channel 42*, você vê Dial como um homem pendurado em uma efígie, sendo ele próprio uma fruta estranha, além da antena de TV (o Channel 42 foi a estação que transmitiu a entrevista de Safer para onde Dial morava). Existem pequenos detalhes que você não pode ver a menos que esteja diante da peça, mas todos trabalham em conjunto para narrar a história de raiva e frustração de Dial. Ele estava com raiva por vários motivos, mas principalmente porque pensava que a entrevista do *60 Minutes* seria sua grande chance, que enfim seu trabalho seria reconhecido. Há um humor amargo na peça que carrega o peso da decepção do artista. Dial também criou outra obra em resposta à entrevista: *Looking Good for the Price* [Pelo preço, parece bom]. É muito mais sombria e raivosa: uma cena de venda de escravos com um macabro leiloeiro branco, tudo abstrato e bastante aflito, as imagens espalhadas pela tela em ângulos estranhos. *Looking Good for the Price* conta outra história sobre a raiva do artista, seu senso de humilhação; outra história sobre infelicidade, sem final feliz.

A exposição, como um todo, foi impressionante. Enquanto passava de uma sala a outra, pensei em quanta dor Dial sangra em sua tela e como lida com essa dor de maneira culturalmente esclarecida e responsiva. Dada a história de vida de Dial, é compreensível que seu trabalho seja um reflexo das dificuldades por que passou. Eu não poderia imaginar que um final feliz fosse possível.

E ainda assim...

Sala após sala após sala da exposição foi preenchida com essas enormes peças de arte, esculturas, desenhos, a maioria criada com materiais achados e experiências vividas. A última sala, porém, estava saturada de cores brilhantes. Foi surpreendente entrar lá e ver a redenção, a salvação, o triunfo, a esperança, a felicidade, um final feliz após uma longa e dolorosa jornada. As peças da última sala da exposição refletem a espiritualidade de Dial e como ele superou uma doença grave. Tudo na obra de arte era vibrante, quase extasiante, de uma forma muito diferente do resto da exposição. *The Beggining of Life in the Yellow Jungle* [O início da vida na selva amarela], de autoria de Dial, é uma explosão de amarelo, uma reflexão artística sobre a vida e como ela evolui. O conjunto tem plantas falsas, flores feitas de garrafas plásticas de refrigerante, uma serena boneca, e, por causa da forma como esses elementos são mantidos juntos, com epóxi Splash Zone, você tem a sensação de que tudo está conectado, literal e figurativamente. Foi inspirador e revigorante ver um artista disposto a explorar a felicidade tanto quanto a dor, a raiva, a escuridão, a infelicidade. A arte de Dial argumenta que tanto a luz quanto a escuridão podem surgir das experiências de um artista.

Tenho pensado em finais felizes na vida, na arte, na literatura.

O romance de Dawn Tripp, *Game of Secrets* [Jogo dos segredos] é, como podemos imaginar, um romance sobre segredos — entre os personagens do romance e aqueles que o autor esconde do leitor. A maior parte da trama gira em torno de Tripp revelando partes desses segredos aos poucos. A história começa com um caso e um assassinato de décadas — sexo, traição, morte, o conteúdo de muitas histórias interessantes. Há algum mistério em *Game of Secrets*, mas principalmente um homem é morto, e notamos isso, mesmo que não saibamos como se chegou a tal ponto. O morto era pai, ex-marido e amante. *Game of Secrets* trata de muitas questões, mas sobretudo das consequências da morte desse homem, Luce Weld, e de como durante várias décadas afeta diversos residentes de uma pequena cidade da Nova Inglaterra. Achamos que sabemos quem fez isso — Silas Varick, o marido de Ada Varick, com quem Luce Weld tinha um caso — mas não é possível ter certeza.

A história é contada a partir de várias perspectivas ao longo de várias décadas, mas os dois personagens principais são Marne Dyer e sua mãe, Jane Dyer, filha de Luce Weld. Ao longo do romance, Marne está envolvido com o frágil início de um relacionamento com Ray Varick, filho de Ada, e Jane está jogando Scrabble com Ada. Em cidades pequenas, você realmente não pode escapar dos segredos ou do Scrabble, e o que torna *Game of Secrets* tão interessante é que, como leitor, você começa a perceber que todos sabem de alguma coisa. Tripp torna mais fácil juntar o que todos sabem para ver a história toda. A premissa faz com que um final feliz pareça quase impossível porque há muitos segredos guardados por muito tempo.

Em tal atmosfera, é provável que haja infelicidade, tristeza, escuridão, mas tais emoções não sobrecarregam a história. Ao invés disso, a estranheza desses segredos cria um tom triste. Ao me aproximar do fim, perguntei-me como a história poderia ter um final feliz para todos os envolvidos. Como estava envolvida pela trama, queria aquele final feliz para todos. Eu queria que as pessoas daquela cidade encontrassem seu caminho para sair da escuridão, para chegar a um lugar de redenção, salvação, triunfo, esperança, felicidade, um final feliz após uma longa e dolorosa jornada, mesmo que não pudesse enxergar como isso poderia ser possível.

Ainda assim...

Existem finais felizes em *Game of Secrets* para quase todos os envolvidos, mesmo que esses finais felizes possam não se parecer com aquilo que esperamos que sejam. Pouco antes de sua morte, um homem reconhece seu filho. Uma filha enfim começa a compreender a mãe que havia muito a confundia, e a filha consegue crescer e demonstrar bondade à mãe. Um marido diz à filha que sua esposa era a única, sempre foi a única, e que não tem arrependimentos. Uma mulher faz as pazes com o fato de ter retornado para sua cidade natal e tenta se permitir amar. O homem permanece aberto ao amor mesmo quando ele é repelido. Os finais felizes em *Game of Secrets* são sutis e incompletos, mas existem, e isso funciona porque a própria felicidade costuma ser sutil e incompleta.

Às vezes, e especialmente como escritora, sinto que não tenho ideia do que é felicidade, qual é sua aparência, como é senti-la, como demonstrá-la na página.

Não tenho problemas com escuridão, tristeza, dor ou infelicidade. Não tenho intenção de me desviar desses temas nos textos que escrevo. Mas... Contemplando a exposição de Dial e o livro *Game of Secrets*, pergunto-me como podemos complicar esses temas que permeiam a ficção e a arte para que também alcancemos uma compreensão mais completa e complexa da felicidade. A felicidade não deixa de nos inspirar se não permitirmos que nossa imaginação falhe. Quero acreditar que os contos de fadas têm substância. Quero acreditar que há algo no qual me agarrar, mesmo quando se lida com a escorregadia mansidão do idílico e da alegria.

A DESCUIDADA LINGUAGEM DA VIOLÊNCIA SEXUAL

HÁ CRIMES E CRIMES; e daí existem as atrocidades. Tais questões atendem a uma gradação. Fiquei abalada com uma matéria do *New York Times* sobre uma menina de onze anos que foi estuprada por uma gangue de dezoito homens em Cleveland, no Texas. Os níveis de horror dessa história são muitos, desde a idade da vítima ao que se sabe a respeito do que aconteceu com ela, ao número de agressores, à resposta das pessoas naquela cidade, à forma como a história foi relatada. Há um vídeo do ataque também, pois esse é o futuro. O indizível será televisionado.

A matéria intitula-se "Ataque violento estremece cidade do Texas", como se a vítima em questão fosse a própria cidade. James McKinley Jr., o autor da matéria, focou como a vida dos homens mudaria para sempre, como a cidade estava sendo destruída, como aqueles pobres meninos talvez nunca mais conseguissem voltar para a escola. Houve uma discussão sobre a garota de onze anos, a menina, vestida como se tivesse vinte anos, sugerindo que há diversas situações nas quais uma mulher pode "pedir a violência sexual" e que isso torna de alguma forma compreensível que dezoito homens estuprassem uma criança. Houve até perguntas sobre o paradeiro da mãe da menina, visto que, como todos sabemos, a mãe deve estar com sua filha o tempo todo ou o que quer que aconteça à criança é claramente culpa da mãe. Estranhamente, não houve perguntas sobre o paradeiro do pai durante o estupro.

O tom geral da matéria era de que tudo isso era uma vergonha, como tantas vidas foram afetadas por esse evento terrível. Pouco espaço de palavras foi gasto com a menina, a criança. Era uma garota de onze anos cujo corpo foi despedaçado, não uma cidade. Foi a vida de uma menina de onze anos que foi destruída, não a vida dos homens que a estupraram. É difícil entender como alguém pode perder de vista esse fato, mas por outro lado não é.

Vivemos em uma cultura abertamente permissiva no que diz respeito ao estupro. Embora certamente existam muitas pessoas que entendam o estupro e os danos causados por ele, também vivemos em uma época que compele ao uso da expressão "cultura do estupro". Esta denota uma cultura em que somos inundados, de maneiras diferentes, pela ideia de que a agressão e a violência masculinas contra as mulheres são aceitáveis e muitas vezes inevitáveis. Como Lynn Higgins e Brenda Silver perguntam em seu livro *Rape and Representation* [Estupro e representação]: "Como é que, a despeito (ou talvez em função) de seu apagamento, o estupro e a violência sexual foram tão arraigados e tão racionalizados por meio de suas representações que parecem 'naturais' e inevitáveis, tanto para as mulheres quanto para os homens?". Esta é uma questão importante ao tentarmos compreender como chegamos a esse ponto.

Talvez também tenhamos nos tornado imunes ao horror do estupro porque o vemos com frequência e o discutimos com frequência, muitas vezes sem reconhecer ou considerar a gravidade do estupro e seus efeitos. Dizemos brincando, coisas como "Acabei de levar uma carcada" ou "Levei uma carcada do meu chefe por causa do meu pedido de aumento". Apropriamo-nos da linguagem do estupro para todos os tipos de violações, grandes e pequenas. Não é exagero imaginar por que James McKinley Jr., em sua reportagem, estava mais preocupado com os dezoito homens do que com uma menina.

A maneira casual com que lidamos com o estupro pode se iniciar e terminar com a televisão e os filmes, nos quais somos inundados com imagens de violência sexual e doméstica. Você consegue pensar em uma série dramática de televisão que não tenha incorporado algum tipo de história de estupro? Houve um tempo em que essas histórias continham um certo elemento educacional, no estilo "um episódio superespecial". Lembro-me, por exemplo, do episódio de *Barrados no baile* em que Kelly Taylor fala sobre ter sido estuprada por um namorado em uma festa do pijama, aos prantos e cercada por seus amigos mais próximos. Para muitas jovens, esse episódio criou um espaço no qual puderam ter uma conversa sobre o estupro como algo que não foi perpetrado apenas por estranhos. No decorrer da série, quando o programa estava em seus últimos momentos, Kelly seria estuprada de novo, dessa vez por um estranho. Assistimos à trajetória familiar de violação, trauma, desilusão e, enfim, vingança, supostamente nos esquecendo de que tínhamos visto essa história antes.

Quase todos os outros filmes exibidos nas redes Lifetime ou Lifetime Movie* apresentam algum tipo de violência contra a mulher. A violência é explícita e gratuita, embora ainda seja estranhamente antisséptica, em que mais está implícito sobre o ato real do que mostrado. Consumimos essas representações de violência e o fazemos avidamente. Há um conforto, suponho, em consumir violência contida em segmentos de noventa minutos, silenciados por comerciais de produtos domésticos anunciados por ex-estrelas da televisão com franjas repicadas.

Embora o estupro como forro para o entretenimento também possa ter incluído antes um elemento didático, esse não é mais o caso. O estupro é bom para a classificação. Na quarta temporada de *Private Practice*, da ABC, Charlotte King, uma médica obstinada, independente e sexualmente aventureira, é brutalmente estuprada. Isso aconteceu, é claro, quando as "varreduras de fevereiro"** estavam começando. A descrição do ataque foi tão performática quanto se pode esperar de uma emissora de televisão em horário nobre. Por vários episódios, assistimos ao ataque e suas consequências, o arco narrativo de como a outrora vibrante Charlotte se tornou uma sombra de si mesma, como ela se tornou sexualmente fria, como seu corpo havia testemunhado os danos físicos do estupro. Outra personagem do programa, Violet, corajosamente confessa que também foi estuprada. O programa foi amplamente aplaudido pelo tratamento delicado de um assunto difícil. O episódio que deu início à trama, "Did You Hear What Happened to Charlotte

---

* Canais de televisão com programação voltada para mulheres. (N. T.)

** *February sweeps* — sistema usado pelas redes de TV estadunidenses para fazer o cálculo dos índices de audiência das séries de televisão no início da temporada. (N. T.)

King?" [Você soube o que aconteceu com Charlotte King?], teve a maior audiência da temporada.

General Hospital, como a maioria das novelas, incorpora uma narrativa sobre estupro a cada cinco anos ou mais, quando se faz necessário aumentar o número de espectadores. Emily Quartermaine foi estuprada; e, antes de Emily, Elizabeth Webber também. E, muito antes de Elizabeth, Laura, do infame par "Luke e Laura", foi estuprada por Luke, mas tudo acabou bem porque Laura se casou com Luke. Então, seu estupro não conta de verdade. *General Hospital* queria que acreditássemos que toda mulher ama seu estuprador. Em 2010, a história do estupro na novela deu uma reviravolta. A vítima era um homem, Michael Corinthos III, filho do chefe da máfia de Port Charles, Sonny Corinthos, familiarizado com a violência contra as mulheres. Embora fosse louvável ver os produtores do programa tentando abordar a questão do estupro masculino e do estupro na prisão, o assunto ainda assim era tratado descuidadamente. Ainda era uma fonte de excitação e ainda embalado ordenadamente entre comerciais de produtos de limpeza e fraldas de bebês.

Claro, se vamos falar sobre estupro, como somos inundados por representações de estupro e como, talvez, tornamo-nos insensíveis ao estupro, temos de discutir *Law & Order: Unidade de Vítimas Especiais*, que trata, principalmente, de todas as formas de agressão sexual contra mulheres, crianças e, muito de vez em quando, homens. A cada semana, a violação é mais elaborada, mais sinistra, mais indizível. Quando o programa foi ao ar pela primeira vez, a entrevistadora Rosie O'Donnell, acredito, se opôs de forma bastante veemente quando uma das estrelas de *Law & Order* foi entrevistada em seu programa. O'Donnell disse que não entendia por que esse programa era necessário. As pessoas rejeitaram suas objeções e o incidente foi rapidamente esquecido. A série está em sua 15ª temporada e não dá sinais de terminar tão cedo. Quando O'Donnell se opôs à premissa do programa, quando se atreveu a sugerir que talvez um programa que lidasse tão explicitamente com agressão sexual fosse desnecessário e excessivo, as pessoas a trataram como se fosse a louca, a censora puritana. Assisto a *Law & Order* religiosamente e assisti a cada episódio mais de uma vez. Não tenho certeza do que esse fato diz a meu respeito.

É bastante irônico que apenas algumas semanas antes de publicar a matéria "Ataque violento estremece cidade do Texas", o *Times* publicou o editorial "The War on Women" [A guerra contra as mulheres]. O tema é importante para mim. Certa vez, escrevi um ensaio sobre como, na posição de escritora que também é mulher, sinto cada vez mais que escrever é um ato político, mesmo que tenha essa intenção ou não, pois vivemos em uma cultura em que a matéria de McKinley é permitida e publicável. Estou preocupada com o modo que permitimos tal distância intelectual entre a violência e a representação da violência. Falamos sobre estupro, mas não falamos com cuidado sobre estupro.

Vivemos em uma época estranha e terrível para as mulheres. Há dias em que penso que sempre foi uma época estranha e terrível para ser mulher. A feminilidade parece mais estranha e terrível agora porque o progresso não serviu às mulheres tão bem quanto aos homens. Ainda estamos entravadas pelas questões contra as quais nossas antepassadas protestaram. No mínimo, é horrível perceber que vivemos em uma cultura em que o "jornal" pode escrever uma matéria que soa solidária a dezoito estupradores, ao mesmo tempo que incentiva a culpabilização da vítima. A gente esqueceu como é uma criança de onze anos? Talvez as pessoas não entendam o trauma do estupro coletivo. Embora não haja nenhum benefício em criar uma hierarquia de estupro em que um tipo é pior do que outro porque estupro é, afinal de contas, estupro, há algo particularmente insidioso no estupro coletivo, na ideia de que um bando de homens se alimenta no frenesi de cada um. E tanto individual quanto coletivamente eles acreditam que têm o direito de violar o corpo de uma mulher de maneira indescritível e observar os outros se revezarem.

O estupro coletivo é uma experiência difícil de sobreviver física e emocionalmente. Existe a exposição à gravidez indesejada e a doenças sexualmente transmissíveis, laceração vaginal e anal, fístulas e cicatrizes pélvicas. O sistema reprodutivo costuma ser danificado de forma irreparável. Vítimas de estupro coletivo, em particular, têm maior chance de abortar uma gravidez. Psicologicamente, existem vários efeitos, como transtorno de estresse pós-traumático (Tept), ansiedade, medo, ter de lidar com o estigma social e a vergonha, e assim por diante. As consequências podem ser de longo alcance e mais devastadoras do que o estupro em si. No entanto, raramente discutimos essas coisas. Em vez disso, somos descuidados. Iludimo-nos pensando que o estupro pode ser eliminado de modo bem nítido como na TV e no cinema, nos quais a trajetória da vitimização é claramente definida.

Não posso falar universalmente, mas, dado o que sei sobre estupro coletivo, a experiência consome de forma angustiante. Não adianta fingir o contrário. Talvez McKinley esteja, como tantas pessoas hoje em dia, anestesiado ou de alguma maneira intencionalmente distanciado de tais realidades brutais. Apesar dessa inundação de imagens em que estamos imersos em uma cultura de estupro — abertamente permissiva a todos os tipos de violência sexual —, não há vítimas suficientes de estupro coletivo que falem sobre o preço que a experiência cobra. As histórias certas não estão sendo contadas ou não estamos escrevendo o suficiente sobre o tema do estupro da maneira correta. Talvez também usemos casualmente o termo "cultura do estupro" para tratar de problemas muito específicos que surgem de uma cultura mergulhada na violência sexual. Em vez disso, deveríamos nos concentrar na "cultura do estuprador", uma vez que décadas de abordagem da "cultura do estupro" avançaram muito pouco?

Em seu ensaio *Your Friends and Rapists* [Seus amigos e estupradores], Sarah Nicole Prickett escreve: "Sim, estou cansada de histórias de estupro. Acho que histórias de estupro são chatas. Estou farta de histórias de estupro na CNN e mais farta ainda de histórias de estupro no site *Jezebel*.* Em vez disso, gostaria de ver debates nacionais na televisão, edições completas de programas de rádio matinais, longos *podcasts* e uma parte do próximo discurso Estado da União** dedicado a determinar se os homens devem ter permissão para manter seus pênis". O cansaço e a raiva dessa afirmação são palpáveis, mas também são importantes. Prickett está sugerindo que reformulemos a conversa sobre estupro. É uma chamada para abordar a "cultura do pau", a que Prickett se refere como "o orgulho excessivo que os homens sentem de ter e manejar seus paus".

Estou abordando esse assunto de maneira um tanto egoísta. Estou preocupada com a cultura do estupro e como a perpetuamos, intencionalmente ou não, mas também escrevo sobre violência sexual em minha ficção. O porquê dessa obsessão literária não importa, mas volto às mesmas histórias. Escrever é mais barato do que terapia ou medicamentos. Quando leio matérias como

---

* Site que apresenta matérias em perspectiva abrangente, cuja descrição é bastante peculiar: "Jezebel — um site supostamente feminista" (jezebel.com). (N. T.)

** Relatório apresentado todos os anos pelo presidente dos Estados Unidos na presença do Congresso que reporta as condições em que o país se encontra e apresenta propostas legislativas e as prioridades nacionais. (N .E.)

a de McKinley, considero minha responsabilidade como escritora e o que as escritoras podem fazer para criticar a cultura do estupro de modo inteligente e iluminar as realidades da violência sexual sem explorar o assunto.

No conto de Margaret Atwood "Fantasias de estupro", uma mulher, Estelle, compartilha suas fantasias de estupro — em que ela foge de um estuprador em potencial em vez de ser estuprada. Atwood expõe o tratamento elegante do estupro em revistas femininas, a maneira casual e aleatória como as fantasias de estupro podem ser comentadas durante o almoço com amigos. A história aborda explicitamente o sentido do inevitável fomentado pela cultura do estupro — trata-se de quando uma mulher será estuprada, e não se — e usa um humor *ácido* de maneira brilhante. Atwood oferece uma forma intrigante de defender a responsabilidade de uma escritora sem comprometer sua integridade artística. "Fantasias de estupro" foi publicado pela primeira vez em 1977, mas a narrativa da história foi tão oportuna na época quanto seria se fosse publicado hoje. A cultura do estupro, ao que parece, não muda de fato.

Essa responsabilidade da escritora sempre esteve em minha mente enquanto escrevia meu romance de estreia, *Um estado selvagem*. É a história de um sequestro brutal no Haiti e parte dela envolve estupro coletivo. Escrever esse tipo de história requer ir para um lugar escuro. Às vezes me dava nojo da escrita e do que consigo escrever e imaginar, de minha capacidade de *mergulhar até lá*.

Enquanto escrevo qualquer uma dessas histórias, pergunto-me se estou sendo gratuita. Quero fazer isso *da forma correta*. Mas como fazer esse tipo de coisa da forma correta? Como escrever sobre violência autenticamente sem torná-la exploradora? Tenho medo de estar contribuindo para o entorpecimento cultural que permite que uma matéria como a do *Times* seja escrita e publicada, que permite que o estupro seja uma forragem tão rica para a cultura e o entretenimento populares. Não podemos separar a violência na ficção da violência no mundo, não importa o quanto tentemos. Como observa Laura Tanner em seu livro *Intimate Violence* [Violência íntima], "o ato de ler uma representação da violência é definido pela suspensão do leitor entre o semiótico e o real, entre uma representação e a dinâmica material da violência que ela evoca, reflete ou transforma". A autora prossegue afirmando que "a distância e a separação de um leitor que deve deixar seu corpo para entrar imaginativamente na cena da violência torna possível que as representações desta obscureçam a dinâmica material da violação corporal, apagando não apenas o corpo da vítima, mas também sua dor". A forma como hoje em dia representamos o estupro em livros, jornais, na televisão e no cinema, muitas vezes nos permite ignorar a realidade material do estupro, o impacto e o significado dele.

Embora tenha essas preocupações, também me sinto comprometida em dizer a verdade. Essas violências ocorrem, ainda que testemunhar sobre elas contribua para um espetáculo de violência sexual. Quando falamos sobre raça, religião ou política, costuma-se dizer que precisamos falar com cuidado. São tópicos difíceis que exigem que estejamos vigilantes não apenas sobre o que dizemos, mas também sobre como nos expressamos. O mesmo cuidado deve se estender à forma como escrevemos sobre violência e violência sexual em particular.

Na matéria do *Times*, a frase "agressão sexual" é usada, assim como a frase "a garota foi forçada a fazer sexo com vários homens". A palavra "estupro" é usada apenas duas vezes e não conectada de fato com a vítima. Isso não é um uso cuidadoso da linguagem. A linguagem, nesse caso, e com muito mais frequência do que poderia vir a fazer sentido, é usada para proteger nossas sensibilidades da brutalidade do estupro, da natureza terrível de tal crime. Acadêmicas feministas há muito convocam uma releitura do estupro. Higgins e Silver observam que "o ato de reler o estupro envolve mais do que ouvir silêncios; requer a restauração do estupro a seu sentido literal, ao corpo: ou seja, restaura a violência — a violação física e sexual". Precisamos encontrar novos caminhos, seja na ficção, no jornalismo literário ou no jornalismo em si, para reescrever o estupro; maneiras de reescrever que restaurem a violência real desses crimes e tornem impossível para os homens serem desculpados por cometer atrocidades e tornem impossíveis matérias como a de McKinley serem escritas, publicadas e consideradas aceitáveis.

Uma menina de onze anos foi estuprada por dezoito homens. Os suspeitos variavam em termos de faixa etária, abrangendo desde garotos do ensino médio até homens de 27 anos. Há fotos e vídeos. Sua vida nunca mais será a mesma. O *New York Times*, entretanto, gostaria que você se preocupasse com aqueles meninos, que terão de viver com isso pelo resto de suas vidas, e com a pobre, pobre cidade. Essa não é simplesmente a linguagem descuidada da violência sexual. É a linguagem criminosa da violência sexual.

Do que sentimos fome

Com muita frequência, as representações da força de uma mulher negligenciam o custo disso, de onde ela surge e como é solicitada quando se torna mais necessária.

Jogos vorazes, lançado em 2008, é o primeiro livro da trilogia homônima de Suzanne Collins. *Em chamas* e *A esperança*, os dois livros seguintes, foram lançados em 2009 e 2010. A franquia foi um sucesso instantâneo. Mais de 2,9 milhões de cópias foram impressas até agora. São mais de vinte edições estrangeiras. *Jogos vorazes* esteve na lista dos mais vendidos do *New York Times* por cem semanas. Existem edições especiais. Há produtos, como uma Barbie Katniss, algo que a personagem odiaria totalmente. Em março de 2012, o filme foi lançado e arrecadou quase US$ 460 milhões em todo o mundo.

A série conta a história de uma jovem, Katniss Everdeen, que não conhece sua própria força até ser confrontada pela necessidade desta. Ela é uma jovem resistente, forçada a se tornar ainda mais forte em circunstâncias que, de outra forma, poderiam dilacerá-la. É alguém que não tem escolha a não ser lutar pela sobrevivência — por si mesma, sua família, seu povo.

Eu me vi inexplicavelmente atraída por esses livros, pelo mundo complexo que Collins criou e pelas pessoas que ela colocou nesse mundo.

***

Não sou o tipo de pessoa que se dedica tanto a um livro, a um filme ou a um programa de televisão que meu interesse chegue a se tornar um hobby ou obsessão intensa, em que começo a declarar lealdade ou demonstrar um sério nível de compromisso com algo ficcional no qual não tive participação na criação.

Ou não costumava ser esse tipo de pessoa.

Deixe-me ser clara: sou do Time Peeta. Não consigo imaginar como alguém poderia torcer para qualquer outro personagem. Gale? Eu mal consigo reconhecê-lo. Peeta, por outro lado, é tudo. Ele congela coisas, assa pão e mostra-se incondicional e inabalável em seu amor, e também é muito, muito forte. Peeta é um porto seguro e ainda beija bem.

Em dezembro de 2011, não sabia muito sobre *Jogos vorazes*. Dado meu interesse permanente por cultura pop, não tenho certeza de como perdi os livros. Um amigo sugeriu que *Jogos vorazes* seria um ótimo livro para usar na minha aula de redação de romances. Então, decidi conferir.

Faço a maior parte das minhas leituras de lazer na academia. Odeio exercícios. Sim, é bom para você e tem a coisa da perda de peso ou seja lá o que for, mas normalmente me exercito e quero morrer. Eu sabia que estava apaixonada por *Jogos vorazes* quando não queria sair da esteira. O livro me cativou. Eu queria ficar no mundo que Collins criou. Mais do que isso, *Jogos vorazes* me emocionou. Havia tanto em jogo, tanto drama, e tudo era tão intrigante, tão hipnotizante, tão intenso e sombrio... Gostei particularmente pelo fato de o livro acertar na abordagem sobre força e resistência, sofrimento e sobrevivência. Eu me peguei ofegante e sibilante e até mesmo explodindo em lágrimas, mais de uma vez. Parecia uma louca, mas não me importei. Estava completamente desprovida de vergonha.

Depois de terminar *Jogos vorazes*, li rapidamente os dois livros seguintes da trilogia — minha obsessão, a essa altura, era violenta e fervorosa. Estava tão envolvida que não conseguia parar de falar sobre eles. Sonhava acordada com Katniss, Peeta e, acho, às vezes Gale, bem como com os outros personagens atraentes — Cinna, Rue, Thresh, Haymitch, Finnick, Annie. Queria o melhor para eles, mesmo quando tudo parecia sem esperança; *não havia esperança*.

Essa obsessão se intensificou bem antes de eu perceber que o primeiro filme seria lançado. Tal desdobramento levou as coisas a um nível totalmente novo.

Comecei a contagem regressiva para o filme bem antes do dia da estreia. Eu mal pude me conter. Assisti à sessão da meia-noite, embora tivesse que dar aula na manhã seguinte. Avisei ao amigo que me acompanhava para ele não zombar de mim por causa da maneira que reagi durante o filme, porque eu sabia que estava perto do arrebatamento e não queria ser julgada. Moro em uma cidade pequena. Então, esperava que não houvesse muitas pessoas assistindo à sessão da meia-noite, mas a AMC exibiu *Jogos vorazes* em todas as dez salas e todos os ingressos estavam esgotados. Meus amigos e eu brincamos que, provavelmente, éramos algumas das pessoas mais velhas na sala de exibição. Foi um grande alívio quando vimos algumas pessoas de cabelos grisalhos entre nós.

Enquanto esperávamos, os adolescentes e os pré-adolescentes conversavam animadamente sobre os livros, o elenco e tudo o mais que os jovens falam hoje em dia. Quase todos estavam olhando para dispositivos eletrônicos. Pensei: *eles não têm escola amanhã?* O filme começou e prendi a respiração. Eu tinha muitas expectativas e não queria essas expectativas, essas esperanças, destruídas por Hollywood, um conhecido assassino de sonhos.

Não me decepcionei. Tive *sentimentos* ao longo do filme, *sentimentos* verdadeiros, loucos, profundos. Se eu estivesse sozinha, teria me envergonhado com vulgares demonstrações de entusiasmo. Às vezes, queria aplaudir espontaneamente para celebrar a emoção de ver o livro que li tantas vezes sendo reproduzido em uma tela gigantesca. Havia muita coisa para olhar — o cenário, os figurinos, o elenco brilhante. O filme foi quase cerebral e meticulosamente fiel ao livro quando precisava ser. A produção foi impecável, com apenas alguns passos em falso (as roupas flamejantes de Katniss, por exemplo). Os atores se saíram bem. Tornei-me um membro ainda mais fervoroso do Time Peeta. Saí do cinema emocionada com a experiência geral do filme.

No papel de crítica, reconheço as falhas significativas, sim, mas *Jogos vorazes* não é um filme que eu possa assistir na posição de crítica. A história significa muito para mim.

***

Os livros de *Jogos vorazes* não são perfeitos. Enquanto a escrita é envolvente e bem ritmada, a qualidade da prosa enfraquece a cada livro publicado. Muitos dos personagens secundários não são bem desenvolvidos e, às vezes, a trama força a credulidade. O terceiro livro é um tanto apressado, e algumas das escolhas de Collins parecem quase gratuitas, sobretudo no que diz respeito aos personagens que ela escolheu matar. O apagamento completo da sexualidade é problemático. A intimidade é transmitida por meio de muitos beijos, a ponto de se tornar risível. Preocupa que, no mundo dos *Jogos vorazes*, seja perfeitamente aceitável que adolescentes se matem e morram ou sofram de formas violentas, mas é completamente inadmissível que explorem a sexualidade.

Fiquei mesmo impressionada com a brutalidade absoluta e ainda com a inegável essência da história, dos personagens, do meu querido Peeta e sua devoção por Katniss, e como, no fim, mesmo quando parecia sem esperança, eles encontraram o caminho um para o outro. As imperfeições dos livros são facilmente perdoadas porque as melhores partes deles são as mais verdadeiras — que, às vezes, quem você mais ama é aquele que sempre esteve a seu lado, mesmo quando não percebeu isso.

Sou fascinada pela força das mulheres.

As pessoas tendem a pensar que sou forte. Não sou. Mas… me identifico com Katniss porque, ao longo da trilogia, as pessoas à sua volta esperam que seja forte e ela faz o melhor possível para atender a essas expectativas, mesmo quando isso lhe custa muito.

Venho de uma família amorosa, unida, imperfeita, mas ótima. Meus pais sempre estiveram envolvidos em minha vida, mesmo quando os afastei. Tenho ansiado por pouca coisa. Uma das minhas maiores fraquezas, que sempre me envergonhou, é que sempre fui solitária. Lutei para fazer amigos porque posso ser socialmente desajeitada, porque sou estranha, porque vivo na minha cabeça. Quando era jovem, nos mudávamos muito. Então, raramente havia tempo para conhecer um novo lugar, muito menos novas pessoas. A solidão era a única coisa familiar e me tornou um poço sem fundo de necessidades, aberta e desesperada por qualquer coisa que possa me preencher.

Eu não deveria ser assim, mas sou.

Quando estava no ensino médio, quando era jovem — velha o suficiente para gostar de um menino, mas jovem o suficiente para não ter ideia do que isso significava — havia um menino que pensei que fosse meu namorado e que disse que era meu namorado, mas que também me ignorou completamente na escola. É uma história triste e boba que muitas garotas conhecem. Foi bom porque, quando estávamos juntos, ele me fazia sentir como se pudesse preencher meu vazio. Ele era terrível, mas também charmoso e persuasivo. Eu era nerd e sem amigos, tinha pernas e braços compridos e um cabelo doido, e ele era lindo e popular. Aceitei o estado das coisas entre nós.

Quando estávamos juntos, ele me dizia o que queria fazer para mim. Não estava pedindo permissão. Eu não era um participante que não desejava participar. Eu não era uma participante voluntária. Não sentia nada por ambas as perspectivas. Eu queria que ele me amasse. Queria fazê-lo feliz. Se fazer coisas com meu corpo o deixava feliz, eu o deixaria fazer qualquer coisa com meu corpo. Meu corpo não era nada para mim. Era apenas carne e ossos em torno do vazio que ele preencheu ao me tocar. Tecnicamente, não fizemos sexo, mas fizemos todo o resto. Quanto mais eu dava, mais ele recebia. Na escola, ele continuou me ignorando. Eu ficava morrendo, mas estava feliz. Estava feliz porque ele estava feliz, porque, se eu desse o suficiente, ele poderia me amar. Já adulta, não entendo como permiti que ele me tratasse assim. Não entendo como ele pôde ser tão terrível. Não entendo o quão desesperadamente me sacrifiquei. Eu era jovem.

Sempre fui uma boa garota. Era uma aluna nota A, a melhor da classe. Fazia aquilo que diziam que deveria ser feito. Era educada com os mais velhos. Era boa para meus irmãos. Eu ia à igreja. Era muito fácil esconder o quão ruim eu estava me tornando de minha família, de todos. Ser boa é a melhor maneira de ser má.

Nunca passou pela minha cabeça dizer não ou que eu deveria dizer não, que poderia dizer não. Ele começou a me pressionar para fazer sexo. Eu não disse não, mas não disse sim e não queria dizer sim. Queria dizer não, mas não consegui, porque o perderia. Eu me tornaria um nada novamente.

Um dia, andávamos de bicicleta na floresta. Cerca de um quilômetro mata adentro, havia uma cabana de caça abandonada frequentemente usada por adolescentes para fazer as coisas que fazem quando estão se escondendo na floresta. Era nojenta — pequena, um chão sujo cheio de latas de cerveja vazias, embalagens de preservativos usadas e maços de cigarro descartados. Havia um pequeno banco. O vidro das janelas estava quebrado, escurecido pelo tempo. Vários de seus amigos da escola estavam lá. Não os conhecia bem, os tinha visto mais nos corredores. Eram todos populares, bonitos. Nunca teriam motivos para conhecer uma garota como eu, quieta, tímida, desajeitada.

Não entendi, não no começo. Era muito ingênua, apesar de pensar que sabia das coisas. Assim que percebi o que estava acontecendo, presumi que o garoto queria que eu fizesse boquete nos amigos dele. Eu não queria fazer isso, compartilhar o que pensava ser particular entre esse garoto e eu, mas teria. Poderia apenas para fazê-lo feliz. Disse a ele que queria que a gente fosse embora, para continuar nosso passeio de bicicleta. Fiz isso. Tentei me salvar. Entendi que não estava segura. Eram todos bem maiores, e por fim senti algo. Sentia medo, mas não sabia dizer não. Tentei sair, correr para fora daquela cabana, mas eles me agarraram logo depois da soleira. Gritei. Abri minha boca e gritei, e minha voz ecoou pela floresta e ninguém veio me buscar. Ninguém me ouviu. Estávamos em um local muito remoto.

O garoto que pensei ser meu namorado me empurrou para o chão. Tirou minhas roupas, e eu fiquei deitada sem nenhum corpo ao qual pudesse me referir, apenas uma camada fina de pele e ossos de menina. Tentei me cobrir com os braços, mas não consegui, não completamente. Os garotos me encararam enquanto bebiam cerveja, riam e diziam coisas que eu não entendia, porque sabia de coisas, mas não sabia nada sobre o que um grupo de meninos poderia fazer para matar uma menina.

Eu era uma boa garota que ia à igreja. Tinha fé. Acreditava em Deus na época. Então, orei. Orei para que Deus me salvasse porque não conseguia me salvar. Sussurrei o pai-nosso porque era a única oração que sabia de cor. Implorei a Deus para mudar a mente daqueles garotos. Ele não ouviu. E então eu disse não, encontrei minha voz, e isso não importava e desperdicei meu primeiro amor, meu primeiro tudo, com um menino que pensava tão pouco sobre mim.

Eles me mantiveram lá por horas. Foi pior do que você possa imaginar. As repercussões perduram. Voltei para casa sozinha, empurrando minha bicicleta idiota, odiando-me por pensar que aquele garoto me amava. Eu era uma boa menina. Então, foi aquilo que meus pais viram quando cheguei em casa, uma pessoa completamente diferente, e fui para meu quarto e tentei me recompor o suficiente para ser a garota que todos conheciam. Tive de esconder o que aconteceu porque não queria ter problemas, pois meus pais eram rígidos, pois *não* tinha permissão para fazer sexo antes do casamento, pois eu era uma boa menina. Então, foi o que fiz. Engoli a verdade, o que só fez que aquele vazio escancarado dentro de mim se expandisse.

Só porque você sobreviveu a alguma coisa não significa que você seja forte.

O pior de tudo era ir para a escola no dia seguinte. Eu não queria, mas não tinha escolha. Era uma boa garota. Fui para a aula de francês e sentei-me na penúltima fileira. Era desconfortável em todos os sentidos. Assim que a aula estava prestes a começar, o garoto atrás de mim agarrou meu ombro e senti uma onda de adrenalina. Depois, senti terror. Ele se levantou e se virou para mim. E disse: "Você é uma vagabunda", e todos ouviram e riram. Todo mundo começou a me chamar de vagabunda. Quando a professora entrou e ficou na frente da sala, ela olhou para mim de forma diferente. Se pudesse, ela teria me chamado de vagabunda também. Eu estava mortificada e presa. Sentei-me perfeitamente imóvel e tentei me concentrar, mas tudo o que pude ouvir foi o chiado da palavra "vagabunda". Essa vergonha foi uma das piores coisas que já vivenciei. "Vagabunda" foi meu nome pelo resto do ano letivo, pois aqueles meninos contaram uma história muito diferente sobre o que aconteceu na floresta.

Em junho de 2011, Meghan Cox Gurdon escreveu no *Wall Street Journal* sobre como a ficção para jovens adultos se tornou muito sombria, expondo desnecessariamente os jovens leitores a situações complexas e difíceis antes que estivessem maduros o suficiente para entender tais situações. Ela escreveu:

> Se os livros nos mostram o mundo, a ficção adolescente pode ser como uma sala da casa de espelhos, refletindo constantemente retratos horrivelmente distorcidos do que é a vida. Claro que há exceções, mas um jovem leitor descuidado — ou aquele que busca a depravação — se verá cercado por imagens não de alegria ou beleza, mas de danos, brutalidade e perdas das mais horrendas.

Ela está correta ao notar que há escuridão em algumas ficções para jovens adultos, mas ignora em grande parte a diversidade do gênero e os incontáveis títulos que não se baseiam em danos, brutalidade ou perda. Mais preocupante, porém, é a sugestão de que de alguma maneira a realidade deveria ser higienizada para leitores adolescentes.

A resposta de escritores e leitores ao artigo de Gurdon foi rápida e apaixonada. Sherman Alexie escreveu: "Há milhões de adolescentes que leem porque estão tristes, solitários e furiosos. Leem, pois vivem em um mundo geralmente terrível. Leem, pois acreditam, apesar dos protestos inexpressivos de certos adultos, que os livros — em especial os sombrios e perigosos — os salvarão".

Aprendi há muito tempo que a vida apresenta aos jovens situações para as quais eles não estão preparados, nem mesmo as boas e sortudas garotas que não anseiam nada. Às vezes, quando menos se espera, você se torna a garota na floresta. Perde seu nome porque outro lhe é imposto. Pensa que está sozinha até encontrar livros sobre garotas como você. Certamente, a salvação é um dos motivos pelos quais leio. Ler e escrever sempre me tiraram das experiências mais sombrias de minha vida. As histórias me deram um lugar no qual eu possa me perder. Permitiram-me lembrar. Permitiram-me esquecer. Permitiram-me imaginar diferentes finais e possíveis mundos melhores.

Talvez eu tenha adorado a trilogia *Jogos vorazes* porque os livros foram, à sua maneira, um conto de fadas, e estou sempre, sempre em busca de um conto de fadas.

Ao ler *Jogos vorazes*, pensei no artigo de Gurdon porque fiquei algumas vezes impressionada com a intensidade dos traumas aos quais os personagens foram submetidos, a implacabilidade disso e os efeitos visíveis. Às vezes, pensava: *Isso é demais*, mas agora conheço alguma coisa do mundo e raramente há limites para o sofrimento. Nessa trilogia, o sofrimento tem poucos limites e ele tem consequências que, muitas vezes, esquecemos quando as narrativas implicam claramente que tudo acaba bem, quando as narrativas sugerem que fica melhor sem demonstrar o que é preciso para melhorar. Em *Jogos vorazes*, é preciso tudo.

Meu amor por esses livros, em seu aspecto mais puro, não é de fato sobre Peeta ou qualquer coisa boba de garotinhas. Adoro o fato de uma personagem ser uma jovem aguerrida e forte, mas humana de modo que considero crível e identificável. Katniss é claramente uma heroína, mas com problemas. Ela me intriga porque parece nunca conhecer sua própria força. Não é tão insegura quanto as meninas costumam ser forçadas a ser na ficção. É corajosa, mas falha. É uma heroína, mas também uma garota que ama dois meninos e não consegue escolher qual gosta mais. Não tem certeza se está à altura da tarefa de liderar uma revolução, mas dá seu melhor, mesmo quando duvida de si mesma.

Katniss suporta o insuportável. Está abalada, e isso é evidente. Às vezes, pode parecer que seu sofrimento é gratuito, porém a vida muitas vezes apresenta circunstâncias insuportáveis que as pessoas conseguem sobreviver. Apenas os detalhes diferem. A trilogia *Jogos vorazes* é sombria e brutal, mas, no fim, os livros também oferecem esperança — por um mundo melhor e pessoas melhores e, para uma mulher, uma vida melhor, uma vida que compartilhe com um homem que entende sua força e não espera que a comprometa, um homem que possa apoiá-la em seus pontos fracos e amá-la através da mais sombria de suas memórias, da pior de suas ruínas. Claro que adoro *Jogos vorazes*. A trilogia oferece a moderada esperança pela qual todos que sobrevivem a algo insuportável anseiam.

A ilusão da segurança/A segurança da ilusão

Quando vejo homens que se parecem com ele ou seus amigos. Quando sinto cheiro de cerveja no hálito de um homem. Quando sinto o cheiro da colônia Polo. Quando ouço uma risada áspera. Quando passo por um grupo de homens, juntos, e não há ninguém por perto. Quando vejo uma mulher sendo atacada em um filme ou na televisão. Quando estou na floresta ou dirigindo por uma área densamente arborizada. Quando leio sobre experiências que são muito familiares. Quando passo pela segurança do aeroporto e sou separada na fila ao lado para uma triagem extra, o que parece acontecer todas as vezes que viajo. Quando estou fazendo sexo e meus pulsos estão inesperadamente presos sobre minha cabeça. Quando vejo uma jovem de certa idade.

Quando isso acontece, uma aguda pontada percorre o centro do meu corpo. Ou eu me sinto mal do estômago. Ou vomito. Ou começo a suar frio. Ou sinto que estou travando e vou para um lugar silencioso. Ou fecho meus dedos em punhos apertados até minhas juntas doerem. Minha reação é visceral e tenho de respirar fundo, duas, três ou mais vezes. Tenho de me lembrar do tempo e da distância entre antes e agora. Tenho de me lembrar de que não sou mais a garota na floresta. Tenho de me convencer de que nunca serei novamente. Com o passar dos anos, melhorou.

Torna-se melhor, até que não mais.

***

A primeira audiência no Congresso sobre violência na televisão foi realizada em 1954 e, nos anos seguintes, o debate sobre televisão e violência continuou. A Lei de Telecomunicações de 1996 ditou que os canais precisavam monitorar as classificações dos programas. As diretrizes atuais para o controle parental na televisão entraram em vigor em 1º de janeiro de 1997. Elas foram elaboradas para ajudar os pais a monitorar o que os filhos estavam vendo e ter uma noção da adequação de um determinado programa de televisão.

As diretrizes classificaram o conteúdo de televisão por idade apropriada, de "para todos os públicos" a "apenas para o público adulto". Há também um segundo conjunto de diretrizes delineado para proteger as crianças de violência, linguagem chula e temas sexuais. É claro que essas diretrizes só funcionam se alguém estiver monitorando aquilo a que as crianças estão assistindo e for capaz de impor um conjunto de padrões sobre o que elas podem ver. Os decodificadores de TV a cabo e a maioria das televisões agora permitem que os pais bloqueiem certos canais ou programas com classificações que considerem inadequadas para seus filhos, mas os pais só conseguem controlar até certo ponto.

Portanto, quão eficazes são essas classificações e diretrizes? Em "Ratings and Advisories: Implications for the New Ratings System for Television" [Classificações e recomendações: implicações para o novo sistema de classificação para televisão], Joanne Cantor et al. observam como a pesquisa mostra que "os avisos de critérios para pais e as classificações mais restritivas da MPAA estimulam o interesse de algumas crianças em assistir a programas" e "o interesse crescente em programas restritos está mais fortemente ligado ao desejo das crianças de rejeitar o controle sobre o que veem do que buscar conteúdo violento". Até as crianças querem provar o fruto proibido. Ou, pelo menos, não querem que digam que não podem provar aquela fruta.

As avaliações da televisão são como a segurança do aeroporto — um ato teatral, uma ilusão criada para nos tranquilizar, para nos fazer sentir que controlamos as influências que permitimos em nossas vidas.

***

Queremos que nossos filhos estejam seguros. Queremos estar seguros. Queremos e precisamos fingir que isso é possível.

Quando vejo a expressão "aviso de gatilho", estou muito mais inclinada a ler o que se segue. Eu mesma gosto do sabor da fruta proibida.

Também sei que os avisos de gatilho não podem me salvar de mim mesma.

Os avisos de gatilho são, essencialmente, classificações ou diretrizes de proteção para a internet, em grande parte, não moderada. Eles ordenam o caos das redes interconectadas; são um sinal de que o conteúdo após o aviso pode ser perturbador, desencadear lembranças ruins ou experiências traumáticas ou sensíveis. Possibilitam aos leitores uma escolha: prepare-se e continue lendo ou proteja-se e desvie o olhar.

Muitas comunidades feministas usam avisos de gatilho, sobretudo em fóruns on-line ao discutir estupro, abuso sexual e violência. Ao usar esses alertas, essas comunidades estão dizendo: "Este é um espaço seguro. Vamos protegê-los de recordações inesperadas de sua história". Os membros dessas comunidades têm a ilusão de que *podem* ser protegidos.

Existem muitos avisos de gatilho em potencial. Ao longo dos anos, tenho visto alertas para transtornos alimentares, pobreza, automutilação, bullying, heteronormatividade, suicídio, preconceitos contra tamanho, genocídio, escravidão, doença mental, ficção erótica, discussões explícitas sobre sexualidade, homossexualidade, homofobia, vício, alcoolismo, racismo, Holocausto, capacitismo e Dan Savage.[*]

A vida, aparentemente, requer um aviso de gatilho.

Esta é a verdade incômoda: tudo é gatilho para alguém. Existem coisas que você não pode saber apenas olhando para outra pessoa.

***

[*] Escritor e ativista norte-americano, defensor da causa LGBT+. (N. T.)

Todos nós temos história. Você pode pensar que acabou sua história. Pode pensar que o passado é o passado. E então algo acontece, muitas vezes inócuo, que mostra o quão longe está disso. O passado está sempre com você. Algumas pessoas querem ser protegidas dessa verdade.

Eu costumava pensar que não tinha gatilhos porque dizia a mim mesmo que era durona. Eu era aço. Estava dilacerada por dentro, mas minha pele era forjada, impenetrável. Então, percebi que tinha todos os tipos de gatilhos. Simplesmente os havia enterrado fundo até que não houvesse mais espaço em mim. Quando a represa estourou, precisei aprender a encarar esses gatilhos. Tive muita ajuda, anos e anos de ajuda.

Tenho minha escrita.

De vez em quando, os debates sobre os avisos de gatilho ficam inflamados e todos os lados estão decididos. Eles são ineficazes e pouco práticos ou vitais para a criação de espaços on-line seguros.

Sugeriu-se, mais de uma vez, que, se você não acredita em avisos de gatilhos, você não está respeitando as experiências de sobreviventes de estupro e abuso. Sugeriu-se, mais de uma vez, que os avisos de gatilho são cuidados desnecessários.

É um debate impossível. Há muita história escondida sob a pele de muitas pessoas. Poucos estão dispostos a considerar a possibilidade de que os alertas de gatilho sejam ineficazes, impraticáveis e necessários para criar espaços seguros de uma só vez.

A ilusão de segurança é tão frustrante quanto poderosa.

Existem coisas que rasgam minha pele e revelam o que está por trás, mas não acredito em avisos de gatilho. Não acredito que as pessoas possam ser protegidas de suas histórias. Não acredito que seja possível antever as histórias dos outros.

Não existe um padrão para avisos de gatilho, nenhuma orientação universal. Depois de começar, onde você para? A menção da palavra "estupro" exige um alerta de gatilho ou o limite é o relato de um estupro? Até que ponto um relato de abuso precisa ser retratado antes de merecer um alerta? São necessários avisos de gatilho sempre que questões de diferença são abordadas? O que é uma retratação? Quem estabelece essas determinações?

Tudo parece tão fútil, tão impotente e, às vezes, depreciativo... Quando vejo avisos de gatilho, penso: *Como você ousa presumir do que preciso ser protegida?*

Os avisos de gatilho, quando usados em excesso, também começam a parecer censura. Eles sugerem que há experiências ou perspectivas muito inapropriadas, explícitas, nuas para serem ditas publicamente. Como escritora, fico irritada quando dizem: "Isso deveria ter um aviso de gatilho".

Não entendo as regras tácitas de avisos de gatilho. Não consigo escrever da maneira que desejo e considero com o uso de avisos de gatilho. Eu me questionaria, moderaria a intensidade do que tenho a dizer. Não quero fazer isso. Nunca pretendo fazer isso.

Os escritores não podem proteger seus leitores de si mesmos, nem deveriam fazê-lo.

Há também este pensamento: talvez os avisos de gatilho permitam que as pessoas evitem aprender a lidar com os gatilhos e procurar ajuda. Digo isso por entender que ter acesso a recursos profissionais para obter ajuda é um privilégio. Digo isso com a compreensão de que, às vezes, não há ajuda suficiente no mundo. Tendo dito isso, afirmo que há valor em aprender, sempre que possível, a lidar com e responder aos gatilhos que a deixam exposta, os gatilhos que a remetam a lugares terríveis, que a lembrem de uma história dolorosa.

É insustentável passar a vida como uma ferida exposta. Por mais bem intencionados que sejam, os avisos de gatilho não estancam o sangramento; não se transformam em crostas sobre suas feridas.

Não acredito em segurança. Gostaria de acreditar. Não sou corajosa. Simplesmente sei do que ter medo; sei que tenho medo de tudo. Existe liberdade nesse medo. Essa liberdade torna mais fácil parecer destemida — de dizer e fazer o que quero. Já me senti desestabilizada; então, estou preparada caso isso aconteça novamente. Às vezes me coloco em situações perigosas. Penso: *Você não tem ideia do que posso aguentar.* Essa ideia de profundidade desconhecida de resistência é um refrão na maior parte de meus escritos. A resistência humana me fascina, provavelmente demais, pois, na maioria das vezes, penso na vida em termos de resistir, em vez de viver.

Intelectualmente, entendo por que os avisos de gatilho são necessários. Entendo que as experiências dolorosas muitas vezes ameaçam romper a pele. Perceber ou sentir que está desmoronando é assustador.

Esta é a verdade de meu problema com avisos de gatilho: não há nada que palavras na tela possam fazer que ainda não tenha sido feito. Uma reação visceral a um gatilho não é nada em comparação à experiência real que o criou.

Não sei como ver além dessa crença para realmente entender por que os avisos de gatilho são necessários. Quando os vejo, não me sinto segura. Não me sinto protegida. Em vez disso, estou surpresa de que ainda haja pessoas que acreditam em segurança e proteção, apesar das evidências contundentes ao contrário.

Essa é a minha falha.

Mas...

Reconheço que, em alguns espaços, temos de errar a favor da segurança ou da ilusão dela. Os avisos de gatilho não se destinam àqueles que não acreditam neles, assim como a Bíblia não foi escrita para ateus. São projetados para as pessoas que precisam e acreditam nessa segurança.

Aqueles que não acreditam devem ter pouco a dizer sobre o assunto. Não podemos presumir nem julgar o fato de que outras pessoas possam sentir a necessidade de ser protegidas.

Ainda assim.

Sempre haverá um dedo no gatilho. Não importa o quanto tentemos. Não há como sair da linha de fogo.

O ESPETÁCULO DOS HOMENS ARRASADOS

EMBORA TENHA VIVIDO EM várias partes do país, passei muitos anos morando em diversos lugares do Nebraska, tanto na infância quanto na idade adulta. Nebraska é a terra dos Huskers.* Existe Deus e existem os Huskers, e às vezes essa ordem de importância não é muito clara. Em dias de jogos, o Memorial Stadium é a terceira maior cidade de Nebraska. Apesar de já ter se aposentado há muito tempo do cargo de treinador, que ocupou por 25 anos, existe Tom Osborne, sentado à direita do Sagrado Pai. Ele é o atual diretor de esportes da Universidade de Nebraska-Lincoln. Venceu com folga as eleições para seu distrito e serviu no Congresso por seis anos. No auge do futebol de Nebraska, durante a década de 1990, o estado venceu o campeonato nacional em 1994 e 1995 e conquistou parte do campeonato em 1997. Osborne elevou-se a algum patamar acima de Deus. Para a população de Nebraska, Tom Osborne assemelha-se ao que Joe Paterno** significa para as pessoas ligadas à Universidade Penn State. Amém.

Na década de 1990, a truculência desnecessária de muitos jogadores de Nebraska era bem conhecida. Lawrence Phillips, provavelmente o mais desvairado naquela equipe, sempre se metia em problemas por uma coisa ou

---

* Time de futebol americano da Universidade de Nebraska. (N. T.)

** Vitorioso jogador e técnico de futebol americano, diretor do setor de Atletismo da Universidade Penn State. (N. T.)

outra. Seus crimes, mais de uma vez, envolviam violência contra mulheres, mas Phillips era um *running back* muito habilidoso, e isso tinha mais importância que o rosto da mulher que ele ameaçava arrebentar. Naqueles anos, os jogadores do Nebraska eram presos tantas vezes que a criminalidade havia se tornado um segundo esporte para eles. A mídia questionaria Osborne, de maneira branda, sobre os "arruaceiros", e ele falaria sobre como era capaz de ver o lado bom de homens imperfeitos. Na maioria das vezes, os jogadores eram perdoados por infrações relacionadas com drogas e álcool e alegações de agressão e estupro, pois eram hábeis em campo. Faziam o Memorial Stadium lotar semana após semana. Conseguiam levar *nosso* time a disputar a final do campeonato, indefinidamente. Conseguiam nos levar à igreja. Amém.

Nebraska certamente não foi e não é o único lugar. Também é assim na Penn State. Atletas universitários e profissionais escapam impunes de todos os tipos de comportamento criminoso, e devemos nos sentir confortáveis com esse comportamento criminoso, pois semana após semana nos sintonizamos com os jogos de futebol, beisebol, basquete e hóquei que mostram homens dilacerados carregando as esperanças de milhões em suas costas. Torcemos, compramos camisetas e enriquecemos os homens ricos ou os que logo ficarão ricos. Quando a verdade sobre Jerry Sandusky e o esquema do futebol americano da Penn State foram revelados, sentimo-nos ultrajados, e com razão, porém há muito mais indignação sobre os atletas, os treinadores, a criminalidade e o silêncio. Vivemos em uma cultura em que os atletas são reverenciados, e ignorar o terrível comportamento criminoso é o preço que aparentemente estamos dispostos a pagar por nossa deferência. Amém.

Devemos dar aos criminosos acusados o benefício da dúvida. Devemos pelo menos considerar a possibilidade de que alguém acusado de um crime seja, na verdade, inocente. É difícil fazer o que *achamos* que devemos fazer às vezes.

Em casos de destaque, como o de Sandusky, é muito difícil dar ao acusado o benefício da dúvida. Ser julgado no tribunal da opinião pública é o preço que figuras superexpostas devem pagar quando são acusadas de delito. A penitência delas começa bem antes de entrar no tribunal.

Eu estava minimamente disposta a dar a Jerry Sandusky o benefício da dúvida antes de assistir à sua entrevista a Bob Costas no programa *Rock Center* no fim de 2011. Estava disposta a fazer isso porque não quero acreditar que um homem seja capaz de abusar sexualmente de várias crianças, por mais de uma década. Não quero acreditar que esse mesmo homem seja capaz de se livrar de tais crimes hediondos por causa do prestígio e do poder de sua posição. Não quero acreditar que um treinador que conquistou a posição de modelo de virtude em um programa de futebol amplamente elogiado por ter uma bússola moral tenha possibilitado tal comportamento criminoso e corrupto. Com certeza, não quero acreditar que um homem adulto viu um menino sendo estuprado e, em vez de tentar impedir isso ou chamar as autoridades, ligou para o pai e depois ligou para o chefe e não fez mais nada. Não quero acreditar que uma universidade trabalharia para encobrir esse crime por anos e anos.

É um verdadeiro erro crasso alguém acusado de pedofilia ter permissão para se defender em rede nacional. Embora nosso sistema de justiça se baseie na noção da presunção de inocência até que o acusado seja julgado culpado, deve haver limites para o que uma figura superexposta pode fazer para estabelecer essa inocência fora do tribunal. Não há tais limites, no entanto. Não mesmo.

Como a maioria das pessoas, todo o conhecimento jurídico que tenho vem de um singelo programa chamado *Law & Order*. Minha compreensão da maioria dos conceitos jurídicos é, na melhor das hipóteses, tênue. Em *Law & Order*, a maioria dos advogados de defesa desencoraja fortemente seus clientes a tomar posição em sua própria defesa. Eles também desencorajam os clientes a falar com a mídia. Inocente ou culpado, é muito fácil para os acusados se incriminarem quando suas palavras não são administradas e mediadas por outra pessoa. Com a infernal tempestade que cercou Jerry Sandusky, você deve se perguntar que tipo de advogado deixaria aquele homem falar com a mídia.

Assisti à entrevista de Jerry Sandusky a Bob Costas no *Rock Center*. Além de meu nojo generalizado pelo evento, percebi que Sandusky parecia um homem superarrasado. Se ele for culpado pelos crimes dos quais foi acusado — e sim, com certeza acredito que ele seja culpado, assim como o tribunal crê —, Sandusky é um homem arrasado há muito tempo. Nessa entrevista, optou por revelar como se encontrava dilacerado, desnudando-se, ainda que involuntariamente.

Ou, talvez, parecesse tão desesperadamente arrasado porque foi pego, porque não tem mais acesso irrestrito a meninos e a uma equipe esportiva de elite. Depois de mais de quinze anos, a perda desse estilo de vida deve ter sido um golpe e tanto. Você nunca consegue dizer o que é preciso para dilacerar um homem.

Se quiser saber como a culpa ressoa, ouça Sandusky tentando explicar suas ações desagradáveis com meninos ao longo dos anos. A voz é assustadora — fraca, espero, pela gravidade de seus crimes. Ele fala sobre tomar banho com garotos, brigar e tocá-los como se esse comportamento fosse normal. Quando perguntam "Você se sente sexualmente atraído por meninos?", Sandusky repete a pergunta. Em vez de apenas dizer "não", o que a maioria das pessoas diria, culpadas ou inocentes, fala: "Sinto atração sexual por meninos? Gosto de jovens. Adoro estar perto. Mas não, não tenho atração sexual por meninos". A negação é uma consideração posterior.

Dou à vítima o benefício da dúvida quando se trata de alegações de estupro e abuso sexual. Escolho errar para o lado da cautela. Isso não significa que não simpatize com os acusados injustamente, mas, se houver escolha, estou do lado da vítima. Fico feliz que essas decisões não sejam deixadas a meu critério, pois não sei como ser imparcial. Está tudo muito próximo.

Não há forma fácil de resolução para tal situação para quaisquer dos envolvidos. Ou Sandusky abusou sexualmente dos jovens ou não, e o dano em ambos os casos é irreparável e profundo. Há Sandusky e aqueles que o cercam, uma constelação de homens arrasados — as vítimas e os que possibilitaram suas atitudes, os homens que olharam para o lado, ano após ano, que teriam de ser dilacerados para ter a capacidade de cometer tais atos inexplicáveis de silêncio e conluio. Depois de a entrevista ter ido ao ar, mais vítimas se apresentaram e acusaram Sandusky de abuso sexual. Sandusky e sua equipe jurídica continuaram a lançar calúnias sobre as vítimas enquanto ofereciam uma defesa vazia. Escolheram a velha estratégia de "culpar a vítima", que é, muitas vezes, como homens atingidos respondem a essas situações, fazendo parecer que o dano está em outro lugar, mesmo com suas próprias fraturas estando visíveis.

Durante o julgamento de Sandusky, vimos o quão dilacerado ele realmente estava e como ele, por sua vez, arrasou muitos outros. Os detalhes que saíram daquele tribunal da Pensilvânia são tão repulsivos quanto dolorosos. Pode haver alguma pequena medida de justiça para as vítimas — é muito cedo para dizer. Podemos ter esperança. Porém o dano foi causado e não pode ser desfeito. O julgamento terminou. Penn State vai se reconstruir. Uma nova temporada de futebol sempre começará em Happy Valley, em Lincoln e em cidades universitárias em todo o país, lançando um saudável verniz sobre verdades feias. Os rapazes chocarão seus corpos uns contra os outros enquanto nós os aplaudimos. Fora do campo, quem sabe o que esses jovens farão. Vamos esquecer Jerry Sandusky e suas vítimas, mesmo que não seja essa a intenção. É assim que acontece. Sempre há alguma nova fratura na humanidade para focar.

No sábado, 9 de junho de 2013, um pai no Texas encontrou um homem abusando sexualmente de sua filha. O pai bateu naquele homem até a morte, espancou-o tanto que ele não conseguiu sobreviver. Não haverá julgamento. A justiça, nesse caso, foi rápida e aplicada brutalmente. Muitos estão chamando o pai de herói. Muitos fariam a mesma coisa. Seríamos pegos em um momento de fúria cega diante de tal violação. Esse pai estava com remorso. Ele não queria matar um homem. Estava tentando salvar a filha e ele a salvou ou, pelo menos, salvou o que pôde. Não foi formalmente acusado perante a lei. Em grande parte, essa história nos mostra como os homens dilacerados estão por toda parte — em fazendas no Texas, em programas de futebol de elite, tanto no campo quanto nas laterais. E, ao lado desses homens, estão as mulheres, que muitas vezes também se tornam dilaceradas. É um espetáculo em todos os sentidos.

Três histórias sobre sair do armário

Ainda estamos naquele período de nossa história em que as figuras públicas saem de armários invisíveis, em grande parte construídos por um público insaciável em seu desejo de conhecer todos os detalhes íntimos da vida privada de pessoas muito públicas.

Queremos saber tudo. Nesta era da informação, somos inundados com informações. Então, agora nos sentimos no direito de tê-las. Também gostamos de taxonomia, classificação, definição. Você é homem ou mulher? Democrata ou republicano? Casado ou solteiro? Gay ou hetero? Não sabemos o que fazer quando não conhecemos as respostas para essas perguntas ou, pior, quando as respostas a elas não se enquadram perfeitamente em uma categoria.

Quando as figuras públicas não fornecem evidências de sua sexualidade, nosso desejo de classificação se intensifica. Várias celebridades são perseguidas por "rumores gays" porque não conseguimos encaixá-las em determinada categoria. Agimos como se colocar essas pessoas em categorias tivesse algum impacto em nossas vidas ou se criá-las fosse nossa responsabilidade, quando, na maioria das vezes, tal taxonomia não mudará nada. Por exemplo, não há nada em minha vida que seja impactado por saber que Ricky Martin é gay. A única coisa que essa informação satisfaz é a minha curiosidade.

Às vezes, esse zelo em classificar resultou em figuras públicas sendo denunciadas contra sua vontade. Em particular, os políticos que se declaram a favor de uma legislação que suprime os direitos civis terminam sob os holofotes. O congressista Edward Schrock foi denunciado em 2004 porque votou a favor da Lei de Proteção ao Casamento.* Houve muitos outros. Quando as pessoas são expulsas do armário à força, saem dizendo que estão agindo pelo bem maior ou trabalhando para revelar a hipocrisia, como se o direito à privacidade e o direito de determinar se e quando sair só fosse concedido àqueles que são infalíveis.

Isso é, em parte, uma questão de privacidade. Que informações temos o direito de guardar para nós mesmos? Que limites temos permissão para manter em nossa vida pessoal? Que direito temos de saber sobre a vida de outras pessoas? Quando temos o direito de violar os limites que outros estabeleceram para si mesmos?

Pessoas com alto perfil público têm poucos limites. Em troca da erosão da privacidade, ganham fama e/ou fortuna e/ou poder. É um preço justo? As pessoas famosas estão cientes de como estão sacrificando a privacidade quando ascendem a uma posição de destaque cultural?

Há muitas maneiras pelas quais abrimos mão da privacidade na era da informação. Divulgamos de boa vontade o que comemos no café da manhã, onde passamos a noite passada e com quem e todo tipo de informação trivial. Enviamos informações pessoais quando nos registramos em contas de mídia social e quando fazemos compras on-line. Com frequência, entregamos essas informações sem questionar ou refletir. Essas divulgações vêm tão livremente porque fomos condicionados por muito tempo a compartilhar muito com muitos.

Em seu livro *Privacy* [Privacidade], Garret Keizer explora a privacidade por meio de uma série de ensaios que a consideram pelo viés legal, pela perspectiva feminista, pelas lentes da classe e muito mais. Keizer demonstra uma preocupação real com a falta de privacidade que temos, como podemos ser descuidados com a nossa e como podemos, sem querer, infringir a dos outros. Ele afirma:

---

* Projeto de lei apresentado ao Congresso norte-americano em 2003 para negar às Cortes Federais jurisdição sobre a interpretação da Lei de Defesa ao Casamento que restringia a definição de matrimônio à união entre homem e mulher. (N. T.)

> Falamos de privacidade como um direito, mas também podemos pensar nisso como um teste, como um sinal de alerta à nossa civilização. Ela vive ou morre conforme permanecemos dispostos a acreditar que a pessoa humana, corpo e alma — nosso sangue em sua carne, e além da redução de sua relevância e nobreza —, é sagrada, dotada de direitos inalienáveis e um microcosmo de todos nós.

Tendemos a esquecer que as figuras culturalmente proeminentes são tão sagradas para os que as amam quanto as pessoas mais próximas a nós. Tendemos a esquecer que são de carne e osso. Supomos que, conforme ganham destaque, perdem seus direitos inalienáveis. Fazemos isso sem questionar.

Um dos argumentos mais notáveis de Keizer é que privacidade e classe estão intrinsecamente ligadas. Ele afirma que pessoas com privilégios têm mais acesso à privacidade do que as que não têm. Keizer observa: "Em grande parte, define-se a classe social pelo grau de liberdade que alguém tem para se deslocar do espaço privado para o espaço público e pela quantidade de tempo que se passa em relativa privacidade".

Essa relação entre privacidade e privilégio estende-se a raça, gênero e sexualidade. Quando uma mulher está grávida, por exemplo, há cada vez menos privacidade, pois, à medida que ela alcança o termo, sua condição se torna cada vez mais visível. Keizer comenta, com relação às gestantes, que:

> Sua condição é uma declaração inequivocamente pública de uma experiência muito particular, iniciada em circunstâncias de intimidade e continuada dentro do santuário de seu próprio corpo — mas não há como esconder isso para ela, nem negar o sentimento que temos de que, de alguma forma, ela pertence a nós, que incorpora nosso futuro coletivo e representa nosso passado individual.

Sempre que seu corpo representa algum tipo de diferença, sua privacidade fica comprometida até certo ponto. O excesso de privacidade é apenas mais um benefício que a classe privilegiada desfruta e geralmente considera garantida.

Os heterossexuais consideram a privacidade de sua sexualidade garantida. Podem namorar, casar e amar quem quiserem, sem precisar revelar muita coisa. Se decidirem divulgar, raramente haverá consequências negativas.

Nos últimos anos, as celebridades começaram a sair do armário sem alarde por meio, talvez, de entrevistas em que um homem pode ocasionalmente mencionar seu parceiro ou se referir a si mesmo como gay ou uma mulher agradecer à companheira no discurso após o recebimento de um prêmio.

O público reage quando as celebridades são discretas, mas o espetáculo é um tanto abafado. Quando as celebridades assumem essa postura, em geral dizem: "É só mais uma coisa que você sabe sobre mim".

Em julho de 2012, o popular jornalista Anderson Cooper saiu de um daqueles armários invisíveis construídos pelas mãos de outra pessoa em um e-mail para Andrew Sullivan, do *Daily Beast*, que publicou a mensagem em seu blog.

Cooper escreveu:

> O fato é que eu sou gay, sempre fui, sempre serei e não poderia estar mais feliz, confortável comigo mesmo e orgulhoso. Sempre fui muito aberto e honesto sobre essa parte de minha vida com meus amigos, minha família e meus colegas. Em um mundo perfeito, não acho que seja da conta de ninguém, mas acho que há valor em dar a cara a tapa.

Houve uma série de respostas à revelação de Cooper. Muitas pessoas deram de ombros e disseram que a sexualidade dele era algo já conhecido, um segredo aberto. Outros insistiram que era importante e até necessário que Cooper se manifestasse e, como ele mesmo disse, desse a cara a tapa.

Frequentemente, isso é o que se diz quando as figuras públicas aparecem ou não nos dias de hoje: há uma obrigação maior que deve ser cumprida, além do que aquela pessoa normalmente escolheria cumprir. No entanto, fazemos essas exigências sem considerar quanta privacidade essa pessoa pode ter como uma figura pública que também faz parte de um grupo sub-representado. Não estou sugerindo que choremos pela celebridade que tem um estilo de vida exuberante. Estou dizendo que devemos pensar na celebridade que prefere manter privado seu casamento com um homem por qualquer motivo, mas isso não é permitido, sendo que para heterossexuais é um direito inalienável.

Em *Privacy*, Keizer observa: "As obrigações públicas de pessoas de posição destacada incrivelmente poderosas também podem restringir suas vidas privadas". Vemos essas limitações repetidamente quando celebridades e outras figuras proeminentes evitam perguntas sobre suas vidas pessoais às quais não estão dispostas a responder. Podem hesitar por uma série de razões — para proteger a privacidade, a carreira e a posição social, seus entes queridos. O público raramente parece se importar com esses motivos. Eles — *nós* — precisam saber.

Ao mesmo tempo, vivemos em um clima cultural complexo, em que dezessete estados norte-americanos permitem o casamento entre pessoas do mesmo sexo, mas 29 têm constituições que o proíbem. As coisas estão melhorando, mas estamos avançando devagar demais para a igualdade de direitos para todos. O mundo em que vivemos não é tão progressista quanto precisamos que seja. Quando uma celebridade sai do armário, ainda é notícia. A revelação ainda é culturalmente significativa. Quando um homem como Anderson Cooper sai do armário, é um passo à frente na conquista dos direitos civis para todos. No mínimo, é mais uma pessoa dizendo: "Estou aqui. Eu importo. Exijo ser reconhecido". Cooper, por meio de muitos padrões, é o "tipo certo de gay" — branco, bonito, bem-sucedido, másculo. Muitas celebridades que tiveram sucesso nos últimos anos se enquadram nesse perfil — Neil Patrick Harris, Matt Bomer, Zachary Quinto, e assim por diante. Esses homens são considerados exemplos — nem muito extravagantes, nem *muito* gays.

Mesmo assim, gays proeminentes precisam se levantar e ser contados porque a palavra "gay" ainda é usada como xingamento. Nove em cada dez adolescentes LGBT+ relatam ter sofrido bullying na escola. Os jovens LGBT+ têm de duas a três vezes mais chances de cometer suicídio. A intimidação e o assédio sofridos por essas pessoas são tão generalizados que, em 2010, Dan Savage e seu companheiro, Terry Miller, criaram um vídeo no YouTube para mostrar aos jovens LGBT+ como a vida pode, de fato, melhorar depois dos tormentos da adolescência. Esse vídeo gerou incontáveis outros vídeos e uma fundação dedicada a continuar o projeto de mostrar a esses jovens que há uma luz no fim de um túnel frequentemente muito escuro.

Celebridades como Cooper também precisam dar a cara a tapa porque, nos EUA, há apenas um punhado de estados onde o casamento gay é legal. Foi apenas em 2013 que a Suprema Corte invalidou a Lei de Defesa do Casamento, aprovada em 1996. Essa lei negou aos casais gays 1.138 direitos preservados em nível federal concedidos a casais heterossexuais. Mais de vinte estados têm disposições constitucionais que definem explicitamente o casamento como uma união entre um homem e uma mulher. Existem estados onde as pessoas LGBT+ não podem adotar crianças. Dependendo de onde moram, membros da comunidade LGBT+ podem perder seus empregos por causa de sua orientação sexual. Podem enfrentar o ostracismo vindo da família, dos amigos e da comunidade. As coisas melhoram, talvez, mas devagar, e com certeza não universalmente.

Essas pessoas são vítimas de crimes de ódio. Há o jovem casal de lésbicas do Texas, Mary Kristene Chapa e Mollie Olgin, que foram baleadas na cabeça por um agressor desconhecido e abandonadas à morte. Um casal gay no nordeste de Washington D.C. foi atacado a duas quadras de seu apartamento por três agressores que gritavam insultos homofóbicos. Um deles, Michael Hall, foi hospitalizado. Ele não tinha plano de saúde e fraturou a mandíbula. Em Edmond, em Oklahoma, o carro de um homem gay foi riscado com um xingamento homofóbico e incendiado. Em Indianápolis, em Indiana, houve um tiroteio em um bar gay. O ódio está por toda parte.

Melhora mais ou menos. Melhora, a menos que você esteja no lugar errado na hora errada. Às vezes, o lugar errado é sua casa, o único lugar onde deve se sentir seguro, não importa como seja o mundo.

Sally Ride, a primeira mulher astronauta, que morreu em julho de 2012 aos 61 anos, deixou uma companheira com a qual havia se relacionado por 27 anos. No momento de sua morte, a viúva de Ride não pôde receber os benefícios federais normalmente concedidos a um cônjuge sobrevivente. Sally Ride foi capaz de voar para o espaço e alcançar as estrelas, mas aqui na Terra seu longo relacionamento passou praticamente despercebido. O candidato presidencial republicano de 2012, Mitt Romney, tuitou: "Sally Ride está entre as maiores pioneiras. Considero-me um dos milhões de americanos que ela inspirou com sua viagem ao espaço". O grupo musical Mountain Goats respondeu: "É um tanto desprezível e grotesco que sua parceira por 27 anos não receba benefícios federais, você não acha?". Desprezível e grotesco, de fato, mas em sua morte Sally Ride também deu a cara a tapa. Ela se tornou ainda mais heroína do que já era.

É um problema, porém, que haja um tipo certo de gay, que haja pessoas LGBT+ que são calorosamente incentivadas a sair do armário, enquanto outras que não se enquadram em certos parâmetros são ignoradas. É muito fácil para um homem como Anderson Cooper, que vive na bastante liberal cidade de Nova York, assumir-se. Provavelmente, ele continuará a ter muito sucesso. Tem uma família que o apoia e uma comunidade acolhedora para abraçá-lo. As histórias sobre sair do armário para pessoas comuns costumam ser muito diferentes, complicadas e difíceis. Esquecemos como é revelar-se nos chamados estados *flyover.** Não é fácil.

Em julho de 2012, o músico Frank Ocean, uma celebridade com um perfil menos proeminente do que Cooper, mas que talvez tivesse mais a perder, saiu do armário via Tumblr, revelando ter amado um homem ao compartilhar um trecho do encarte de seu álbum, aclamado pela crítica, *Channel Orange* [Canal Laranja]. Mais uma vez, os críticos culturais observaram que Ocean ter saído do armário foi significativo.

Como homem negro que se assumia como gay ou bissexual, sobretudo como parte da notoriamente homofóbica comunidade de R&B e hip-hop, Ocean estava dando um passo ousado, um risco. Ele estava confiante de que sua música transcenderia os preconceitos de seu público. Até agora, esse risco parece ter valido a pena. Muitas celebridades o apoiaram, como Russell Simmons, Beyoncé, 50 Cent, entre outros. Ele está dando a cara a tapa. O álbum *Channel Orange* foi sucesso comercial e de crítica.

Ah, sim: Ocean também faz parte do coletivo Odd Future. Seu amigo e colaborador, Tyler, The Creator, em seu álbum de estreia *Goblin*, reúne 213 difamações contra os gays. Tyler, The Creator continua a afirmar que não é homofóbico com aquela velha história de ter amigos gays. Ele intensificou sua defesa também alegando que seus fãs gays estavam totalmente satisfeitos com o uso constante do termo "bicha" — imunidade por associação. Não conheço o cara. Talvez ele seja homofóbico, talvez não. Eu sei que ele não pensa sobre a linguagem com muito cuidado. Acredita que, só porque você pode dizer algo, deve dizê-lo. Ele não se envergonha de fazer 213 difamações em um álbum, não importa o quanto essa frequência reflita falta de imaginação.

---

* Termo que costuma ser utilizado de forma pejorativa em referência aos estados norte-americanos de menor densidade populacional sobre os quais se sobrevoa em viagens com destino às megametrópoles. (N. T.)

Para cada passo à frente, há alguns idiotas puxando o progresso para trás.

Apesar de nosso clima cultural complexo e do que precisa ser feito para um bem maior, ainda é um fardo irracional que alguém marginalizado deva arcar com um conjunto extra de responsabilidades. É injusto que figuras culturais proeminentes que saem do armário tenham de abrir essas incursões em nosso nome; carregam as esperanças de muitos em seus ombros. Dão a cara a tapa para que um dia as coisas possam de fato ser melhores para todos, em todos os lugares, não apenas para as celebridades, que se assumem muito mais facilmente do que a maioria.

Lembro-me do casal de lésbicas de Iowa cujo filho, Zach Wahls, testemunhou em 2011 a respeito de como *é* uma criança criada por duas mulheres perante o Comitê Judiciário da Assembleia Geral do Estado de Iowa. Ele fez declarações de apoio ao casamento gay no estado. Foi apaixonado e eloquente e deu total crédito às suas mães. O vídeo de seu depoimento foi compartilhado na internet. Cada vez que eu assistia àquilo, ficava emocionada e com raiva — com raiva porque as pessoas *queer* sempre têm de lutar muito mais por uma fração do reconhecimento. Ninguém jamais pede aos pais heterossexuais que garantam que os filhos sejam modelos de cidadania. A barreira para os pais *queer* é injusta, desnecessariamente grande, mas jovens como Zach continuam quebrando obstáculos mesmo assim.

Talvez esperemos que figuras públicas gays e outras pessoas *queer* proeminentes apareçam, deem a cara a tapa, para que possam fazer o trabalho que não estamos dispostos a fazer para mudar o mundo, para carregar os fardos que não estamos dispostos a assumir, para assumir as posições que não estamos dispostos a ocupar. Como indivíduos, podemos não ser capazes de fazer muito, mas, quando ficamos em silêncio quando alguém usa a palavra "gay" como um insulto, estamos aquém. Quando não votamos para apoiar direitos iguais de casamento para todos, estamos aquém. Quando apoiamos músicos como Tyler, The Creator, estamos aquém. Estamos falhando em nossas comunidades. Estamos falhando com os direitos civis. Existem grandes e pequenas injustiças; e, mesmo que possamos lutar apenas contra as pequenas, pelo menos estamos lutando.

Muitas vezes, deixamos de nos perguntar que sacrifícios faremos para um bem maior. Que posições vamos tomar? Esperamos que os *modelos de comportamento* possam delinear as condutas que somos perfeitamente capazes de conformar a nós mesmos. Sabemos que as coisas estão melhorando. Sabemos que temos que ir muito longe. Em *Privacy*, Keizer também afirma: "A pluralidade de invasões em nossa privacidade tem o efeito cumulativo de induzir uma sensação de desamparo". Estamos dispostos — até mesmo ansiosos — em ver figuras proeminentes em um estado de desamparo enquanto sacrificam sua privacidade em prol de um bem maior. Quanto desamparo *nós* estamos dispostos a enfrentar por um bem maior? Essa questão me interessa mais.

Para além das medidas dos homens

Lá vamos nós, mais uma vez.

Na seção do jornal *New York Times* dedicada às resenhas literárias, Meg Wolitzer aborda a questão da "ficção feminina" em seu ensaio "The Second Shelf" [A segunda prateleira]. Ela destaca a conversa tensa e constante sobre homens, mulheres, os livros que escrevem e a disparidade na consideração que essas obras recebem.

É uma pena eu apontar uma série de ensaios que abordam questões de gênero, credibilidade literária e a relativa falta de aceitação crítica e atenção que as mulheres recebem do *establishment* literário (masculino), com a mesma habilidade e precisão que Wolitzer faz. É um absurdo que escritoras talentosas continuem a gastar seu valioso tempo demonstrando o quão sério, abrangente e profundo é o problema, em vez de estarem escrevendo sobre tópicos mais interessantes.

Quando olhamos para além da publicação e consideramos que os Estados Unidos são um país em que ainda temos um debate incompreensível sobre contracepção e liberdade reprodutiva, fica claro que as mulheres estão lidando com uma misoginia disseminada. O que se inicia na legislação alcança todos os lugares. O cocriador da série *Dois homens e meio* disse levianamente a respeito da televisão voltada para mulheres: "Basta, senhoras. Entendi. Vocês menstruam" e "Estamos nos aproximando do auge da vagina na televisão, o ponto de saturação dos grandes lábios". Os finalistas do National Magazine

Awards de 2012 foram anunciados, e nenhuma mulher foi incluída em várias categorias — reportagem, artigo, redação de perfil, ensaios, críticas e colunas. Todos os dias, há uma nova situação de problemas de gênero. Alguns homens não estão interessados nas preocupações das mulheres, nem na sociedade, nem na televisão, nem nas publicações, em lugar nenhum.

Acabou o tempo de indignação a respeito de coisas que já conhecemos. A pergunta e a réplica desse debate se tornaram rigidamente coreografadas e tediosas. Uma mulher atreve-se a reconhecer o problema de gênero. Algumas pessoas dizem "sim, você está certa", mas não fazem nada para mudar o *status quo*. Algumas pessoas dizem "eu não sou parte do problema" e oferecem alguns exemplos cansativos de por que tudo isso não é grande coisa, por que tudo está sendo ampliado de maneira desproporcional. Algumas pessoas oferecem cotas e outras, desculpas, como se isso isentasse as responsabilidades. Algumas pessoas dizem: "Ofereça-me mais provas" ou "Quero mais números" ou "As coisas estão muito melhores" ou "Você está errada". Algumas pessoas dizem: "Pare de reclamar". Algumas pessoas dizem: "Chega de falar sobre o problema. Vamos falar sobre soluções". Outra mulher atreve-se a reconhecer esse problema de gênero. E voltamos à estaca zero.

As soluções são óbvias. Parem de inventar desculpas. Parem de dizer que as mulheres comandam o setor de publicações. Parem de justificar a falta de paridade em publicações proeminentes que apresentam os recursos para lidar com a iniquidade de gênero. Parem de repetir a fraca noção de que você está simplesmente publicando *os melhores textos, apesar de tudo isso*. Há ampla evidência da excelência das mulheres escritoras. Publiquem mais obras de escritoras. Se as mulheres não estão se inscrevendo para a sua publicação ou editora, perguntem-se por quê, analisem as respostas, mesmo que elas suscitem desconforto, e depois procurem escritoras. Se as mulheres não respondem às suas solicitações, busquem encontrar outras mulheres. Continuem fazendo isso, edição após edição após edição. Leiam mais amplamente. Criem medidas de excelência mais inclusivas. Certifiquem-se de que os livros de homens e mulheres sejam avaliados em números iguais. Indiquem mulheres mais *merecedoras* para os prêmios importantes. Lidem com sua opinião. Lidem com seus preconceitos. Resistam vigorosamente ao impulso de descartar o *problema de gênero*. Esforcem-se, esforcem-se, esforcem-se até que não precisem mais, até que não precisemos mais continuar tendo essa conversa.

A mudança requer intenção e esforço. É, de fato, muito simples.

O termo "ficção feminina" é tão amplamente vago que se mostra quase inútil. As capas dos livros costumam ser marcadas por tons pastéis, silhuetas de mulheres cheias de acessórios ou algumas partes do corpo expostas de forma ambígua. Na seção dedicada à resenha literária do *New York Times*, Chloë Schama escreve: "Uma praga de exibição das costas das mulheres recai sobre nós no mundo das capas dos livros". Ela prossegue citando um número alarmante de capas de livros recentes mostrando as costas de uma mulher, a nuca exposta, como se não ousássemos ver o rosto de uma mulher. Schama conclui: "O sexo vende, e tal referência ao corpo, sem objetificação óbvia, deve ter apelo a uma indústria que atrai e emprega mulheres de forma esmagadora". "Ficção feminina" é um rótulo criado para vender um certo tipo de livro para um certo tipo de leitora. Como escritoras, temos pouco controle sobre como nossos livros são comercializados ou sobre as capas que recebem. E sejamos claros: "ficção feminina" e os designs de capa que as acompanham, que são muitas vezes nauseantes, são escolhas de marketing destinadas a abranger o assunto de um livro ou sua autora, ou ambos. Estamos atreladas a essas categorias arbitrárias que são, de muitas maneiras, um insulto aos homens, às mulheres e à produção literária.

Existem livros escritos por mulheres. Existem livros escritos por homens. De alguma forma, porém, são apenas livros de autoria das mulheres, ou livros acerca de certos temas, que requerem essa designação especial de "ficção feminina", sobretudo quando esses livros têm a audácia de explorar, de certo modo, a experiência feminina, que, aparentemente, inclui os tópicos de casamento, vida suburbana e maternidade, como se as mulheres agissem sozinhas nesses empreendimentos, casando-se, concebendo filhos imaculadamente, e assim por diante. Muitas vezes, a ficção feminina é considerada uma marca mais íntima de narrativa que não aborda os *grandes* problemas encontrados na ficção masculina. Qualquer um que lê sabe que não é o caso, mas esse equívoco perdura. Como Ruth Franklin observa:

"O problema subjacente é que, embora as mulheres leiam livros de escritores homens sobre personagens masculinos, os homens tendem a não fazer o contrário. Romances masculinos sobre subúrbios (Franzen) são sobre a sociedade; romances femininos sobre subúrbios (Wolitzer) são sobre mulheres".

Narrativas sobre certas experiências são, de certa forma, legitimadas quando mediadas pela perspectiva de um homem. Considere o trabalho de John Updike ou Richard Yates. A maior parte da ficção deles se baseia em temas domésticos que, nas mãos de uma mulher, tornariam a obra "ficção feminina". Embora esses livros possam ser rotulados como "ficção feminina" na Amazon.com, eles também são categorizados como ficção literária. Tais obras têm a permissão de ser mais do que são em virtude do gênero do escritor, enquanto livros semelhantes escritos por mulheres são forçados a ser menos do que o que são, forçados às categorias estreitas, muitas vezes imprecisas, que diminuem seu conteúdo.

A excelente coletânea de contos de James Salter, intitulada *Last Night* [Ontem à noite], é um livro cheio de histórias sobre homens, mulheres, casamento e as infinitas maneiras como as pessoas falham umas com as outras. É um livro lindo, que muitas vezes se preocupa com as experiências das mulheres. Em uma história, a esposa exige que o marido termine um caso com o amante gay, e a agonia silenciosa da situação é palpável. Em outra história, um grupo de amigos recapitula suas vidas e, no fim, ficamos sabendo que uma das amigas do grupo está morrendo, não sabe como compartilhar essa notícia, e então ela conta a um estranho, um taxista, que, logo após a confissão, avalia de forma franca sua aparência. Uma mulher conhece um poeta em uma festa e fica obcecada por seu cachorro. Essas histórias não são tão radicalmente diferentes daquelas de, digamos, Elizabeth Strout.

Existem mais semelhanças entre a escrita de homens e mulheres do que diferenças. Não estamos todos apenas tentando contar histórias? Como continuamos perdendo esse fato de vista?

Quando os homens se tornaram a medida? Quando decidimos coletivamente que a escrita seria mais valiosa se os homens a adotassem? Suponho que tenha sido o "*establishment* literário" que tomou essa decisão quando, por muito tempo, os homens dominaram o cânone, e foram os homens cujo trabalho foi elevado como digno, que receberam a maioria dos prestigiosos prêmios literários e atenção crítica.

Leitores homens não devem ser a medida a que aspiramos alcançar. Excelência deve ser a medida, e se os homens e *o establishment* não podem (ou não querem) reconhecer tal excelência, devemos deixar a culpa com eles, em vez de nós mesmas a carregarmos. Enquanto continuarmos considerando o público masculino como objetivo, não vamos chegar a lugar nenhum.

O rótulo "ficção feminina" costuma ser usado com muito desdém. Odeio como "mulher" se tornou um xingamento. Odeio como algumas escritoras se enrolam para distanciarem-se da "ficção feminina", como se tivéssemos algo do que nos envergonhar como mulheres que escrevem o que querem escrever.

Não me importo se minha ficção for rotulada como ficção feminina. Sei o que é minha escrita e o que não é. A designação arbitrária de outrem não pode mudar isso. Não me importo se os homens não leem meus livros. Não me entenda mal. Quero que os homens leiam meus livros. Quero que todos leiam meus livros, mas não vou ansiar desesperadamente por leitores que não estejam interessados no que estou escrevendo.

Se os leitores recusam certos tópicos como indignos de sua atenção, se vão julgar um livro pela capa ou se sentem excluídos de um certo tipo de livro porque a capa é, digamos, rosa, a falha é do leitor, não do escritor. Ler de forma restrita e superficial é ler de um lugar de ignorância, e as escritoras não podem consertar essa ignorância, não importa que tipo de livros escrevamos ou como estes são comercializados.

É aqui que devemos começar a centralizar essa conversa: como os homens (enquanto leitores, críticos e editores) podem começar a arcar com a responsabilidade de se tornarem leitores melhores e de maior escopo.

Ler continua sendo uma das coisas mais puras que faço. Como qualquer pessoa que me segue no Twitter sabe, deleito-me imensamente com a leitura — intelectual, corriqueira, tudo me interessa. Quase todos os dias,

MÁ FEMINISTA *177*

falo alegremente sobre o que estou lendo em meu perfil do Twitter, e é ótimo poder falar sobre livros sem me preocupar com todos os problemas do processo de publicação. É ótimo lembrar-me de que ler é meu primeiro amor.

Não quero que percamos de vista a alegria da leitura por estarmos muito focados nas realidades amargas de como o material de leitura que produzimos encontra seu caminho para alcançar o mundo e luta para ter uma chance.

Embora sejamos uma comunidade relativamente pequena que investe nessas questões, continuamos tendo essas conversas difíceis sobre gênero e publicação, não importa onde estejamos, pois carregamos uma esperança crua e estúpida de que algum dia teremos agido com intenção e esforço suficientes, teremos criado mudanças suficientes, melhores medidas. Portanto, continuaremos nos engajando nessas conversas até que um dia não haverá nada mais a ser dito, a não ser a alegria e a complexidade das histórias que escrevemos e lemos. Quero que essa alegria seja a única coisa que importa.

Ótimos livros me lembram que, quando passamos mais tempo falando sobre os processos de publicação do que sobre os próprios livros, estamos nos esquecendo do que é mais importante.

Algumas piadas são mais engraçadas que outras

Quando eu estava na sexta série, um garoto da minha classe — vamos chamá-lo de James — era muito engraçado, o palhaço da sala. James brincava com tudo, e todos nós o adorávamos por isso, pois sua inteligência era muito afiada, mesmo ele sendo tão jovem. Ninguém gostaria que James voltasse seu senso de humor contra você, mas sempre se perguntava o que ele diria a seguir. Você sempre ria.

Em 28 de janeiro de 1986, o ônibus espacial *Challenger* decolou às 10h38 da manhã. Assistimos à televisão na aula de ciências, e foi muito bom ter nossas atividades tradicionais adiadas para ver o lançamento. Nosso professor de ciências estava particularmente animado. Ele adorava tudo o que se relacionava com a disciplina que lecionava e era um professor profundamente engajado. Também tinha interesse pessoal porque Christa McAuliffe, uma professora de New Hampshire, era uma das sete astronautas que foram ao espaço. Os mistérios do espaço sideral pareciam um pouco mais a seu alcance naquele dia. Ele era o tipo de homem que queria tocar as estrelas.

Pouco depois da decolagem, o *Challenger* explodiu. Assistíamos na pequena tela da televisão enquanto o ônibus espacial explodia em chamas e nuvens grossas e espiraladas de fumaça enchiam o ar. Detritos começaram a cair no oceano. Não parecia real. A sala de aula ficou em silêncio. Ficamos chocados. Os olhos de nosso professor de ciências ficaram vermelhos, e ele continuou tentando falar, mas só conseguiu pigarrear. Meus colegas de turma e eu olhamos um para o outro desconfortavelmente. Os apresentadores começaram a relatar os poucos fatos que conheciam. James riu e disse: "Acho que há muitos peixes mortos agora". Nosso professor de ciências ficou furioso e deu uma séria bronca em James. O resto do ano foi difícil para o garoto. Ele enfim cruzara a invisível linha sobre com o que se pode ou não brincar. Nunca esqueci aquele dia ou como James de repente se tornou um pária porque foi longe demais, porque era muito cedo, porque brincar sobre uma tragédia era demais.

O humor impróprio costuma ser o melhor. Todo mundo conhece pelo menos uma piada que acha engraçada, embora não devesse. Nem sempre tenho orgulho das coisas que me fazem rir, mas admiro genuinamente um comediante que consegue me fazer rir e me incomodar. Essas contradições são instigantes. Em um perfil do falecido Patrice O'Neal para a revista *New York*, Adrian Nicole LeBlanc escreveu sobre como O'Neal foi ousado e impiedoso ao testar os limites e dizer o indizível. Ela caracterizou sua disposição de fazer isso dizendo: "O poder transformador da verdade feia foi, para O'Neal, uma forma de gracejo". A maioria dos comediantes parece estar buscando um tipo de gracejo que tente falar sobre a complexidade dessas vidas que levamos de maneiras que possam nos fazer rir, pensar e sentir.

Muitos fãs de O'Neal diziam que riam com ele, mesmo quando discordavam. Diziam que podia fazer piada com qualquer coisa por causa da maneira como fazia. Para O'Neal e muitos comediantes, não há limites que não queiram cruzar, nenhum assunto que seja tabu, e assim escapam impunes dessas transgressões porque sabem como caminhar nessa linha muito tênue, sempre ampliando o limite.

Não sou fã de Daniel Tosh e seu tipo de humor, mas não sou seu público-alvo. Não passo muito tempo pensando sobre sua existência ou em seu tipo de humor porque não preciso. Ele é misógino sem culpa, mas muitas pessoas o acham engraçado. Então, deve haver *algo* no humor dele. Por mais engraçado que seja, porém, seu humor carece totalmente de gracejo. Não tem o poder transformador dos que são melhores do que ele. Assim, quando tenta estar no limiar e ser transgressor, tende a cair por terra.

Durante um episódio de seu programa de televisão *Tosh.0*, no Comedy Center, ele incentiva o público a se filmar tocando mulheres levemente na barriga delas. Não tenho certeza de como essa invasão do espaço pessoal e a ignorância dos limites apropriados constituem fazer graça, mas existem todos os tipos de humor. Também sou mulher e, pelo que ouvi, não somos engraçadas. No entanto, o incidente me fez refletir, especialmente quando seus fãs fervorosos começaram a se filmar tocando mulheres na barriga e postando os vídeos no YouTube. De alguma forma, esses fãs acharam que esse comportamento era aceitável porque o comediante que admiravam disse isso a eles. Você ficaria surpreso com o que as pessoas estão dispostas a fazer quando recebem permissão, implícita ou explicitamente.

Dada a história geral de humor raso e imaturo de Tosh, não fiquei surpresa quando ele fez declarações inadequadas a respeito do humor sobre estupro durante um quadro de *Laugh Factory* [Fábrica de risadas]. Piadas sobre estupro são parte de sua performance. Durante aquele quadro, uma jovem na plateia gritou: "Na verdade, piadas sobre estupro nunca são engraçadas". Tosh respondeu com seriedade: "Não seria engraçado se aquela garota fosse estuprada por cinco caras agora? Tipo, agora mesmo? E se um bando de caras simplesmente a estuprassem...".

E se, claro. Não existe melhor continuação para uma piada sobre estupro do que uma piada sobre estupro coletivo, pois, se o estupro é engraçado, o estupro coletivo é ainda mais.

O humor sobre estupro tem o objetivo de lembrar às mulheres que elas ainda não são mesmo iguais. Assim como seus corpos e liberdade reprodutiva estão abertos à legislação e ao discurso público, o mesmo ocorre com suas outras questões. Quando as mulheres respondem negativamente ao humor misógino ou sobre estupro, são "sensíveis" e rotuladas como "feministas", uma palavra que, recentemente, se tornou um termo genérico para "mulher que não tolera idiotices".

Talvez as piadas sobre estupro sejam engraçadas, mas não consigo entender como. O humor é subjetivo, mas será assim *tão* subjetivo? Não consigo achar piadas de estupro engraçadas ou tolerá-las de forma nenhuma. É um assunto muito próximo de mim. O estupro é muitas coisas — humilhante, degradante, física e emocionalmente doloroso, exaustivo, irritante e, às vezes, até banal. Raramente é engraçado para a maioria das mulheres. Não há anos suficientes nesta vida para criar o tipo de distância em que eu pudesse rir e dizer: "Aquela vez em que fui estuprada por uma galera foi totalmente hilária, um verdadeiro show de risos".

Em algum ponto no desenrolar do processo, começamos a interpretar mal a Primeira Emenda e essa noção de liberdade de expressão que ela nos concede. Somos livres para falar como quisermos, sem medo de processo ou perseguição, mas não somos livres para falar como quisermos, sem consequências.

A mulher que criticou Tosh por causa de seus comentários saiu do programa, e uma amiga postou sobre isso no Tumblr. A internet deu seguimento à história. Depois, Tosh apresentou um pequeno mea-culpa por sua afirmação de que seus comentários foram reproduzidos fora do contexto; ele foi confrontado. Ele claramente acha que não fez nada de errado. Seu pedido de desculpas mal formulado é do tipo em que apenas lamenta que alguém tenha se ofendido, em vez de assumir a responsabilidade por seus atos. Tosh nunca pensará que é errado fazer piada sobre estupro. Como eu disse, existem todos os tipos de humor.

Vários comediantes sentem muito orgulho de si próprios por dizerem coisas que os outros supostamente têm *medo* de dizer. Estão na vanguarda dessa cultura da autorização, em que podemos fazer qualquer coisa, pensar qualquer coisa e dizer qualquer coisa.

Aqueles que se abstêm de usar o humor para comentar as "coisas horríveis do mundo" não se abstêm por medo. Talvez, apenas talvez, tenham bom senso, tenham consciência. Às vezes, dizer o que os outros têm medo de dizer ou não querem dizer é apenas ser idiota. Todos nós somos livres para ser idiotas, mas não somos livres para fazer isso sem consequências.

O que Tosh chama de reclamação, eu chamaria de tomar uma posição. Com muita frequência, quando vemos injustiças, grandes e pequenas, pensamos *isso é horrível*, mas não fazemos nada. Não dizemos nada. Deixamos outras pessoas travarem suas próprias batalhas. Permanecemos em silêncio porque o silêncio é mais fácil.

Qui tacet consentire videtur, em latim, significa "quem cala consente". Quando não dizemos nada, quando não fazemos nada, estamos concordando com essas ofensas contra nós.

Quando aquela mulher se levantou e disse: "Não, estupro não é engraçado", ela não consentiu participar de uma cultura que incentiva atitudes descuidadas com relação à violência sexual e às preocupações das mulheres. O humor sobre estupro é o que encoraja um homem a se sentir confortável tuitando para Daniel Tosh que "as únicas pessoas que estão com raiva de você são essas vadias feministas que nunca transam e esperam que sejam estupradas para poder transar". Essa é uma das respostas idiotas e pavlovianas de certo tipo de *pessoa* quando as mulheres têm coragem de sugerir que não acham a violência sexual divertida. No universo daquele homem, as mulheres que transam de maneira adequada estão totalmente bem com o humor sobre o estupro. Uma vagina satisfeita é um bálsamo de Gileade.

Conhecemos as estatísticas deploráveis. Sabemos que a violência sexual está tão profundamente enraizada em nossa cultura, que existe um site, Hollaback, no qual mulheres relatam assédio nas ruas. A violência sexual é tão problemática que existe um Mês de Conscientização sobre a Violência Sexual e inúmeras organizações cuja única função consiste em auxiliar as vítimas desse tipo de crime. Vivemos em uma sociedade na qual a expressão "cultura do estupro" existe porque a própria cultura existe. Esse clima é impressionante. Ou você reconhece isso ou não. O humor sobre estupro não é "apenas piadas" ou comédia stand-up.

O humor sobre violência sexual sugere permissividade — não para pessoas que nunca cometeriam tais atos, mas para aquelas que têm qualquer fraqueza que lhes permita fazer coisas terríveis aos outros. Se vários rapazes estavam dispostos a se filmar tocando mulheres na barriga, quantos foram incentivados a ignorar o não de uma mulher porque Daniel Tosh acha o estupro divertido? Quais são as consequências se a resposta for pelo menos um?

O que me surpreende, o que me preocupa mesmo, é o seguinte: apenas uma pessoa se levantou e teve a coragem de dizer "basta".

Queridas jovens que amam tanto Chris Brown que se deixariam ser espancadas por ele

Você sabe o que está dizendo? Sabe mesmo?

Você pode pensar que está fazendo piada. Quero acreditar que está, porque *haha, um homem colocar as mãos em você é tão engraçado* no contexto da realidade em que está se comunicando. Claramente, temos diferentes definições sobre o que é engraçado, mas talvez você ache mesmo divertido fazer piada sobre violência doméstica. Não estou aqui para julgá-la.

Receio que você não esteja brincando. Receio que esteja falando sério. Você está dizendo que está disposta a ser abusada; você está disposta a sacrificar sua dignidade.

Para quê?

Você fica impressionada com alguma combinação de música, carisma, habilidade para dançar e/ou boa aparência de um rapaz. Isso é compreensível. Todo mundo tem alguma questão ou outra. Mas... Você também está dizendo que sofrer o abuso de Chris Brown seria uma troca justa por sua atenção, por mais fugaz que você perceba que tal atenção pudesse ser. Quando olha para além da imagem, uma celebridade é apenas uma pessoa sobre a qual você nada sabe. Você está disposta a ser abusada pela miragem da fama no deserto da sua vida.

Para as pessoas que gostam de BDSM, existe algo chamado consentimento, algo que sempre deveria existir nas interações humanas, mas que é extremamente importante quando você confia seu corpo e sua mente a outra pessoa dessa maneira. Você pode dizer: "Quero que você me machuque" ou "Quero que você me humilhe" ou "Quero que você me domine", e outra pessoa o fará. No entanto, e isso é importante, quando de algum modo, você diz *pare*, a dor ou a humilhação ou a dominação param, sem que se faça perguntas. Esse é um momento poderoso e perfeito. Não há nada melhor do que saber que o sofrimento pode parar; do que saber que se não deseja mais fazer isso, você não precisa, porque é seguro não conceder mais. Não há nada melhor do que saber que você tem algum controle em uma situação que parece muito além de seu controle.

Quando você diz a um homem como Chris Brown, pelo menos o homem que ele demonstrou ser, para parar, ele não vai parar. No contexto do abuso, não há como. Não há consentimento. Você nunca terá qualquer controle. Nunca saberá como é bom perseverar por sua escolha, pois esta não pertence a você e nunca pertencerá. Você percebe essa distinção?

Não conheço Chris Brown. Nunca o encontrei e, provavelmente, nunca irei. Conheço sua música. Às vezes, é contagiante. Em geral, para meus ouvidos, a música é artificial e superproduzida. Eu o vi dançar — ele sabe o que fazer com a coreografia. Ele é relativamente atraente. Não entendo mesmo, para ser honesta, mas não preciso compreender. Provavelmente, você também não compreenderia as pessoas que considero atraente. O que compreendo é que Chris Brown significa algo para você, que ele a excita física ou emocionalmente. Excita a tal ponto que está disposta a fazer o que for preciso para estar dentro de sua esfera incandescente, mesmo que por pouco tempo.

Você leu o relatório policial do infame incidente em que Chris Brown espancou sua então namorada Rihanna? Os detalhes são perturbadores e explícitos e deixam a nítida impressão de que o que aconteceu naquela noite de 2009 talvez não tenha sido um incidente isolado. Se você "se desse bem" com Chris Brown, haveria uma boa chance de que se arrependesse, pois algumas vezes ele mostrou que não consegue controlar seu ódio. Dificilmente se preocuparia com você. Esse é o homem que demonstrou ser.

Lamento que nossa cultura tenha tratado tão mal as mulheres por tanto tempo que sofrer abusos para receber atenção de celebridades parece uma troca justa e razoável. Falhamos totalmente com você.

Falhamos quando Chris Brown recebeu um tapinha no ombro por seu crime e, depois, foi autorizado a se apresentar no Grammy de 2012 — não uma, mas duas vezes. Falhamos quando ele foi premiado como Melhor Álbum de R&B na mesma cerimônia. Isso não quer dizer que ele não tenha o direito de seguir em frente para além de seu crime, mas ele não tem demonstrado nem um pingo de arrependimento. Em vez disso, flagrantemente se deleita com sua personalidade de *bad boy* e continua insultando o público. Ele é jovem e problemático, mas isso é uma explicação para seu comportamento, não uma desculpa.

Falhamos com você quando Charlie Sheen foi autorizado e, com frenesi, incentivado a continuar estrelando filmes e ter um programa de televisão de sucesso que o tornou podre de rico depois que atirou em Kelly Preston "por acidente"; e ele supostamente bateu na cabeça de uma estudante da Ucla quando a moça não quis transar com ele; e ameaçou matar sua ex-esposa Denise Richards; e colocou uma faca na garganta de sua ex-esposa Brooke Mueller. Falhamos com você quando Roman Polanski recebeu um Oscar, mesmo tendo sido acusado de cometer um crime tão terrível que não conseguiu voltar aos Estados Unidos por mais de trinta anos. Falhamos quando Sean Penn agrediu Madonna, continuou uma carreira de sucesso e aclamada pela crítica e também recebeu um Oscar.

Falhamos com você todas as vezes em que um homem (famoso) trata mal uma mulher, sem consequências legais, profissionais ou pessoais.

Repetidamente, dizemos a você ser aceitável que homens — famosos, infames ou nada famosos — abusem das mulheres. Olhamos para o lado. Criamos desculpas. Recompensamos esses homens pelo mau comportamento deles. Dizemos a você que, enquanto jovem, tem pouco valor ou lugar nesta sociedade. Obviamente, enviamos essas mensagens com regularidade e consistência alarmantes e a incentivamos a correr por vontade própria rumo a algo violento e terrível, de olhos e braços bem abertos.

Desculpe.

Não estou chocada com sua disposição a sofrer sem o direito de consentir. Todos somos suscetíveis ao carisma de pessoas que se comportam mal, inclusive eu. Lembro-me dolorosamente de como sou má feminista quando considero alguém como Richard Pryor. Ele era um gênio da comédia. Sempre fico chocada pela forma com que ele lidou com as complexidades das questões raciais por meio do seu humor. Pryor também era flagrantemente abusivo com as mulheres que amava. Seu brilho não pode ser esquecido. É o que digo a mim mesma, mas então imagino toda a dor que ele causou e o quão raramente essa dor é discutida. Essa deve ser a coisa mais triste de todas.

LIMITES REALMENTE TÊNUES

EM SEU SINGLE "BLURRED LINES" [Tênues limites], Robin Thicke canta de um jeito inebriante sobre dar a uma boa menina o que ela *realmente* quer — sexo selvagem — mesmo que não consiga confessar. É uma música bem contagiante. Alguns podem até chamá-la de hino do verão de 2013. Mas "Blurred Lines" também é uma música que revisita a antiga crença de que, às vezes, quando uma mulher diz não, ela na verdade quer dizer sim.

Os críticos têm falado sobre os tons de violência sexual da música, e eles não estão errados. Robin simplesmente sabe o que você quer, garota. Simplesmente sabe isso. Então, cale a boca e deixe que ele lhe dê. Aparentemente, muitos homens e mulheres concordam. "Blurred Lines" é a música mais popular de Thicke até hoje. No single "Give It 2 U" [Dar para você], Thicke duplica sua fase de *bad boy* com letras que dizem a uma mulher o que ele tem a oferecer, como uma referência à sua avantajada virilidade. Após as críticas, Thicke não se desculpou, dizendo: "As mulheres e seus corpos são lindos. Os homens sempre vão querer segui-las". Acho que é isso. Os homens querem o que querem.

Por mais que me doa admitir, gosto dessas músicas. Elas me fazem querer dançar. Quero cantá-las. São composições pop deliciosas. Mas... Gosto das músicas da mesma forma que gosto da maioria das músicas — preciso esquecer que sou um ser pensante. Tenho de abstrair. Veja o *Yeezus*, de Kanye West. O álbum é atraente e ambicioso, com sons agressivos, para não dizer hostis. Quando *Yeezus* foi lançado, ouvi várias vezes. Queria adorar *Yeezus*, mas não consigo por causa de letras como "Você vê quem manda e quem obedece/Mas prefiro ser um pica do que um engolidor", de "New Slaves" [Novos escravos]. O desdém de Kanye pelas mulheres domina quase todas as faixas — mas há uma música como "Blood on the Leaves" [Sangue nas folhas], que é tão marcante que não se pode ignorar o álbum por completo. Estamos constantemente sendo confrontados com esse desconfortante equilíbrio entre a genialidade e o mau comportamento.

Isso é apenas música, certo? Os artistas estão apenas se expressando. Como escritora, reconheço a necessidade da liberdade criativa. Enfim ouvi algumas piadas engraçadas sobre estupro — a de Ever Mainard sobre o medo inculcado nas mulheres e a suposição da inevitabilidade do estupro, e a de Wanda Sykes sobre querer uma vagina removível para driblar o estupro da melhor forma quando estiver fora de casa. Ainda odeio piadas sobre estupro, mas odeio ainda mais a censura. Odeio ter de escolher.

Ken Hoinsky é um *pick-up artist** que dirigiu uma bem-sucedida campanha de arrecadação de fundos no Kickstarter para seu livro *Above the Game* [Acima do jogo], no qual ele distribui sua sabedoria para ajudar homens que possam ser tímidos ou desajeitados com as mulheres. Quando uma massa crítica de pessoas ficou sabendo do projeto de Hoinsky, houve alvoroço por causa de alguns dos conselhos do autor — bem, é questionável. Indefine os limites. Ainda assim, o Kickstarter não cancelou o projeto. Mais tarde, a empresa pediu desculpas. Em seguida, prometeu não permitir que os criadores de guias de sedução utilizassem a plataforma Kickstarter. Além disso, o Kickstarter fez uma contribuição financeira significativa para a Rainn.** Hoinsky publicará seu livro e se juntará a uma pequena legião de *pick-up artists* que tratam as mulheres como conquistas em vez de seres humanos, que acreditam que, quando uma mulher diz não, ela está mesmo dizendo talvez.

---

* Especialista na arte da sedução, conforme retratado no filme *Hitch, conselheiro amoroso*, com Will Smith. (N. T.)

** Organização norte-americana que combate a violência de gênero e sexual e o incesto nos Estados Unidos. (N. T.)

190 Roxane Gay

Os homens querem o que querem. Uma quantidade bastante significativa de nossa cultura visa a dar aos homens o que desejam. Um estudante do ensino médio convida a modelo Kate Upton para seu baile de formatura e ele é parabenizado por sua ousadia. Um fã masculino em um show de Beyoncé chega até o palco para dar um tapa na bunda dela porque a bunda dela está lá, sua bunda é magnífica e ele quer senti-la. A comunidade de fãs de ficção científica é frequentemente envolvida em discussões acaloradas, em toda a internet, sobre o constante problema de assédio sexual em convenções — inúmeras mulheres narram todos os tipos de histórias sobre como, sem consentimento, são apalpadas, cobiçadas, atraídas para um quarto de hotel sob falsos pretextos, levantadas do chão, e muito mais.

Mas os homens querem o que querem. Todos nós devemos pegar leve.

É difícil não se sentir desprovida de humor, como mulher e feminista, reconhecer a misoginia em tantas formas, algumas grandes e outras pequenas, e saber que você não está imaginando coisas. É difícil ouvir que devemos *pegar leve* porque, se você pegar mais leve, vai acabar por flutuar para a puta que pariu. O problema não é que uma dessas questões esteja ocorrendo; é que todas estejam ocorrendo, ao mesmo tempo e de modo constante.

São apenas canções. São apenas piadas. É só um abraço. São apenas seios. Sorria! Você é linda. Um homem não pode te elogiar? Na verdade, tudo isso é sintoma de uma doença cultural muito mais virulenta — aquela em que as mulheres existem para satisfazer os caprichos dos homens, em que o valor da mulher é constantemente diminuído ou totalmente ignorado.

Ou eu poderia colocar de outra forma. Digamos que este é simplesmente o mundo em que vivemos. Se há uma gama de misoginia na cultura pop por um lado e o desrespeito às fronteiras das mulheres ao centro, por outro temos os legisladores de nossa nação, que implicitamente encorajam tudo isso a prosperar.

Em 2013, legisladores estaduais no Texas, em Ohio e na Carolina do Norte, entre outros, atropelaram toda a liberdade reprodutiva — tentando limitar quando uma mulher pode fazer um aborto e onde o aborto pode ser realizado, bem como redefinir o que é um feto.

Uma cultura que trata as mulheres como objetos, que apoia alegremente o entretenimento que costuma ser humilhante para elas, que incentiva a erosão da autonomia e do espaço pessoal de uma mulher, é a mesma cultura que elege deputados estaduais que trabalham de maneira incansável para promulgar restrições na legislação sobre o aborto. Ou será que os deputados que trabalham incansavelmente para promulgar legislação restritiva sobre o aborto incentivam seus constituintes a tratar as mulheres como objetos? Talvez seja misoginia disseminada — o que veio primeiro: a galinha ou o ovo?

Em 30 de junho de 2013, na seção "Room for Debate" [Espaço para debate], o jornal *New York Times* perguntou: "O apoio aos direitos ao aborto aumentaria se mais mulheres debatessem sobre seus abortos?". Quando vi a pergunta pela primeira vez, eu me irritei. As mulheres não deveriam ter de sacrificar suas histórias pessoais para iluminar aqueles que provavelmente não estão interessados nessa iluminação. Em um determinado ponto, o bem maior não é uma justificativa suficiente para tal sacrifício.

Aqui está a história de uma mulher. Quem é não importa. Ela poderia ser qualquer mulher — uma amiga, uma irmã, uma mãe, uma tia. Digamos que ela engravide. Digamos que a gravidez não seja planejada, mas que a mulher esteja financeira e emocionalmente estável o suficiente para que ela e o namorado decidam: *vamos fazer isso*. Digamos que ela seja a favor, mas, a partir do momento em que percebe que está grávida, sente que está carregando um bebê. Ainda assim, ela é totalmente a favor. Sempre será. Digamos que, se não achasse que a mulher e o namorado poderiam dar uma boa vida ao bebê, ela faria um aborto. Digamos que ela esteja na cozinha durante sua 27ª semana, quando cai de joelhos devido a uma terrível dor no abdômen. Digamos que comece a sangrar e não pare. Digamos que ela e o namorado corram para o hospital. Digamos que ela perca a consciência. Digamos que, quando ela acordar, precisou-se decidir entre a vida dela ou a do bebê. Digamos que ela passe anos sentindo que a escolha errada foi feita. É uma história sobre liberdade reprodutiva. Essa é uma história sobre a vida de uma mulher e o valor de sua vida. As escolhas foram feitas. As escolhas foram interditadas. Digamos que essa mulher vivesse em um estado em que certas escolhas seriam sacrificadas a favor da santidade da vida. Digamos que ela morra, e então, essa santidade não conte. Quem narraria sua história agora?

E se ela não quiser contar sua história? E se for muito pessoal, muito dolorosa? O que essas confissões realmente fazem? Algumas pessoas se sentirão comovidas, mas raramente são as mesmas que apoiam a legislação que corrói a liberdade reprodutiva. Pessoas que não mudam de opinião não se sentirão tocadas pelo testemunho. Sua história torna-se um espetáculo emocionante, algo para as pessoas considerarem, brevemente, antes de passar para a próxima história triste. Não faltam histórias tristes quando se trata das mulheres e de sua vida reprodutiva.

Robin Thicke canta sobre o que sabe que uma mulher deseja. Certo. Daniel Tosh incentiva seus fãs a darem toquinhos na barriga das mulheres e se filmarem fazendo isso. Certo. Ken Hoinsky acredita que a persistência é uma virtude. Certo. O governador do Texas, Rick Perry, disse sobre a senadora Wendy Davis: "Ela era filha de uma mulher solteira. Ela mesma era uma mãe adolescente. Ela conseguiu se formar na Escola de Direito de Harvard e ser membro do Senado do Texas. É uma pena que não tenha aprendido com seu próprio exemplo que toda vida deve ter a chance de realizar todo o seu potencial e que toda vida é importante". Certo. Em Ohio, qualquer mulher que queira fazer um aborto deve fazer uma ultrassonografia. Se ela tiver complicações de um aborto, deve ir para um hospital privado em vez de um público. Os deputados estaduais que impulsionam as várias iniciativas em todo o país estão apenas cuidando das mulheres. Certo, certo, certo. Os homens querem proteger as mulheres — a menos, é claro, que queiram agarrar a bunda delas.

Pega leve. Os homens querem o que querem. Às vezes, deixam os desejos deles claros com uma música que não consigo deixar de cantar. Tênues limites, de fato.

MÁ FEMINISTA *193*

O PROBLEMA COM O PRÍNCIPE ENCANTADO OU QUEM NOS TEM OFENDIDO

TODOS NÓS CONHECEMOS O CONTO de fadas comum. Há um homem e uma mulher — desnecessário dizer que raramente vemos histórias sobre uma mulher e uma mulher ou um homem e um homem — que devem superar algum obstáculo para alcançar o "felizes para sempre". Sempre existe um "felizes para sempre".

Gosto dos contos de fadas porque preciso acreditar, apesar de meu cinismo, que existe um final feliz para todos, sobretudo para mim. Quanto mais velha fico, porém, mais percebo como os contos de fadas exigem muito da mulher. O homem, na maioria dos contos de fadas, o Príncipe Encantado em todas as suas versões, realmente não é tão interessante. Na maioria dos contos de fadas, ele é levemente atraente e raramente parece demonstrar muita personalidade, gosto ou inteligência. Devemos acreditar que está tudo bem porque ele é o Príncipe Encantado. Supõe-se que seu charme seja suficiente.

As versões da Disney sobre os contos de fadas, aquelas com as quais provavelmente estamos mais familiarizados, não oferecem muito em termos de Príncipe Encantado. Em *A pequena sereia*, o príncipe Eric tem uma grande mulher bem diante dele, mas está tão obcecado por aquela linda voz que uma vez ouviu que não consegue apreciar o que ele tem. Em *Branca de Neve*, o príncipe nem mesmo encontra Branca de Neve até que ela entre em coma, e ele é tão sem imaginação que simplesmente se apaixona por seu corpo aparentemente sem vida. Em *A Bela e a Fera*, Bela é dada por seu pai à própria Fera. Então, deve suportar as atenções de um homem que essencialmente a vê como propriedade. Apenas sacrificando-se e amando um homem-fera, ela pode enfim aprender que, na verdade, ele é um belo príncipe.

O problema dos contos de fadas é que a princesa encontra seu príncipe, mas em geral há um preço a pagar. Um compromisso mostra-se necessário para que se alcance o "felizes para sempre". A mulher no conto de fadas costuma ser quem paga o preço. Essa parece ser a natureza do sacrifício.

Veja a série *Crepúsculo*. Os quatro livros são sobre vampiros e lobisomens e a história de amor arrebatadora entre Bella, uma jovem garota, e Edward, um velho vampiro. Na verdade, a série *Crepúsculo* é um novo tipo de conto de fadas. Existe algo particularmente atraente sobre Edward Cullen? Ele brilha. Edward é teoricamente atraente, mas parece ter apenas um interesse: amar Bella e controlar todas as decisões que ela toma. Devemos acreditar que seu controle obsessivo e sua devoção sejam, de alguma maneira, atraentes. Devemos acreditar que ele é o Príncipe Encantado, embora seja falho porque precisa beber sangue para sobreviver. Aceitar a controladora obsessão de Edward e o vampirismo é o compromisso exigido de Bella. Enfim, se tornar uma vampira, se tornar uma morta-viva, é o preço que Bella deve pagar por seu "felizes para sempre". Devemos acreditar que ela está de acordo com isso porque Bella é aquela que defende ferozmente que Edward a transforme em uma vampira. Devemos acreditar que Edward vale esse sacrifício.

Cinquenta tons de cinza, *Cinquenta tons mais escuros* e *Cinquenta tons de liberdade*, de E. L. James, juntos, compõem um conto de fadas moderno com um toque erótico sombrio. A trilogia começou como *fan fiction* — ficção escrita por fãs de uma série original sem realmente fazerem parte dela — inspirada em *Crepúsculo*. Embora fundamentado na tradição dos contos de fadas e tendo surgido de uma *fan fiction*, *Cinquenta tons* também é a primeira série que poderia ser categorizada como erótica e adotada pela cultura de massa — claro, caso você se esqueça da trilogia da *Bela adormecida* de Anne Rice.

A *fan fiction* e o erotismo não são questões novas, mas algo na trilogia *Cinquenta tons* despertou a imaginação popular. Os livros são eróticos, divertidos nos absurdos e perturbadores em suas implicações culturais sobre os problemas que o Príncipe Encantado pode causar.

Em *Cinquenta tons de cinza*, uma jovem e brilhante estudante universitária, Anastasia Steele, é forçada a substituir sua melhor amiga repórter, Kate, que adoeceu. Anastasia, ou Ana, viaja para Seattle para entrevistar Christian Grey, um bilionário bonito, recluso e enigmático, para o jornal da faculdade. Durante o encontro inicial, Ana gagueja, fazendo uma entrevista desconfortável, distraída pela extraordinária beleza de Christian. Claro. Christian incentiva Ana a trabalhar para ele. Os dois brincam. O amor verdadeiro nasce, mas há um porém. Precisa haver uma armadilha, um obstáculo. Assim funcionam os contos de fadas.

Ao longo de três livros, Ana e Christian tentam ter um relacionamento, mas são impedidos pelo interesse permanente de Christian em BDSM (ou pelo menos o que E. L. James imagina sobre BDSM), sua falta de vontade de se envolver em um relacionamento "normal" e o desejo de Ana em estar em um relacionamento "normal". Há todos os tipos de drama; e, a cada livro, o drama torna-se cada vez mais absurdo, porém estranhamente viciante. Uma ex-submissa louca! Uma ex-amante mais velha que ganha o apelido de sra. Robinson! Um chefe que assedia sexualmente que se irrita com facilidade! Drama familiar! Helicóptero cai! Incêndio criminoso! Oh, meu Deus!

Quando Ana conhece Christian, ela é, convenientemente, uma virgem de 21 anos que nunca se masturbou. Claro. Christian consegue ensinar a Ana os caminhos, por assim dizer, em uma cena muito dramática na qual ele a agarra pelo pulso e a leva para seu quarto para deflorá-la de modo adequado. Os jogos sexuais podem esperar, mas sua vagina não. Enquanto ele arrebata Ana do chão, Christian diz: "Vamos corrigir essa situação agora", o que com certeza é o que toda mulher quer ouvir quando faz sexo pela primeira vez. Em uma cena sem fim, Christian torna todo o seu primeiro encontro amoroso dedicado à Ana. Ele a faz gozar, estimulando seus mamilos. Os dois brincam um pouco mais e, por fim, Christian não consegue mais se controlar. Ele tira a cueca e rasga uma embalagem de preservativo, enquanto Ana encara seu pau enorme, desconcertada em função de ser tão inocente e pura. Claro. Christian diz: "Não se preocupe... Você também se expande". Você não teve vida antes de ler tal prosa. Em pouco tempo, Christian "rasga" a virgindade de Ana, os dois gozam e a situação de virgindade de fato é retificada, de maneira agradável para todos os envolvidos.

Os livros rapidamente se degeneram em cenas de sexo mais ou menos apaixonadas interrompidas por argumentos sobre seus diferentes desejos — a resistência de Christian com relação à normalidade e o drama ridículo, tanto dentro do relacionamento quanto além dele.

Sempre que as mulheres fazem algo em quantidades significativas, a mídia imediatamente fica frenética ao tentar entender esse novo mistério do universo das mulheres. Se esse *algo* envolve o desejo feminino (como se este fosse completamente uniforme), o frenesi sobe para um tom mais agudo. Quase todas as publicações importantes ofereceram pelo menos um "artigo" sobre a série *Cinquenta tons*. Os livros foram rotulados com o termo condescendente "pornografia para mães", pois a trilogia obteve muito sucesso entre um determinado grupo. Uma vez que isso aconteça, temos que chamá-la de tendência e, em seguida, precisamos escrever artigos sobre a tendência que analisem exaustivamente algo que provavelmente não é muito digno de análise. Será que é mesmo digno de notícia que várias mulheres *enfim* encontraram algo que as excita, ou a reação a *Cinquenta tons* é um comentário deprimente sobre o estado do desejo moderno?

Grande parte da conversa sobre esses livros concentra-se nos elementos eróticos — há muito sexo explícito e altamente implausível em *Cinquenta tons*, que sempre termina nos orgasmos mais incríveis de todos os tempos. Ana e Christian fazem sexo no avião, no elevador e no carro. Eles fazem sexo em várias camas diferentes e fazem sexo na sala de jogos de Christian, que Ana chama de Sala Vermelha da Dor — uma masmorra tão estranhamente equipada que, quando a vê pela primeira vez, Ana pensa: "Parece que viajei no tempo, de volta ao século XVI e à Inquisição espanhola". Nessa sala, ela encontra paredes bordôs, uma grande cruz de madeira, uma grade de ferro pendurada no teto, muitas cordas e correntes e remos e chicotes, relhos e outros brinquedos, como se o BDSM real se manifestasse apenas na exibição extravagante de brinquedos.

Essa analogia pode ajudar a ilustrar a diferença entre o BDSM no mundo real e o BDSM no mundo de E. L. James — *Cinquenta tons* está para BDSM assim como o McDonald's está para comida.

Entendo por que esses livros são tão populares para além do conto de fadas comum. Há momentos ardentes. Provavelmente, você ficará excitada com *alguma coisa* nesses livros. Com coragem, a trilogia tenta fazer a leitora acreditar que o prazer feminino é a parte mais importante de uma experiência sexual, apesar das tendências dominadoras de Christian Grey. Em quase todas as cenas de sexo, Christian é meticuloso em dar prazer a Ana. Ele mima seu corpo com todo tipo de atenção sexual. Os livros são generosos em detalhar os orgasmos femininos, que deixam claro que Christian Grey é o melhor amante de todos os tempos. É uma pequena e agradável fantasia.

Quando você observa mais detidamente, no entanto, o que é desafiador em uma trilogia com a profundidade de uma piscininha turva e rasa, esses livros são na verdade sobre Ana tentando mudar/salvar Christian de seus demônios — ela é a boa menina virginal que pode salvar o menino mau e sombrio, como se, historicamente, tentar mudar um homem fosse algo bem-sucedido. Em um ponto durante o namoro, Ana pensa: "Esse homem, a quem uma vez concebi como um herói romântico, um bravo e reluzente cavaleiro branco — ou o cavaleiro das trevas como ele disse. Ele não é um herói; é um homem com graves e profundas falhas emocionais e está me arrastando para a escuridão. Vou conseguir conduzi-lo à luz?". Eu queria chamar Ana para uma conversa e dizer: "Menina, você não vai conseguir conduzir esse homem à luz. Abre mão desse sonho".

Depois de todas as provações que o casal enfrenta, e depois de todo o sexo *ardente*, devemos pensar que a trilogia é sobre uma jovem e seu "felizes para sempre". Não é. O despertar sexual de Ana é um veículo conveniente para o despertar da humanidade de Christian. *Cinquenta tons* diz respeito a um homem que encontra paz e felicidade porque, enfim, encontra uma mulher disposta a tolerar suas idiotices por tempo suficiente.

Cinquenta tons é engajador e envolvente daquela maneira simplista e estereotipada de romances ou contos de fadas, porém os livros são escritos terrivelmente e de forma realmente deliciosa. Abracei o absurdo de braços abertos e ri muito.

Ana não tem reflexo de vômito, o que é muito conveniente. Nas raras ocasiões em que ela faz sexo oral em Christian, Ana não tem problemas em acomodar na boca a circunferência de Christian. Ela até engole. Então, é obviamente alguém com quem assumir compromisso.

Christian é um daqueles amantes tagarelas que, ao longo dos três livros, passa muito tempo narrando o que está fazendo, quer fazer e/ou fará com Ana, acrescentando pelo menos dez mil palavras extras a cada volume.

Em um dos livros, Ana pede um copo de "Pinot Grigio branco". Sempre que reconsidero essa frase, morro de rir, porque é o erro mais preguiçoso possível. Há a inserção de vários Audis — Christian dirige um Audi, dá às suas submissas favoritas um Audi e, ao longo de seu relacionamento, presenteia Ana com dois Audis. Sua generosidade não conhece mesmo limites. Christian dá a Ana roupas caras, lingerie La Perla, um MacBook, um iPad, um BlackBerry, livros raros caros, uma lua de mel em um iate, e assim por diante. Se você tem uma fantasia materialista, *Cinquenta tons* sanará essa necessidade.

Partes da história são contadas por meio de reproduções de trocas de e-mail. Ou seja, vemos os e-mails de Ana e Christian com todas as brincadeiras irritantes que se pode esperar de um casal se apaixonando e muito mais. Esses e-mails, por si só, valem o ingresso do espetáculo.

No primeiro livro, quando Christian está tentando apresentar Ana a seu *estilo de vida*, James reproduz o contrato dominador/submisso de Christian três ou quatro vezes, como se não pudéssemos entender o cerne da questão da primeira vez. O contrato é claramente algo que James encontrou na internet. Ela dita todos os tipos de comportamentos supostamente submissos, como: higiene pessoal, hábitos de dormir, tipo de roupa, dieta, comportamento e atividade sexual. Uma parte exaustiva do primeiro livro é dedicada a Ana e a Christian negociando esse contrato, o que cada um fará ou não fará. Só que Ana nunca assina o contrato. Então, em grande parte, este é um dispositivo para nos mostrar repetidamente o quão diferentes são esses amantes.

Ana diz ou pensa "Nossa!" mais vezes do que consigo contar. Existem tantos tiques repetitivos que a trilogia seria ideal para um jogo envolvendo bebidas, no qual o objetivo é destruir o fígado de alguém. Beba toda vez que Ana pensa "Nossa!". Beba toda vez que Ana morde o lábio inferior, o que, aliás, faz Christian querer rasgá-lo. Beba toda vez que a palma da mão de Christian se contorce porque ele quer bater em Ana. Beba toda vez que Ana pensar em Christian como "enigmático" ou "inconstante". Beba toda vez que Ana refletir sobre a extraordinária beleza dele. Beba toda vez que Ana se torna possessiva com Christian, porque cada mulher no mundo o olha com desejo e fica instantaneamente sem fala. Beba toda vez que a continuidade da narrativa perder o rumo por completo. O jogo não tem fim.

Para sustentar todas essas tolices juntas, Ana tem duas amiguinhas — seu subconsciente e sua deusa interior —, cada uma personificada. Essas senhoras encaram Ana. Bisbilhotam Ana por cima dos óculos. Rodopiam, desmaiam, suspiram, sorriem, acenam com a cabeça e refletem o estado de espírito de Ana. Por exemplo, ao final do primeiro livro, Christian e Ana estão prestes a começar seus jogos sexuais e recebemos este presente: "Meu subconsciente está se abanando freneticamente, e minha deusa interior se estremece e se contorce em um ritmo carnal primitivo. Ela está superpronta".

Como a deusa interior de Ana, eu estava superpronta para esses livros, e essa é uma percepção desconfortável, de que possa obter prazer com algo tão ruim. Como a maioria das pessoas, sou um poço de contradições.

Há momentos em que *Cinquenta tons* é divertido porque o texto é terrível e engraçado, e há momentos em que o livro é terrível e enfurecedor em sua irresponsabilidade.

Como Príncipe Encantado, Christian encaixa-se no protótipo. Ele é ridiculamente rico e bonito, mas totalmente desprovido de imaginação. E. L. James decide complicar seu Príncipe Encantado. Ela dá ao leitor um pouco mais do que o estúpido comum que geralmente temos de ansiar nos contos de fadas: Christian tem um passado atormentado. A mãe dele é uma viciada, o que ele revela casualmente depois de uma noite de devassa paixão. Ana está adormecendo ao lado dele, e ele diz: "A mulher que me trouxe a este mundo era uma prostituta drogada, Anastasia. Vá dormir". Ele parece esperar que sua confissão satisfaça a curiosidade de Ana, mas acaba revelando seu passado sombrio — abuso por parte dos namorados de sua mãe, negligência, fome. Há muito trauma aí e ele o apresenta de forma aberta. Como você pode esperar, o passado de Christian molda seu presente de maneiras significativas e fornece uma grande parte do drama incessante ao longo dos livros. Perdoe minha indelicadeza, mas Christian Grey é um homem que adora controlar pra caralho e não tem medo de mostrar isso. Sua necessidade de ser dominador surge de sua necessidade de controle.

No segundo livro, aprendemos que Christian Grey gosta de dominar as mulheres, sempre lindas morenas, porque o lembram da mãe. Ele está trabalhando nessa questão com o terapeuta, Dr. Flynn, que faz aparições ocasionais de maneiras que contradizem os princípios da psicoterapia moderna. Existem várias razões pelas quais as pessoas se envolvem no BDSM, mas o fato de James patologizar tão flagrantemente o estilo de vida BDSM como uma forma estrita de pessoas arrasadas resolverem seus problemas emocionais está além do limite aceitável. Não é um retrato preciso da comunidade. Transmite uma mensagem errada e injusta sobre práticas sexuais não convencionais.

Os livros da série *Cinquenta tons* também abriram a porta para formadores de opinião, como Ellen DeGeneres, para tratar o estilo de vida BDSM com depreciação, zombaria e total ignorância. Chicotes e correntes são muito engraçados, ou são bizarros e estranhos. Para aqueles que não entendem as diferentes expressões da sexualidade, o humor parece ser o mecanismo de enfrentamento mais fácil — a menos, é claro, que você seja a crítica Katie Roiphe, que conclui que a popularidade de *Cinquenta tons* apenas prova que as mulheres independentes hoje desejam secretamente ser dominadas por homens, mas têm medo de admitir seus desejos de submissão. Roiphe assume sua típica postura antifeminista, sustentando seu argumento com uma estranha variedade de textos pouco relacionados. Pegue *The Secretary* [A secretária] e *The Story of O* [A história de O] e alguns outros artefatos culturais *et voilà*: prova irrefutável de que as mulheres querem se render sexualmente. Em nenhum momento Roiphe conversa de fato com mulheres submissas sobre seus desejos. Em nenhum momento ela tenta entender a complexidade do desejo sexual de submissão. Em vez disso, estabelece uma conexão tênue entre uma série de livros populares e altamente ficcionais e o estado da sexualidade feminina moderna.

Muito pouco das conversas sobre *Cinquenta tons* incluiu pessoas que realmente participam do estilo de vida BDSM, que possam falar com inteligência e ética sobre o assunto, embora existam e sejam fáceis de encontrar. Pelo contrário, pessoas que não sabem o que dizem fizeram conjecturas disparatadas, preguiçosas, ofensivas ou imprecisas sobre BDSM, tudo porque uma escritora não muito familiarizada com esse estilo de vida (ela fez muitas pesquisas on-line, você não sabe de nada) pensou que *kink* seria um bom gancho para sua *fan fiction* de *Crepúsculo*.

Minha diversão com a série *Cinquenta tons* vai até um certo ponto. Os livros são, em essência, uma cartilha detalhada sobre como se envolver com sucesso em um relacionamento controlador e abusivo. A trilogia representa o tipo mais sombrio de conto de fadas, em que tendências abusivas controladoras, obsessivas e limítrofes parecem intensamente desejáveis, oferecendo ao leitor grandes colheres cheias de açúcar, o doce açúcar do sexo para fazer o remédio descer.

Certamente podemos creditar o material de origem. *Crepúsculo* oferece instruções semelhantes. Edward vai a extremos absurdos para controlar Bella, tudo em nome do amor. Em *Cinquenta tons*, não há limites para a necessidade de Christian de controlar a vida de Ana, suas decisões e seu relacionamento. Antes mesmo do namoro, faz uma verificação dos antecedentes dela. Ele rastreia seus movimentos por meio do celular de uma maneira que nunca é explicada, mas que devemos concordar porque ele é rico e perseguir pessoas on-line é simplesmente o que as pessoas ricas fazem. Christian tenta controlar quando e o quanto Ana come, o tipo de álcool que bebe, como se comporta perto dele, quem permite em sua vida, como viaja, e devemos acreditar que está tudo bem porque ele tem *problemas*, porque *ele a ama*.

Além do contrato altamente restritivo que Christian deseja que Ana assine, ele também faz com que todas as suas submissas assinem um acordo de sigilo que limita o que Ana tem permissão legal para compartilhar com seus amigos e entes queridos sobre sua vida com ele. Ana inexplicavelmente assina tal acordo porque, como ela diz a Christian, não teria dito nada de qualquer maneira. Ela é uma boa garota. É uma tática comum de abusadores — isolar suas vítimas —, mas devemos pensar que a maneira como

Christian isola Ana no luxo é romântica. Uma prisão ainda é uma prisão, mesmo quando os lençóis são de 1.200 fios, porém, em meus momentos de fraqueza, acho a premissa sedutora o suficiente para fazer aquela prisão parecer tolerável.

No primeiro livro, Ana decide visitar sua mãe na Geórgia. Christian se oferece para viajar com Ana, mas ela se recusa porque, compreensivelmente, precisa de um pouco de tempo e espaço para clarear a cabeça e decidir se o estilo de vida BDSM é algo que ela consegue suportar. Christian precisa ter *algum* controle sobre a situação. Então, coloca-a na primeira classe. Devemos pensar que isso é romântico, mas sobretudo é assustador porque ele se deu ao trabalho de descobrir o itinerário dela e alterá-lo sem consultá-la. Em seguida, ele simplesmente vai para a Geórgia porque não suporta ficar separado dela. Ele é um homem que sabe o que quer; suas necessidades são as únicas que importam.

Conforme a história avança, Christian fica com ciúme quando Ana está perto de qualquer outro homem. Fica com raiva ou faz beicinho quando Ana não lhe dá atenção suficiente. Durante uma visita à família dele, Ana desafia Christian de maneira enviesada. Então, ele a arrasta para o píer para puni-la. Seu primeiro instinto é sussurrar: "Por favor, não bata em mim". Esse medo de ser agredida ocorrerá algumas vezes ao longo da trilogia. Christian contrata uma equipe de segurança para ela após uma de suas ex-submissas "malucas" (leia-se: "de coração partido") sofrer um esgotamento mental depois que o namorado dela morre, mas sobretudo é uma oportunidade para ele controlar os limites do mundo de Ana de todas as formas possíveis. Quando Ana consegue um emprego, Christian compra a empresa onde ela trabalha para "protegê-la". No terceiro livro, em lua de mel, Ana decide tomar sol fazendo topless em uma praia de nudismo. Christian, é claro, não gosta que sua mulher se revele ao mundo. Ela não é sua submissa, meu Deus! É sua esposa. Christian faz uma cena. Mais tarde, os dois estão transando no quarto de hotel, e ele deixa chupões nos seios de Ana para que ela não possa mais fazer topless, nem usar biquíni durante a lua de mel. Literalmente, marca território como um garoto de dezesseis anos.

Christian Grey usa o sexo como arma. Sente verdadeiro prazer em trepar de modo a subjugá-la, quando não consegue fazer com que ela deseje essa submissão. Quase todos os encontros sexuais do jovem casal terminam com Ana sonolenta e incapaz de se mover, seus membros pesados e saciados de prazer. Em um relacionamento BDSM consensual, essa dinâmica seria boa, até bem-vinda, mas a premissa geral da trilogia é que Ana não quer um relacionamento BDSM, pelo menos não do tipo que Christian deseja. Com certeza ela gosta de seu relacionamento sexual *kinky*, mas sempre esclarece seu desinteresse geral em servir como submissa a Christian. Seu relacionamento está além de ser refratário. Como Bella em *Crepúsculo*, Ana é a derrotada, a morta-viva, e Christian Grey é o orgulhoso conquistador.

Após cada comportamento abusivo e controlador, Ana fica justificavelmente indignada, mas nunca por muito tempo. Diversas vezes, opta por sacrificar o que de fato deseja pela oportunidade de ser amada por seu príncipe encantado meia-boca. Devemos acreditar que Ana é independente porque "desafia" Christian por ter expectativas e limites muito razoáveis. No entanto, ele ignora deliberadamente esses limites, e Ana permite que isso aconteça. Ela perdoa todas as suas ofensas.

A trilogia também depende bastante do tropo da mulher em perigo — em cada livro, Ana enfrenta algum tipo de perigo, inócuo ou bastante grave, lembrando-nos que ela é mulher e, portanto, precisa ser resgatada por seu Príncipe Encantado. Após cada crise, Christian agarra Ana desesperadamente e diz que não sabe o que faria se alguma coisa acontecesse com ela. Se você procurar a palavra "codependente" no dicionário, a foto desse casal aparecerá em destaque.

Adoro ler por prazer. Sou fã de livros sujos e *kinky*. Sou ligada na submissão feminina. No final de *Cinquenta tons de liberdade*, no entanto, no qual Ana reconhece que Christian continua tão controlador quanto sempre foi, embora os dois tenham encontrado um "felizes para sempre", o padrão de comportamento dele, abusivo, mesquinho e às vezes infantil, é exaustivo e extremamente familiar. O Príncipe Encantado perdeu todo o encanto.

Ao considerar a esmagadora popularidade da trilogia, não podemos descartar as falhas porque os livros são divertidos e o sexo é ardente. O tom prejudicial tem um alcance muito amplo. Ele reforça mensagens culturais difundidas que as mulheres já estão engolindo, quanto ao que devem tolerar nos relacionamentos românticos, para serem amadas por seu Príncipe Encantado.

Cinquenta tons é um conto de fadas. Há um homem e uma mulher, e um obstáculo que, por fim, serão capazes de superar. Existe um "felizes para sempre", mas o preço cobrado é terrivelmente alto. É assustador considerar quantas mulheres estariam dispostas a pagar esse preço.

Raça e entretenimento

O LENITIVO DE PREPARAR FRITURAS E OUTRAS LEMBRANÇAS PITORESCAS DOS ANOS 1960 NO MISSISSIPPI: REFLEXÕES SOBRE *HISTÓRIAS CRUZADAS*

QUANDO MEUS IRMÃOS E EU temos um dia particularmente frustrante lidando com os brancos, ligamos uns para os outros e dizemos: "Hoje é um dia de *Rosewood*". Nada mais precisa ser dito. *O massacre de Rosewood* se passa em 1923 e conta a história de Rosewood, uma cidade profundamente segregada e de maioria negra na Flórida. Na vizinha Sumner, uma mulher branca casada apanha de seu amante. Sem outra maneira de explicar as marcas no corpo para o marido, ela alega ter sido estuprada, e, quando os homens da cidade lhe perguntam quem havia feito aquela coisa terrível, a mulher branca, previsivelmente, grita: "Foi um negrinho".

Os homens brancos perdem a cabeça e se rendem a uma mentalidade de rebanho e causam muitos estragos, linchando um homem negro inocente e atormentando os habitantes da cidade de Rosewood. Enfurecida, a multidão destrói quase todas as casas e outras estruturas da cidade. Existem alguns subenredos de partir o coração, mas sobretudo a história gira em torno de uma pequena mentira, por assim dizer. É tudo muito angustiante, e a injustiça do que aconteceu em Rosewood, às vezes, é insuportável porque se baseia em uma história real. Na primeira vez que assisti a *O massacre de Rosewood*, virei-me para minha amiga e disse: "Não quero ver nenhuma pessoa branca nos próximos três dias". Ela disse "isso não é razoável", mas minha amiga é branca. Então, isso era de se esperar. Felizmente, era uma sexta-feira. Aí me tranquei em meu apartamento e, na segunda-feira, estava quase pronta para me reengajar com o mundo. Se *O massadre de Rosewood* exige uma janela de três dias de segregação voluntária, *Histórias cruzadas* requer três semanas, talvez mais.

Assistir a filmes históricos sobre a experiência negra (ou interpretações brancas da experiência negra) tornou-se quase impossível pela mesma razão. Espero nunca mais ler outra narrativa feita por escravos. É demais. É por demais doloroso. Muito frustrante e irritante. A história é muito recente e muito próxima. Assisto a filmes como *O massacre de Rosewood* ou *Histórias cruzadas* e percebo que, se eu tivesse nascido de pais diferentes, em uma época diferente, também poderia estar colhendo algodão, criando os bebês de uma mulher branca por menos de um salário mínimo ou suportando inúmeras circunstâncias intoleráveis para muito além de meu controle. Mais do que isso, porém, estou preocupada com quão poucas foram as mudanças que ocorreram. Estou preocupada com a complacência com que estamos dispostos a consumir essas tramas muitas vezes revisionistas da complexa e dolorosa história racial dos Estados Unidos. A história é importante, mas às vezes o passado me deixa sem esperança e desamparada.

Quando vi o trailer de *Histórias cruzadas* pela primeira vez, não estava familiarizada com o livro. No momento em que vi o uniforme da primeira empregada surgir na tela, sabia que ficaria aborrecida. No final do trailer, que continha todos os elementos familiares e reducionistas de um filme sobre o Sul segregado, eu espumava de ódio. Nos meses seguintes, continuei a ver o trailer, só que agora espalhado pela internet e pela televisão, e a versão do livro reimpressa foi bem badalada e chegou mesmo a subir de volta ao topo da lista de mais vendidos da Amazon porque é uma daquelas obras que quase todo mundo parece adorar. Depois de ver o filme, peguei o livro emprestado com um amigo, li e me enfureci ainda mais.

Histórias cruzadas é considerado inspirador, charmoso e comovente. Isso é tudo verdade se seu coração é aquecido por representações rasas, condescendentes e, principalmente, racistas de pessoas negras no Mississippi dos anos 1960; descrições excessivamente simpáticas das mulheres brancas que contrataram as serviçais; uso excessivo e impreciso de dialeto; e omissões flagrantes em relação ao movimento pelos direitos civis em que, como Martha Southgate aponta na *Entertainment Weekly*, "os brancos eram os serviçais": "os arquitetos, visionários, impulsionadores e a maioria dos trabalhadores das organizações de base do movimento pelos direitos civis eram afro-americanos". Acho que *Histórias cruzadas* é ficção científica em um universo paralelo.

Hollywood está apaixonada pelo negro mágico há bastante tempo — a inserção de um personagem negro em uma narrativa que concede ao protagonista a sabedoria de que ele precisa para avançar de algum modo — ou, como Matthew Hughey define o fenômeno no artigo "Social Problems" [Problemas sociais], de 2009:

> O [negro mágico] tornou-se um personagem comum que frequentemente aparece como uma pessoa negra de classe baixa e sem instrução que tem poderes sobrenaturais ou mágicos. Esses poderes são usados para salvar e transformar brancos destroçados, incultos, perdidos ou arruinados (quase sempre homens brancos) em pessoas competentes, bem-sucedidas e contentes dentro do contexto do mito americano de redenção e salvação.

(Vide: *Ghost: do outro lado da vida*, *Lendas da vida*, *Corpo fechado*, *Robin Hood: o príncipe dos ladrões*, *A vida secreta das abelhas*, *Sex and the city: o filme*, *À espera de um milagre*, *Corina, uma babá perfeita* etc.)

Em *Histórias cruzadas*, não há um, mas doze ou treze negros mágicos que usam seus poderes místicos para tornar o mundo um lugar melhor, compartilhando suas histórias de servidão e ajudando Eugenia "Skeeter" Phelan a crescer para além de sua estranheza e sua insegurança para se tornar uma mulher confiante, racialmente consciente e de carreira independente. É uma envergonhante coletânea de riquezas para os fãs do tropo negro mágico.

O cinema estava lotado para a sessão de *Histórias cruzadas* a que assisti. As mulheres vinham em grupos de três, quatro ou mais, muitas delas segurando suas cópias desgastadas do livro. Enquanto esperávamos o filme começar, e foi uma longa espera porque o projetor estava com defeito (um sinal talvez), ouvi as mulheres ao meu redor, certamente bem-intencionadas, muitas delas do tempo da série oitentista *Supergatas*, conversando sobre o quanto amaram o livro, o quão entusiasmadas estavam e quanto tempo esperaram para que o filme estreasse. Perguntei-me se estavam relembrando os *bons e velhos tempos*. Então, achei que isso era injusto de minha parte. Ainda assim, estavam bastante entusiasmadas. Minhas colegas espectadoras aplaudiram quando o filme começou e aplaudiram quando o filme acabou. Aplaudiam durante os momentos inspiradores e ofegavam, gemiam ou estalavam a língua durante os momentos de desconforto ou dor. A reação entusiasmada delas ao filme não foi suave. Minha fé na humanidade foi testada. Eu era a única pessoa negra na sala, embora, para ser justa, isso tem a ver sobretudo com o bairro onde moro. Enquanto caminhava para meu carro, percebi que *Histórias cruzadas* iria render muito dinheiro e seria muito bem acolhido por muitas pessoas.

Se você vai ao cinema sem o cérebro (deixe no porta-luvas), *Histórias cruzadas* é um bom filme. A produção é competente. O elenco é uniformemente excelente e inclui o elenco coadjuvante supertalentoso de Cicely Tyson, Allison Janney e Sissy Spacek. Viola Davis e Octavia Spencer receberam indicações ao Oscar porque fazem um excelente trabalho no filme e Hollywood adora recompensar mulheres negras por interpretarem negras mágicas. Spencer ganharia, e merecidamente, o Oscar de Melhor Atriz Coadjuvante. Enquanto eu me perguntava quantas pessoas talentosas assinaram esse filme, o elenco não é o problema aqui. Como outros já apontaram, *Histórias cruzadas* é endêmico de um problema muito maior, em que ainda hoje um papel principal para uma vencedora de dois prêmios Tony e indicada ao Oscar como Viola Davis é o de uma empregada doméstica.

Davis, sempre sublime, traz inteligência, seriedade e coração para o papel de Aibileen Clark, uma empregada mais velha que acaba de perder seu único filho em um acidente em um moinho e trabalhou toda a sua vida como

212 *Roxane Gay*

empregada doméstica e babá, criando dezessete crianças brancas. Quando a conhecemos, Aibileen está de luto pelo filho e trabalhando como empregada doméstica para Elizabeth Leefolt e sua filha, Mae Mobley, uma menina gordinha e feia que muitas vezes é negligenciada pela mãe. O poder mágico de Aibileen permite que crianças brancas se sintam bem *consigo mesmas*. Sempre que Mae Mobley se sente mal, Aibileen canta: "Você é boa. Você é esperta. Você é importante". Ela enche a criança de amor e carinho ao mesmo tempo que precisa ouvir mulheres brancas jovens falarem sobre os negros como uma espécie sub-humana, lidando com a indignidade de usar um banheiro fora da casa principal e com seu luto. Magia, magia, magia. No final do filme, Aibileen oferece seu encantamento inspirador à jovem Mae Mobley, mesmo depois de ser despedida por uma infração que não cometeu, pois é isso que a negra mágica faz — ela usa sua magia para a demanda branca e raramente para si mesma.

Spencer também é formidável como Minny Jackson, a empregada "atrevida" ("atrevida" sendo um código para "arrogante"), que trabalha, no início do filme, para o mesquinho, vingativo e socialmente poderoso Hilly Holbrook (Bryce Dallas Howard), presidente da Liga Juvenil. Hilly Holbrook deve sua fama, entre outras crueldades, à proposta de que todas as casas de brancos forneçam banheiros separados para os serviçais "não brancos". Depois que Minny é demitida do emprego, em que usa sua magia negra para cuidar da mãe idosa de Hilly, ela vai trabalhar para Celia Foote. As mulheres da Liga Júnior em Jackson isolam Celia porque ela estava grávida quando se casou: é considerada *white trash*, "lixo branco", e cometeu outros pecados sociais. Minny usa sua negritude mística para ajudar Celia a lidar com vários abortos espontâneos e a aprender a cozinhar e, ao final do filme, a narrativa nos leva a acreditar que Celia indiretamente encoraja Minny a deixar seu marido abusivo, como se uma mulher com a força e o caráter de Minny não conseguisse fazer isso sozinha. Então, Celia faz uma refeição inteira para Minny e permite que a serviçal se sente à mesa de sua sala de jantar como os brancos — ahhh, droga! Minny pergunta: "Não vou perder meu emprego?". E o marido de Celia diz: "Você tem um emprego aqui para o resto da vida". Minny, é claro, sorri agradecida porque uma vida inteira servindo a uma família branca, fazendo o trabalho árduo por um pagamento terrível, é como ganhar na loteria. É o máximo que uma mulher negra poderia esperar no universo paralelo de ficção científica de *Histórias cruzadas*.

Emma Stone interpreta Skeeter, que acabou de retornar a Jackson depois de se formar na Ole Miss. Ela consegue emprego escrevendo uma coluna de conselhos para o jornal local, mas tem aspirações maiores e muita coragem. Sabemos disso porque ela é insolente ao abordar a mãe e não tem como maior prioridade encontrar um homem. Sua prioridade máxima é dar voz às mulheres negras adultas. Estar de volta a Jackson força Skeeter a confrontar muitas das normas sociais que ela considerou certas durante a maior parte da vida. Enquanto as amigas tratam "as serviçais" sem rodeios, Skeeter fica sentada em silêncio, raramente reclama, mas costuma franzir a testa. Sua carranca nos mostra que o racismo é muito, muito ruim e que as boas meninas do Sul devem ser boas com suas "mães pretas".

Skeeter teve a brilhante ideia de contar as histórias das empregadas domésticas que passam a vida limpando casas de brancos e criando os bebês deles. Stone é charmosa e verossímil, mesmo que a personagem que interpreta seja intencionalmente ignorante. O encanto, no entanto, irrita porque é bastante obsceno imaginar que essa moça imatura iria de alguma forma guiar os negros mágicos para a salvação por meio da limpeza espiritual proporcionada pela confissão de cunho ocupacional. Quando Aibileen lembra a Skeeter de que não deveriam ser vistas juntas, Skeeter inteira-se brevemente sobre as leis de Jim Crow e, em seguida, ignora tudo o que aprendeu, impondo-se à incrível boa vontade de Aibileen, incitando-a a compartilhar sua história sobre como é *realmente* ser empregada doméstica em Jackson, Mississippi, como se a verdade não fosse totalmente óbvia. No final de *Histórias cruzadas*, Skeeter diz que pode recusar o emprego dos sonhos na cidade de Nova York para ficar e "proteger" Aibileen e Minny. Devemos perceber isso como um gesto comovente, mas só serve para levar a condescendência geral do filme a um amargo alívio em sua conclusão.

Sem ponderações, *Histórias cruzadas* é um bom filme, mas também manipulador emocional e injusto. Muitas vezes, durante o interminável transcorrer de suas 2h17, senti como se minha alma fosse murchar e morrer. Fiquei arrasada com tudo. Todos em volta choraram bastante durante a maior parte do filme. Meus olhos não estavam secos. Tenho certeza de que choramos muitas vezes por motivos diferentes. Cada transgressão, injustiça e tragédia foram exploradas de forma que, ao final do filme, era como se o diretor tivesse rasgado meu peito, meu coração, e pulado continuamente sobre ele até se despedaçar — em frangalhos, se assim o preferir.

O filme é emocionalmente manipulador, mas de uma forma muito controlada. *Histórias cruzadas* nos oferece uma visão profundamente higienizada do Sul segregado do início dos anos 1960. Existem vários momentos desagradáveis, mas estes são temperados por uma grande dose de humor leve e momentos emocionais contritos e tocantes. O filme dá a impressão de que a vida era difícil no Mississippi na década de 1960 para mulheres, brancas e negras, mas ainda assim suportável porque as coisas eram assim.

As implausibilidades da ficção científica de *Histórias cruzadas* são muitas e disparatadas. Com certeza, isso acontece na maioria dos filmes, sobretudo hoje em dia. O que torna essas implausibilidades ofensivas em *Histórias cruzadas* é que a maioria de nós tem ciência disso. Conhecemos nossa história. Não há altura suficiente na atmosfera que nos permita suspender nossa descrença e acreditar em tais narrativas.

Se você levar seu cérebro para *Histórias cruzadas*, o filme será pior do que você imagina. Assistir a *Histórias cruzadas* através de lentes críticas é doloroso. A certa altura, enquanto ensina Celia Foote a fazer frango frito, Minny diz: "Fritar frango costuma fazer com que eu me sinta melhor com a vida". O fato de uma frase sobre o consolo encontrado no preparo de alimentos fritos ter virado livro e filme produzido no início do século XXI diz muito sobre onde nos encontramos em termos de atitudes corretas com relação à raça. Não chegamos a lugar nenhum. Essa frase foi uma das muitas que me fizeram estremecer, chorar, revirar os olhos ou esconder o rosto com as mãos. Dizer que me senti desconfortável não expressa direito meus sentimentos.

Coisas pequenas também irritam. O exagerado dialeto falado pelas empregadas evoca o povo negro intimidado, que se embaralha em suas vidas miseráveis, cantando *spirituals*. Na casa de Aibileen, por exemplo, há fotos de seu filho recentemente falecido e o retrato de um Jesus branco. Depois de Medgar Evers ser baleado e JFK comparecer ao funeral, a câmera gira para a parede onde uma foto de JFK se junta às outras duas, em vez de uma foto do próprio Medgar Evers ou de outro líder dos direitos civis. Em outra subtrama, sendo que existem muitas, a babá de Skeeter quando criança, Constantine (Cicely Tyson), fica tão devastada depois de ser despedida pela família branca para a qual ela trabalhou por mais de 27 anos, que morre em função de sua mágoa. A implicação grosseira é que sua gana de viver vinha do fato de limpar as bundas e esfregar os banheiros dos brancos. Essa realização de desejo branco torna o filme bastante frustrante.

Homens, negros e brancos, estão ausentes do filme. Os homens brancos estão aparentemente isentos de qualquer responsabilidade pelas relações raciais no Mississippi dos anos 1960. O filme é desprovido de qualquer menção às realidades de má conduta sexual, agressão e assédio que mulheres negras enfrentam trabalhando para homens brancos. Não vemos nenhuma situação em que traseiros sejam apalpados de forma indesejada. Não creio que linchamentos tenham sido mencionados uma vez sequer. Não sabemos como Aibileen veio a ter um filho. Então, devemos supor, porque ela é mágica, que a concepção de seu filho foi imaculada. O marido de Minny, o qual nunca vemos, é abusivo. Nós a ouvimos sendo submetida a abusos durante um telefonema e, ao final do filme, vemos seu rosto machucado, mas nunca vemos Leroy, o homem que cometeu esses atos de violência. Há também o subtexto bizarro de que a mulher atrevida deve ser mantida na linha por meio da brutalidade. Como na maioria das representações populares, os homens negros são tratados de maneira deprimente e redutora, quando abordados. O filme entrega-se vergonhosamente ao mito do homem negro ausente. As verdadeiras consequências do relacionamento de mulheres negras com uma jovem branca são encobertas como meramente inconvenientes, em vez de mortais.

As mulheres brancas são retratadas como tirânicas no âmbito doméstico, embora tenham uma vida bem restrita como donas de casa sulistas desesperadas, para que possamos simpatizar com a situação *delas*.

A raça costuma ser tratada de forma ineficaz em filmes e ficção. Eu me acostumei com essa realidade. Ainda assim... Tive dificuldade em escrever sobre *Histórias cruzadas* porque há algo mais em minha raiva e em minha frustração.

No início, pensei que me ressentia do fato de que um livro profundamente falho vendeu mais de três milhões de cópias, passou mais de cem semanas na lista de mais vendidos e é um grande filme. Mas os livros de que não gosto sempre são bem-sucedidos. Não perco o sono por isso. Também não posso negar que o livro e o filme têm seus momentos. Houve momentos em que ri ou fiquei comovida, embora com certeza esses momentos tenham sido poucos e esparsos.

Considero-me progressista e de mente aberta, mas tenho preconceitos. E, ao ler e assistir a *Histórias cruzadas*, tornei-me dolorosamente consciente de como posso ser preconceituosa. Meu verdadeiro problema é que *Histórias cruzadas* foi escrito por uma mulher branca. O roteiro é escrito por um homem branco. O filme é dirigido por esse mesmo homem branco. Sei que é errado, mas penso: como eles ousam?

Escrever sobre diferença é complicado. Há ampla evidência de que é muito difícil captar diferenças de forma *correta*, evitar apropriação cultural, reinscrever estereótipos, revisar ou minimizar a história ou rebaixar e banalizar a diferença ou a alteridade. Como escritores, estamos sempre nos perguntando: *Como faço para acertar?* Esta questão torna-se ainda mais crítica quando tentamos acertar sobre a questão racial, encontrar maneiras autênticas de imaginar e reimaginar a vida de pessoas com experiências e origens culturais diferentes. Escrever a diferença requer um equilíbrio delicado, e não sei como encontrá-lo.

Escrevo sobre raça, gênero e sexualidade o tempo todo. Nunca gostaria de que me dissessem que não posso escrever uma história na qual o protagonista seja um homem branco ou uma lésbica latina ou qualquer pessoa que não se pareça comigo. A alegria da ficção é que, nas mãos certas, tudo é possível. Acredito firmemente que nossa responsabilidade como escritores é nos desafiar a escrever além do que sabemos. Quando se trata de escritores brancos que lidam com diferenças raciais, no entanto, fico confusa e muito menos tolerante do que deveria. Se eu não extrair mais nada do livro e do filme em questão, estou pelo menos ciente de que tenho trabalho a fazer.

Não espero que os escritores sempre acertem ao abordar as diferenças, mas que façam um esforço confiável. *Histórias cruzadas* demonstra que alguns escritores não devem tentar escrever sobre raça e diferença. Kathryn Stockett tenta escrever sobre mulheres negras, mas ela não se esforça o suficiente. Suas representações de raça são quase fetichistas, quando não totalmente ofensivas. Em um ponto do livro, Aibileen compara sua cor de pele com a de uma barata, o inseto mais odiado que você pode imaginar. Aibileen diz, olhando para uma barata: "Ela é grande, uns três, quatro centímetros. Ela é preta. Mais preta do que eu". Isso não só é um texto ruim, mas é uma maneira ainda pior de se escrever sobre diferenças. Se os escritores brancos não podem fazer melhor do que comparar uma barata com a pele negra, talvez eles devessem deixar o tema sobre diferenças em mãos mais habilidosas. Em *Histórias cruzadas*, Stockett não escreve para mulheres negras. Faz caricaturas de mulheres negras, encontrando pedaços de verdade e experiência genuína e distorcendo-os a um efeito repulsivo. Ela é o exemplo perfeito para que escritores escrevam apenas o que sabem, não o que pensam que sabem, mas sobre o que nada sabem.

Django, o sobrevivente

Estava tão tensa para assistir a *Django livre* quanto a *Histórias cruzadas*. Não ajuda o fato de que grande parte da experiência negra, sobretudo nos filmes, seja mediada pela visão de escritores e diretores brancos (como se fossem os mais qualificados para falar sobre a história negra), que querem ser parabenizados por seus esforços, não importa quão medíocres esses esforços possam ser. Essa mediação, sua constância e a qualidade empobrecida tornam-se cansativas.

Como esperado, eu era a única negra na plateia durante a exibição de *Django livre*. Quando o filme começa, cinco escravos do sexo masculino estão sendo conduzidos a pé, com pouca roupa para protegê-los das intempéries. Suas costas mostram a evidência de seus tormentos — grossas cicatrizes entrelaçadas que se estendem dos ombros até a região lombar. A maioria dos filmes sobre a escravidão revela a predileção da câmera (do diretor) por retratar os corpos alquebrados de escravos como se apenas por meio de tais evidências visuais um espectador pudesse entender de fato os horrores da escravidão humana.

É noite quando esses escravos trêmulos e sofredores e seus algozes encontram o dr. King Schultz (Christoph Waltz), um dentista, como se denomina. Ele fala muito bem enquanto explica que está procurando por um escravo chamado Django (Jamie Foxx) que, Schultz espera, possa identificar os Brittle Brothers pelos quais procura. Schultz é charmoso e suave, à moda europeia, evidenciando como os traficantes de escravos americanos são homens ignorantes. É fácil rir nesses primeiros momentos, apesar dos homens, praticamente nus e amarrados por algemas, tremendo no frio da noite gélida. É um alívio rir, pois então podemos nos esquecer de que, além da disputa verbal, há uma história profundamente desconfortável esperando para ser contada.

Depois de uma espécie de negociação, Schultz compra Django e liberta os outros escravos, que despacham o traficante de escravos restante antes de ir, bem, ninguém sabe para onde. Essa história não é sobre eles. Schultz e Django seguem para uma cidade do Texas, onde todos olham, boquiabertos, para um homem negro a cavalo. A improvável dupla logo se instala em um bar, sendo que o dono havia corrido para buscar o xerife porque os escravos são tão indesejáveis em bares quanto montados em cavalos, e assim começa o primeiro de vários enredos ao longo do filme. Há ação, humor e uma história de amor anêmica. Não faltam matanças, com elaborados jorros de sangue esguichados no ar, acompanhados pelos sons ocos e úmidos de balas atingindo carne humana. No fim das contas, somos levados a acreditar que há um final feliz. Por isso, devemos acreditar que o que o roteirista e diretor Quentin Tarantino criou é arte.

Desde o início, o público à minha volta riu com bastante entusiasmo. O que foi particularmente desconcertante foi como riam nas horas erradas. Algumas eram risadas nervosas durante as primeiras ocorrências da palavra iniciada pela letra N por entre os personagens. À medida que o uso da palavra se tornou onipresente, o riso ficou mais forte enquanto havia silêncio durante os momentos mais sutis e engraçados do filme, como quando Django explica a Calvin Candie (Leonardo DiCaprio) que seu sócio, King Schultz, se ofereceu para pagar por um escravo fugitivo porque ele não estava acostumado com americanos. Quando o humor ácido do filme se concentrava em pessoas que se pareciam com eles, o público ficava em silêncio. Fiquei paranoica — as pessoas ao meu redor ficavam contentes porque gostavam de ouvir a palavra ser usada sem consequências? Estavam, como os espectadores durante *Histórias cruzadas*, ansiando por um momento diferente?

Mas pode haver uma maneira melhor de iniciar essa conversa. Qualquer ofensa que eu sentir com *Django livre* não é acadêmica ou nasceu de correção política. A arte pode e deve tomar liberdades e interpretar as experiências humanas de diferentes maneiras, mesmo que essas interpretações nos incomodem. Minha ofensa é pessoal — totalmente humana e surgindo da realidade desconfortável de que eu poderia ter sido uma escrava. Não há como negar que teria sido uma escrava terrível, tanto na casa-grande quanto nos campos, o que significa que a escravidão teria sido extremamente desagradável para mim. Não posso discutir os méritos artísticos de *Django livre*, pois minhas mãos estão queimando com o desejo de estapear a cara de Tarantino até meus braços ficarem cansados.

Ou poderia começar dizendo que "ofensa" nem mesmo é a palavra que melhor descreve como me senti assistindo a *Django livre*, que já vi duas vezes. "Ofensa" é uma palavra muito branda. A maioria dos filmes hoje em dia me ofende com sua mediocridade. *Django livre* decepciona, irrita, e às vezes irrita e acende tensões.

Também é impossível discutir *Django livre* sem discutir a palavra iniciada pela letra *N*, usada de forma tão onipresente no filme. Tarantino aparentemente acredita que esse termo é uma nova conjunção — uma parte do discurso que conecta duas palavras, frases, orações ou sentenças. Para ser justa, odeio a palavra iniciada pela letra *N* e evito usá-la porque sempre foi pejorativa, um termo destinado a lembrar os negros de seu lugar, uma palavra para reforçar a percepção de inferioridade. Não tenho interesse em usar a palavra para me descrever ou descrever qualquer pessoa negra, sob nenhuma circunstância. Não há nenhuma recuperação a ser feita.

Há 110 ocorrências da palavra iniciada pela letra *N* em quase três horas, algo que Tarantino parece acreditar que é historicamente preciso e, portanto, justificado. Se Tarantino tivesse usado a exatidão histórica como guia em todos os aspectos de *Django livre*, seria possível levar a sério sua explicação fraca, mas é um filme que também inclui, entre outras esquisitices, um momento com uma escrava divertindo-se alegremente em um balanço de árvore em uma plantação administrada por um homem chamado Big Daddy enquanto, nas proximidades, outro escravo está prestes a ser espancado. Quando Tarantino sugere que está tentando alcançar a verossimilhança ao encher seu roteiro com a palavra iniciada pela letra *N*, não posso deixar de sentir que ele está sendo insincero ou, pelo menos, bastante seletivo sobre como e onde escolhe honrar a precisão histórica.

Com certeza, a palavra iniciada pela letra N faz parte da nossa história tanto quanto faz parte de nosso presente. A primeira ocorrência documentada da palavra data de 1600 e, daí, apareceu em quase todos os aspectos da vida americana, de documentos jurídicos a entretenimento e nosso vernáculo. Presidentes americanos, juízes da Suprema Corte e cidadãos comuns têm usado a palavra com igual conforto. Como Randall Kennedy observa em *Nigger: The Strange Career of a Troublesome Word* [*Nigger*: a estranha carreira de uma palavra perturbadora], "uma lista completa de brancos proeminentes que tenham se referido em algum momento ou outro a negros de forma aviltante como *nigger* seria realmente longa. Incluiria figuras até bastante distintas como o ex-presidente Richard Nixon e a escritora Flannery O'Connor". A palavra com a letra N certamente não é uma palavra que, como muitos sugerem, foi mantida viva apenas por artistas de hip-hop e rap. Os brancos também têm mantido a palavra viva e bem viva. Qualquer filme sobre escravidão ou história negra poderia incluir a palavra de forma razoável algumas vezes apenas para nos lembrarmos de como todos nós éramos terríveis, para nos lembrarmos do trabalho que ainda temos por fazer. Ainda assim, a versão televisionada de *Raízes* consegue retratar a realidade da escravidão sem a palavra iniciada pela letra N — e a minissérie tem quase dez horas de duração.

Eu sabia desde o início que não era o público-alvo desse filme. Racismo e escravidão não são incríveis e divertidos para mim, a menos que Dave Chappelle esteja comandando o espetáculo. Na verdade, a escravidão me exauriu — pensar, falar, ler sobre ela e assistir a filmes sobre o tema. Cada vez que ouço falar de um novo livro ou um filme que aborda a escravidão de alguma forma, sinto, sobretudo, pavor. O que mais poderia ser dito sobre o assunto?

Mas *Django livre* nem é realmente um filme sobre a escravidão. *Django livre* é um faroeste *spaghetti* ambientado no século XIX. A escravidão é um pano de fundo conveniente e facilmente expropriado. Tal como aconteceu com *Bastardos inglórios* usando a Segunda Guerra Mundial, Tarantino mais uma vez conseguiu encontrar uma experiência cultural traumática de um povo marginalizado que tem pouco a ver com sua própria história e usou isso para exercitar sua arrogância de tornar ridiculamente violentos filmes pouco engraçados que corrigem erros históricos a partir de uma posição privilegiada muito limitada.

Como a maioria dos faroestes, digamos, como a maioria dos filmes, *Django livre* trata dos caprichos dos homens. Às vezes, o filme é brilhante, mas sobretudo enfurecedor. É um bom filme no sentido masturbador em que a maioria dos filmes de Tarantino são considerados bons. O homem conhece seu ofício e claramente adora filmes e adora fazer filmes em que mostra a todos o quanto adora filmes. Hollywood, por qualquer motivo, fica mais do que feliz em conceder a homenagem autorreferencial de Tarantino aos gêneros cinematográficos pelos quais ele é tão apaixonado.

Ainda assim, peguei-me gostando de certas partes. Por mais estranho que pareça, o design de som do filme é impecável. Eu precisava de algo em que me concentrar para não perder a cabeça. Então, prestei muita atenção a esses efeitos sonoros. É bem elaborado o trabalho nesse âmbito.

A atuação é sólida, assim como a direção e o cenário. O roteiro é particularmente forte e com certeza digno do respeito da crítica e da indicação ao Oscar que recebeu. Existem alguns trechos de diálogo em especial, como quando Django e o dr. King Schultz vão para uma plantação de propriedade de Big Daddy (Don Johnson), que necessita instruir uma escrava, Betina, sobre como tratar Django como um homem livre. Ela diz: "Você quer que eu o trate como gente branca?". Isso, é claro, atrapalha Big Daddy, que diz não, claro que não, e Betina, com razão, confusa, diz: "Bem, então não sei o que você quer dizer".

É assim que Tarantino trabalha — ele tenta fazer você esquecer suas muitas ofensas, confortando-o em estado de complacência com sua competência e seus lampejos de brilho. Tenta fazer o espectador acreditar que, se a arte for boa o suficiente, a mensagem pode passar despercebida. Tentei ignorar a mensagem, mas Tarantino não me permitiu por um momento sequer. Cada vez que eu tentava entrar no filme e me divertir, ele realizava outra escolha indulgente e desagradável, que pouco mais fazia a não ser revelar o que só posso supor ser o sério problema de Tarantino com a questão racial.

Christoph Waltz foi, como sempre, uma revelação. Seu personagem, como um europeu lutando para entender a cultura americana, revela o absurdo da escravidão e confere ao filme pelo menos uma pessoa branca que não seja totalmente odiosa. Mas ele ainda assim é cúmplice da escravidão, usando o sistema a seu favor desde o início. Schultz diz a Django que ele só o libertará depois que capturarem os Brittles. Schultz acha a escravidão abominável, a menos que seja adequada a seus propósitos, sendo esse, imagino, o dilema em que muitos brancos se encontraram durante a era da escravidão. Django não tem autonomia para decidir por si mesmo se quer ajudar Schultz ou não, e ainda assim devemos concordar com isso. Devemos também torcer por Schultz, não porque ele seja a melhor pessoa, mas porque ele é o menos perverso.

Suponho que seja essa a questão que Tarantino está tentando apresentar: que, nos anos 1800, todo mundo era cúmplice da instituição da escravidão, porém ele elaborou um trabalho tosco ao tentar elaborar sobre a questão. E então há seu herói, Django. Foxx faz um bom trabalho como Django, mas seu personagem é basicamente unidimensional, o que é uma pena, pois ele oferece uma rica oportunidade de explorar como seria encontrar a liberdade. Em vez disso, Django murmura algumas linhas moderadamente divertidas sobre matar pessoas brancas. Quando ele consegue escolher sua própria roupa (obrigado, sinhozinho), ele escolhe um traje azul-brilhante extravagante que faz o público rir do negro simples, e não dele. Então, no decorrer do final do filme, ele está de alguma forma contemporâneo e recuperou sua dignidade. Só isso.

Django realmente tem um objetivo no filme: encontrar e libertar sua amada esposa, Broomhilda (Kerry Washington), que também foi vendida em um leilão de escravos. Algumas resenhas sugeriram que *Django livre* é uma história de amor, mas isso é um pensamento simplista e ilusório. Broomhilda é, como a maioria das pessoas não brancas no filme, um tanto incidental. Aparece por muito pouco tempo na tela e fala muito poucas palavras. Em vários pontos, vemos Django imaginando Broomhilda ao longe, sorrindo para ele com os olhos. Descobrimos que ela fala alemão, o que encanta Schultz, pois, de fato, quais são as probabilidades?

Tarantino passa uma quantidade excessiva de tempo descrevendo com alegria o sofrimento da heroína do filme raramente vista ou ouvida, Broomhilda, enquanto ela é marcada, açoitada, punida em uma caixa quente e humilhada durante um jantar ao ser forçada a revelar suas cicatrizes para os convidados. Sobretudo, ela se mostra bonita ou atormentada ou lindamente atormentada conforme a situação exige. Dificilmente conseguimos ver um momento de amor entre Django e Broomhilda, embora sua história *supostamente* fosse a trama central do filme.

Uma coisa que sabemos sobre a escravidão é que, para sobreviver, alguns negros faziam o que tinham de fazer e, às vezes, isso significava se tornar parte do sistema escravista para que esse sistema não os dilacerasse por completo. Samuel L. Jackson, que com frequência aparece nos filmes de Tarantino, faz uma virada bastante perturbadora como Stephen, o braço direito irascível de Calvin Candie — parte mordomo, parte superintendente doméstico, parte o homem mais mal-humorado do mundo para seu senhor. Devemos odiar Stephen porque ele é tão ruim quanto os brancos. Jackson desempenha o papel de forma tão convincente que chegamos a odiar Stephen. Não há reconhecimento, no entanto, de por que Stephen pode ter se tornado tão cruel. Não há reconhecimento de que a rendição foi sua única escolha ou que deveríamos nos sentir tão empáticos com Stephen quanto nos sentimos com Django ou Broomhilda ou qualquer uma das outras pessoas escravizadas no filme.

O que mais me impressionou foi como *Django livre* é uma fantasia de vingança do homem branco contra a escravidão, na qual os brancos estão em evidência e os negros são, em grande parte, incidentais. A arrogância de Tarantino, como sempre, é impressionante. Django pode recuperar sua dignidade porque é libertado por um homem branco. Ele se reúne com a esposa, novamente, com a ajuda de um homem branco. *Django livre* não é sobre um homem negro reivindicando sua liberdade. Diz respeito a um homem branco lidando com seus próprios demônios raciais e sua culpa branca.

Não existe fantasia coletiva de vingança de escravidão entre os negros, mas tenho certeza de que, se houvesse, não seria sobre brancos, de forma alguma. Minha fantasia de vingança contra a escravidão provavelmente envolveria ser capaz de ler e escrever sem medo de punição ou perseguição, junto com longas férias em Paris. Isso envolveria a recuperação da dignidade em meus próprios termos e não com a assistência "generosa" de pessoas brancas benevolentes que eram igualmente cúmplices com os males da escravidão.

***

Eu também poderia começar dizendo que no Haiti, em 1º de janeiro, não apenas começa um novo ano. É também o Dia da Independência dos haitianos. Na mesma data, em 1804, Jean-Jacques Dessalines declarou o Haiti uma nação livre, a primeira do gênero na América Latina, encerrando uma rebelião de escravos de treze anos. A partir daí, o Haiti tem sido um país atormentado, mas seu povo tem vivido livre, ou tão livre quanto qualquer um pode ser, enquanto tenta superar o complexo legado da escravidão. Enquanto americana de descendência haitiana de primeira geração, fui criada com histórias de como meus ancestrais lutaram pela liberdade e como, tirando os fardos que possamos sofrer como povo haitiano, sabemos que nos libertamos. Sou haitiana, mas fui criada nos Estados Unidos. Você não pode reconhecer minha herança apenas olhando para mim. Sou negra na América. Como muitas pessoas que compartilham minha cor de pele, a escravidão é uma coisa terrível e ameaçadora que faz parte de um passado distante e inevitável. Em vez de me oferecer alguns novos insights sobre essa realidade preocupante, *Django livre* simplesmente serviu como um lembrete de que, quanto mais as coisas mudam, mais elas permanecem as mesmas.

Para além da narrativa de luta

Hattie McDaniel, a primeira pessoa negra a ganhar um Oscar, obteve esse prêmio por seu papel em *E o vento levou*, como Mammy, em 1939. McDaniel foi uma atriz formidável, mas, pelo bem ou pelo mal, sua carreira foi dominada por papéis de empregadas domésticas, pois, naquela época, o serviço doméstico era a única maneira pela qual a cultura popular podia conceber as mulheres negras. Em 2012, Octavia Spencer ganhou um Oscar por interpretar uma empregada doméstica, Minny Jackson, no popular, mas profundamente problemático, *Histórias cruzadas*, que recebeu quatro indicações ao Oscar. Embora haja muita retórica rasa sobre a América pós-racial, quando se trata do Oscar, Hollywood tem noções muito específicas acerca de como deseja ver os negros na tela de cinema. Com certeza há exceções, porém, com muita frequência, a aclamação da crítica para os filmes negros é construída sobre o altar do sofrimento ou da subjugação das pessoas negras.

Em 2013, assistimos a um desfile bastante cinematográfico de sofrimento e subjugação dos negros. No excelente *Fruitvale Station: a última parada*, o escritor e diretor Ryan Coogler habilmente conta a história do último dia de vida de Oscar Grant, antes de Grant ser assassinado por um oficial do metrô no Ano-Novo de 2009. O filme de Lee Daniels, *O mordomo da Casa Branca*, narra a vida de Cecil Gaines, um mordomo negro que trabalhou na Casa Branca por 34 anos. Por meio da história da vida de Gaines, também sabemos a história da América negra, os desafios da dessegregação e como, com dignidade, um homem perseverou. O auge do sofrimento dos negros, porém, vem por meio de *Doze anos de escravidão*. Desde a estreia do filme no circuito de festivais, ele tem recebido grande aclamação da crítica. É o filme que todos *devem ver*, o relato definitivo do legado brutal da escravidão da América.

Essa retórica é sempre curiosa porque a escravidão foi bem relatada desde o início do século xix. O que mais poderia ser dito sobre a escravidão? Quem pode ter trabalhado sob a impressão de que a escravidão poderia ser algo menos do que um horror abjeto? *Doze anos de escravidão* oferece um conceito relativamente original — a verdadeira história de Solomon Northup (Chiwetel Ejiofor), um homem negro livre que foi sequestrado e vendido como escravo por doze anos. Como Michelle Dean observa no site *Flavorwire*, "senão por outro motivo, *Doze anos de escravidão* é notável porque é o único filme até agora baseado no relato do próprio escravo sobre sua experiência". Também é o primeiro grande filme sobre escravidão apoiado por um estúdio de grande porte e dirigido por um diretor negro. Esses marcos não são insignificantes. Apesar do material de origem e do diretor, no entanto, *Doze anos de escravidão* não oferece uma nova visão sobre a narrativa do escravo. Há pouco para justificar a existência desse filme além do desejo do cineasta de contar essa história em particular.

Escolhi não ler muitas resenhas antes de ver *Doze anos de escravidão*. Queria que a experiência de assistir ao filme fosse o menos influenciada possível. Confesso: não fiquei impressionada e não entendo a aclamação efusiva. O filme foi brutal, de forma quase entorpecente. Nada foi poupado ao retratar as duras realidades da escravidão humana — perda de dignidade, violência física, sexual e emocional. A realidade retratada é tão dura que não posso deixar de me perguntar se as pessoas acham o filme excelente por causa de sua implacabilidade absoluta. Chorei, mais de uma vez, mas não fiquei comovida. Estava simplesmente dilacerada, como qualquer pessoa ficaria ao testemunhar tais atrocidades.

Doze anos de escravidão é bom o suficiente — certamente vale a pena ver se você não tem clareza sobre o que foi a escravidão e seu legado. A performance dos atores é formidável. O diretor Steve McQueen faz algumas escolhas artísticas adoráveis, mas às vezes essas escolhas artísticas são dissonantes e fora do lugar — tomadas extensas e poéticas da beleza de uma plantação, pausas cinemáticas excessivamente indulgentes que não fazem sentido. O filme às vezes se arrasta. O tédio é apenas interrompido por mais uma violência insuportável.

Usa-se o sofrimento das mulheres negras para contar a história de um homem. Embora o próprio Northup seja vítima de uma brutalidade sem sentido, são mais frequentemente as mulheres que sofrem, e ele se torna ainda mais infeliz por ser forçado a testemunhar esse sofrimento. É seu sofrimento que é pintado como mais profundo. Sim, essa é a história dele, porém grandes partes do filme se concentram em todos, menos nele.

No início, Eliza, interpretada pela supertalentosa Adepero Oduye, foi separada dos filhos — uma ocorrência assustadoramente regular durante o período escravocrata. Eliza está tão cheia de tristeza que mal consegue suportar o sofrimento. Ela passa a maior parte do tempo soluçando, inconsolável. Solomon questiona bastante sua dor e oferece alguns argumentos sobre o desejo de sobreviver. Em pouco tempo, Eliza é vendida porque ninguém quer compartilhar sua angústia ou ser forçado a vê-la. Solomon parece não se comover com essa reviravolta nos acontecimentos, o que levanta a questão, que sempre surge, de por que esse subenredo foi incluído.

Na segunda metade do filme, Solomon é vendido para Edwin Epps (Michael Fassbender), que é conhecido por sua habilidade de subjugar escravos. Epps é louco e impenitente. Ele tem o carinho de um predador por Patsey (Lupita Nyong'o), a quem ele reverencia e abusa em igual medida. Em última análise, o sofrimento de Patsey é o mais devastador em um filme em que quase todo mundo sofre. Tão profundo é seu sofrimento que Patsey implora a Solomon que a mate para que seu martírio termine. Ele se recusa, o que é tão cruel quanto compreensível.

Deve ser ressaltado que *Doze anos de escravidão* faz um trabalho notável de revelar as maneiras por meio das quais as mulheres brancas eram cúmplices da escravidão. Sarah Paulson é absolutamente estarrecedora como a esposa de Epps, a senhora Epps. Epps age como um amante ciumento sempre que Patsey não está a seu alcance e não se preocupa em esconder seus sentimentos da esposa. A senhora Epps ressente-se de Patsey pelo lugar que a mulher ocupa no coração do marido e não perde a oportunidade de fazer crueldades com ela.

A maioria dos filmes sobre a escravidão tem o fetiche de retratar a mortificação da carne negra, e *Doze anos de escravidão* não é diferente. Existem várias cenas em que escravos são chicoteados por uma infração ou outra. Quando Solomon é capturado pela primeira vez, ele é "ensinado a ocupar seu lugar" com uma surra. Os escravos são punidos por não colherem algodão suficiente. A cena mais angustiante é aquela em que Patsey é punida por ter ido à plantação vizinha comprar uma barra de sabão para tomar banho. Epps está tão zangado e doente de ciúme que resolve ele mesmo chicotear Patsey, mas acaba não conseguindo. Ele entrega o chicote a Solomon, que reluta em participar dessa brutalidade, mas sabe que não tem escolha. Solomon faz o possível para aplicar a punição de seu mestre, porém, no fim, Epps não está satisfeito. Ele, finalmente, retoma o chicote de Solomon e o usa em Patsey. Ao final da cena, ela está quase inconsciente, com as costas abertas e ensanguentadas. A cena é visceral, como deveria ser, mas também parece gratuita porque a cena não foi projetada para ampliar a situação de Patsey. A cena é projetada para amplificar a situação de Solomon, como se ele fosse a figura mais trágica nesse contexto.

Não quero diminuir o sofrimento de ninguém durante a escravatura. Homens e mulheres foram submetidos a atrocidades indescritíveis. A história de Solomon Northup é particularmente preocupante porque mostra como todos os negros eram vulneráveis, livres ou não. O que me deixa ressentida em *Doze anos de escravidão* é como se usa o sofrimento das mulheres para promover a narrativa de um homem. Há, por exemplo, uma cena de estupro que tem pouca relevância narrativa. Patsey deita-se inerte sob Epps. É uma cena repulsiva. Então, nesse aspecto, McQueen fez seu trabalho, mas não parece essencial para o filme, pois a trama central não é sobre Patsey. É um lembrete gratuito e desnecessário de que, sim, mulheres foram estupradas durante a escravidão.

Solomon Northup é libertado porque enfim consegue avisar sua família em Nova York de que está vivo. O momento, como grande parte do filme, é estranhamente silenciado. É claro que devemos sentir algo, mas é difícil saber o que fazer com essa emoção. Antes de Solomon deixar a plantação de Epps, Patsey corre para seus braços. Não sabemos nada do que acontece com Patsey, além do que podemos imaginar, pois ela já fez o trabalho necessário de ficar à margem enquanto Solomon é enviado para a liberdade mais uma vez.

Minha reação a *Doze anos de escravidão* resulta, em grande parte, da exaustão. Estou exaurida pela escravidão e pelas narrativas de luta. Estou exaurida de corpos negros destroçados e o espírito negro destroçado de alguma forma perseverando em face de circunstâncias avassaladoras e insuportáveis. Parece haver tão pouco espaço na mesa de Hollywood para filmes negros que, para obter uma oportunidade, estes precisam se encaixar em uma narrativa muito específica. Filmes como *Além dos limites* ou *Amigos indiscretos* e *O Natal dos amigos indiscretos* talvez não sejam material para o Oscar, mas eles com certeza são filmes que também capturam a experiência negra e, de algum modo, costumam ser esquecidos em conversas sérias sobre cinema. Os cineastas prestam atenção e continuam dando a Hollywood exatamente o que ela deseja. Hollywood mostra essas narrativas de luta com aclamação da crítica altamente cobiçada. É um círculo vicioso. Não há uma maneira única de contar a história da escravidão ou de narrar a experiência negra. Não é que as narrativas de escravidão e luta não devam ser compartilhadas, porém elas não são mais suficientes. O público está pronto para algo mais no filme negro — mais complexidade narrativa, mais experiências negras sendo representadas no filme contemporâneo, mais experimentação artística, mais roteiristas e diretores negros autorizados a usar seus talentos criativos além da narrativa de luta. Estamos prontos para mais tudo, menos para as mesmas histórias singulares que vimos por tanto tempo.

Nem todo mundo está pronto para essa mudança, no entanto. *Doze anos de escravidão* recebeu nove indicações ao Oscar e ganhou o Oscar de 2013 de Melhor Atriz Coadjuvante, Melhor Roteiro Adaptado e Melhor Filme.

A MORALIDADE DE TYLER PERRY

TYLER PERRY ADORA CONTAR UMA boa história com moral. Se seus filmes ou peças de teatro oferecem o humor no universo de Perry com ele fantasiado como Madea, ou narrando um homem rico aprendendo como ser verdadeiro consigo mesmo e com outras pessoas, ou seguindo amigos unidos que suportam as provações do casamento, sempre há uma lição a ser aprendida, uma lição sustentada pela fidelidade, pela coragem, pela fé e por um toque de fogo e enxofre. Tyler Perry quer que acreditemos que sua concepção de Deus está em tudo.

Ele escreve peças e filmes desde os 22 anos. O começo de Perry foi modesto, encenando a primeira peça em um teatro comunitário e, menos de uma década depois, suas peças eram populares e constantes no *chitlin circuit.*[*] Em 2005, ele escreveu e produziu seu primeiro filme, *Diário de uma louca.* A partir dele, Perry tem sido um sucesso de bilheteria, com seus filmes arrecadando mais de meio bilhão de dólares.

A ascensão de Perry é notável por muitas razões, uma delas sendo o fato de que ele entende que o poder real em Hollywood está em ter domínio completo sobre o trabalho criativo. Perry escreve, dirige, produz e, com frequência, estrela seus filmes. Ele tem vários projetos de televisão em produção

---

[*] Circuito composto de espaços para apresentações de músicos, comediantes e outros artistas afro-americanos. (N. T.)

e um lucrativo negócio de distribuição com os filmes da Lionsgate. Ele possui e comanda a Tyler Perry Studios, o raro estúdio de propriedade negra nos Estados Unidos. Ele colaborou com a poderosa Oprah Winfrey e conta entre seu círculo de amigos inúmeras pessoas influentes e "importantes". De muitas formas, Tyler Perry parece imbatível, e ver um homem negro alcançar esse tipo de sucesso em uma indústria notoriamente exclusiva e predominantemente branca é louvável. Não consigo dizer mais do que isso, embora alguns considerem o sucesso de Perry inspirador.

O problema é que Tyler Perry está construindo seu sucesso nas costas das mulheres negras e da classe trabalhadora, usando-as, com muita frequência, para ensinar suas lições, para defender suas ideias ou para transformá-las em alvo de suas piadas. Em muitos dos filmes de Perry, as mulheres não são confiáveis. As mulheres são constantemente punidas nesses filmes, seja por abuso, vício ou adultério. Embora existam "boas" mulheres em seus filmes, existem várias mulheres más que não se sentem realizadas em suas vidas e/ou em seus casamentos e são punidas quando tentam encontrar a realização. Uma mensagem não dita, muitas vezes, é "você deve ser grata pelo que recebeu".

Relação em risco apresenta um elenco bastante talentoso, com Jurnee Smollett-Bell, Lance Gross, Vanessa Williams, Brandy Norwood e, talvez o mais estranho, Kim Kardashian, que é exatamente tão terrível neste filme quanto se poderia esperar que fosse. Havia grandes esperanças para ele, nascido do otimismo de que, enfim, depois de anos dirigindo e produzindo peças, além de escrever roteiros para teatro e televisão, Perry poderia superar a mediocridade na qual grande parte de seu trabalho está mergulhada.

Com certeza, *Relação em risco* é um dos mais lapidados filmes de Perry, mas isso não quer dizer muito. O filme ainda é prejudicado por uma atuação irregular, escolhas estranhas de direção (por exemplo, o sotaque "francês" de Vanessa Williams), um roteiro fraco e algumas edições um tanto desleixadas. A certa altura, Lance Gross, como Brice, grita roucamente "JUDITH", diversas vezes. Durante a projeção a que assisti, todas as pessoas começaram a rir alto. Não era para ser um momento engraçado. É bastante relevante que essas sejam as menores das preocupações de *Relação em risco*.

Quando o filme começa, um conselheiro matrimonial opta por ignorar os padrões profissionais e diz a um cliente que está refletindo sobre infidelidade a partir do exemplo de sua própria "irmã". Judith apaixonou-se pelo marido, Brice, quando eram apenas crianças. Casaram-se muito jovens e acabaram por residir em Washington, D.C. Ela trabalha como conselheira para um serviço de namoro sofisticado, enquanto Brice é farmacêutico em uma pequena drogaria. Os dois têm um apartamento modesto e um relacionamento também modesto, mas estável.

Devemos acreditar que Judith está insatisfeita, embora sua insatisfação nunca seja realmente expressa, exceto quando Judith fica consternada por questões como seu marido se esquecendo de seu aniversário pelo segundo ano consecutivo ou quando ela demonstra relutância para Brice, sugerindo que necessitará de mais dez ou quinze anos antes que possa começar a abrir seu próprio negócio no ramo de aconselhamento para relacionamentos.

Entra Harley, um bilionário bonito que está negociando uma sociedade com Janice, chefe de Judith. Esse é o mais frágil dos pretextos, e Perry nunca se preocupa em tornar esse enredo um pouco plausível. A atração de Judith e Harley é palpável, e assim começa uma sedução que Judith rejeita por algum tempo porque ela é casada e uma "boa menina". A sedução inclui insinuações, flores e olhares significativos. Afinal, é uma história sobre moralidade.

Por fim, Harley leva Judith para Nova Orleans a "negócios" em seu jato particular, sempre a porta de entrada para o pecado, e os dois aproveitam a cidade, alheios às obrigações relativas ao casamento dela. No voo de volta, apesar de Judith dizer claramente não aos avanços sexuais de Harley e lutar contra ele, o casal se envolve no que parece muito com um estupro, mas é mal disfarçado de sexo. Esse é o começo do fim de Judith. Esse é o clímax do conto de moralidade de Perry. Mulher, estás arruinada.

Ao final da Tentação, Judith foi punida e de modo severo. Ela desce ao chamado inferno na Terra, vestindo-se de maneira provocante, bebendo muito, largando o emprego e desrespeitando a mãe, o casamento e ela mesma. Ela é violentamente espancada por Harley, apenas para ser resgatada por Brice — o homem bom, o homem estável. De forma ainda mais flagrante, Judith contrai HIV e acaba solteira, uma mulher destruída, que vai mancando para a igreja enquanto Brice vive feliz para sempre com uma bela esposa e um filho pequeno. Ele, claro, ainda é o farmacêutico da ex-mulher.

Há diversos elementos terríveis no desenrolar desse sórdido conto de moralidade. Há várias mensagens terríveis sobre sexualidade, consentimento, as formas como homens e mulheres interagem, ambição, felicidade e HIV.

Como acontece com a maioria dos filmes de Perry, bons negros contentes com suas condições são as bússolas morais pelas quais todos devemos definir nosso verdadeiro norte. Perry quer que você acredite que a estrada para o inferno é pavimentada com felicidade pessoal e profissional. A ambição é perigosa e não confiável, em especial para uma mulher.

Perry tem uma apurada obsessão por tratar a classe trabalhadora com fetiche, o que por si só não é um problema e quase poderia ser admirado. É que seus motivos são falsos. Perry desmerece uma coisa a fim de elevar outra, em vez de sugerir que há orgulho em ser da classe trabalhadora, mas que aspirar a algo mais não é inerentemente ruim. O fato de os ricos serem constantemente demonizados nos filmes de Perry é uma grande ironia, dada a enorme fortuna que Perry acumulou a partir de um público, em grande parte, da classe trabalhadora.

Inúmeras vezes, os filmes de Perry seguem uma fórmula patológica na qual a verdade, a salvação e a humildade serão encontradas ao retornar às raízes da classe trabalhadora. Em *Diário de uma louca*, um advogado rico, Charles, coloca Helen, sua esposa há dezoito anos, na rua. Ela aprende a se manter sozinha, com a ajuda de sua família da classe trabalhadora. Aos poucos, Helen apaixona-se por Orlando, um homem da classe trabalhadora. Visto que Perry adora punir seus personagens para evidenciar uma questão, Charles leva um tiro nas costas de um cliente furioso e só tem Helen a quem recorrer porque sua amante o abandonou. Por meio da bondade de Helen e da bondade de Deus, Charles reaprende a andar e, embora queira reconciliar-se com a esposa, ela se divorcia dele e foge para ficar com Orlando. O homem da classe trabalhadora triunfa sobre tudo.

Em *The Family That Preys* [A família à espreita], a ambiciosa Andrea deseja desesperadamente galgar mais degraus na vida do que o marido que trabalha na construção civil. Ela tem um caso com seu chefe rico, William, desfrutando de todas as armadilhas de seu próprio sucesso e de sua infidelidade. Existem muitas maquinações envolvendo uma empresa familiar e coisas do gênero. No fim, Andrea acaba pobre, sozinha com o filho em um apartamento enquanto o agora ex-marido prospera. Mais uma vez, o herói da classe trabalhadora ergue-se.

Uma boa ação, um dos filmes mais recentes de Perry, aborda a vida do rico Wesley Deeds, que sempre fez o que é certo e o que esperavam dele. Quando conhece Lindsey, mãe solteira infeliz que limpa seu prédio, ele começa a perceber que quer mais da vida. Em vez de confiar no tropo do "negro mágico" visto em muitos filmes (veja *Histórias cruzadas*), Perry usa o tropo da "empregada doméstica ousada mágica" a seu favor. Para completar a trama, a mãe rica de Wesley é meio perversa e seu irmão também rico, um alcoólatra ressentido, mas Wesley se salva dos perigos da fortuna ao abandonar seu emprego para que possa encontrar a si mesmo, acompanhado por Lindsey e sua filha, evidentemente, na África.

Perry não se preocupa apenas intensamente com questões de classe. A sexualidade deve ser casta e contida se você for mulher. Tentar novos movimentos sexuais com seu marido é impróprio, mas se você for homem deve aceitar tudo o que quiser de uma mulher. Perry gostaria que você acreditasse que uma punição justa para a infidelidade e a fragilidade humana é o HIV. Ele está negociando alegremente com a ignorância, pois é um homem pequeno de imaginação limitada.

Parte do prazer do cinema é se distanciar da realidade. Um dos problemas mais significativos de Perry, no entanto, consiste no fato de ele reconstruir por completo a realidade para se adequar a seus propósitos através de formas que carecem imensamente de mérito artístico.

Muitas das escolhas que ele faz em *Relação em risco* são contestadas de modo claro pela realidade factual. As pessoas estão se casando mais tarde do que nunca. Então, temos de abrir mão de nossa descrença enquanto Perry constrói este conto de fadas que Judith e Brice se conheceram quando crianças, permaneceram apaixonados, se casaram na adolescência e iriam concluir a graduação e a pós-graduação. Em um estudo sobre primeiros casamentos como parte da Pesquisa Nacional de Crescimento Familiar de 2006-2010, os estudiosos descobriram que a idade média para o primeiro casamento é de 25,8 para mulheres e 28,3 para homens. As mulheres negras tinham menor probabilidade de estar no primeiro casamento aos 25 anos. Mulheres com diploma de bacharel também tinham menos probabilidade de estar no primeiro casamento aos 25 anos. Mas vamos nos permitir acreditar apenas o suficiente para imaginar esse jovem casal feliz.

Perry também estabeleceu *Relação em risco* em um mundo no qual o divórcio é a exceção, em vez da regra. A realidade é que os casamentos terminam com frequência. As estatísticas de longevidade conjugal não favorecem Judith e Brice. Então, a ideia de Judith ser a maior das pecadoras por querer mais do casamento ou por querer sair do casamento é absurda.

Depois, há a questão de lidar de modo tão cruel com o HIV como se ainda estivéssemos na década de 1980, cheios de profunda ignorância sobre a doença. Perry explora sem escrúpulos o HIV em razão de sua moralidade superestreita e subjetiva, quando o vírus afeta desproporcionalmente as mulheres negras que compõem seu público principal. O desserviço que ele presta a esse público é difícil de engolir.

De acordo com o Centers for Disease Control, a taxa de novas infecções por HIV é vinte vezes maior para as mulheres negras do que para as brancas. Estima-se que 1 em 32 mulheres negras/afro-americanas será diagnosticada com infecção por HIV na vida, em comparação com 1 em 106 hispânicas/latinas e 1 em 526 brancas. São estatísticas impressionantes. Lidar com a prevenção, o tratamento e o estigma em torno do HIV são questões importantes para a comunidade negra, que merecem atenção crítica e criativa. Essa atenção deve ser tratada com ética e decência humana — conceitos com os quais Tyler Perry parece não ter familiaridade. Sua obra me deu pouca confiança de que ele possa lidar com qualquer aspecto da experiência humana.

Claro, também de acordo com os Centers for Disease Control, as taxas de prevalência de HIV são inversamente relacionadas com a renda familiar anual em áreas de pobreza urbana. A probabilidade de uma mulher do status social de Judith e Brice contrair HIV não é muito grande. As estatísticas mostram que, quanto mais educação formal as pessoas têm, mais dinheiro ganham, e menor é a probabilidade de contrair o HIV. Como sempre faz, Tyler Perry deseja ter tudo de qualquer maneira, menos da maneira certa, e um alto custo está sendo cobrado para que esse homem possa obter exatamente o que deseja.

Participei de uma sessão para a imprensa de *Peeples* junto com um grupo predominantemente negro. Foi a primeira vez que vi uma produção de Tyler Perry com seu público-alvo. Uma hora antes da exibição, a fila serpenteava por todo o caminho para fora do cinema e pelo estacionamento — acho que mais de cem pessoas foram barradas (e elas não ficaram muito satisfeitas, tão ansiosas estavam para dar uma olhadinha no mais recente projeto de Perry). Aquelas que conseguiram entrar expressaram sua gratidão durante todo o tempo.

Por mais perturbadoras que sejam as mensagens de Perry, por mais mal escritos, dirigidos e produzidos que seus filmes possam ser, ele dá aos negros a chance de ver uma versão de si nas grandes e pequenas telas. Para o bem ou para o mal, é um oásis em um deserto cultural de entretenimento negro.

Peeples foi escrito e dirigido por uma mulher negra, Tina Gordon Chism, que também escreveu o bem-sucedido filme *Ritmo total*, estrelado por Nick Cannon e Zoe Saldana. *Peeples* tem um elenco ainda melhor, com Craig Robinson, Kerry Washington, David Alan Grier, S. Epatha Merkerson, Diahann Carroll e Melvin Van Peebles. Robinson interpreta Wade Walker, um homem afável que surpreende sua namorada advogada, Grace Peeples (Washington), na casa de sua família em Sag Harbor, apenas para descobrir que esta nem sabe que ele existe. Instaura-se o caos quando os membros de uma família normalmente determinada a manter as aparências e agradar o patriarca — o pai de Grace, o juiz federal Virgil Peeples (Grier) — aprendem a ser mais honestos uns com os outros sobre quem cada um é de fato.

Peeples é um filme muito bom, mesmo que todos nós já o tenhamos visto antes. (É basicamente *Entrando numa fria.*) Não é um grande filme, veja bem. Como muitos dos próprios filmes de Perry, o elenco talentoso é forçado a papéis escritos sem muita substância. Mas ele faz o melhor que pode fazer com o material e nos mantém entretidos do começo ao fim. A direção de Chism é segura. Embora ela não tenha escrito grandes personagens, Chism faz piadas maliciosas que o público familiarizado com a cultura negra com certeza vai gostar, lidando astutamente com fraternidades negras, por exemplo.

Eu esperava que *Peeples* ajudasse Tyler Perry a se tornar uma incubadora de talentos negros. O filme me fez querer ver mais de Chism, tanto como roteirista quanto como diretora. E ainda espero que esse seja o início de uma carreira vibrante para ela — e que Perry ofereça oportunidades semelhantes para outros artistas negros talentosos.

Infelizmente, *Peeples* não foi bem-sucedido. Eu tinha grandes esperanças para o filme, não porque fosse bom, mas porque era com certeza tão bom quanto qualquer outro lançado nos dias de hoje. Em sua semana de estreia, arrecadou apenas US$ 4,6 milhões, tendo sido exibido em mais de 2 mil cinemas. A segunda semana foi ainda pior, com o filme rendendo apenas US$ 2,1 milhões. O início de maio de 2013 foi, talvez, uma época ruim para um filme como *Peeples* ser lançado, com todos os sucessos de bilheteria do início do verão como *Homem de ferro 3*, *O grande Gatsby* e *Jornada nas estrelas* estreando na mesma época. Ainda assim, o filme deveria ter feito mais sucesso. No mínimo, deveria ter recebido um impulso como programação alternativa para as explosivas pomposidades 3-D e CGI aprimoradas dos filmes de verão. O público não foi influenciado pela marca registrada "Tyler Perry Apresenta". Esse fracasso de bilheteria implica que os espectadores queriam o drama intenso e as mensagens pesadas que Perry normalmente oferece ao público ou a caricatura de Madea para fazê-los rir.

Tudo isso me fez repensar sobre o que, de fato, Perry está fazendo — e por que ele é tão popular. Preciso considerar a possibilidade de que os filmes de Tyler Perry tenham sucesso por causa de seu moralismo e de seu desprezo pelas mulheres, não apesar dessas questões. É uma pílula amarga de se engolir. Perry conhece seu público e dá a este exatamente o que ele quer e espera. Quando Perry não dá a seu público o que ele quer — caricaturas de homens e mulheres negros e mensagens morais amplas —, bom, a bilheteria não mente.

Essa é uma questão mais complexa, porém, do que a maioria dos discursos críticos sobre Perry sugere. Sim, Tyler Perry é uma figura bastante problemática no entretenimento, por muitos motivos. Mas... Ele também dá ao público um pouco do que ele tanto precisa. Como Todd Gilchrist observa para o Movies.com, "ele descobre e destaca momentos reais e honestos da interação humana, de uma forma que quase nenhum outro cineasta está fazendo hoje". Talvez eu continue assistindo aos filmes de Perry porque também vejo um vislumbre desses "momentos reais e honestos". Ou estou teimosamente me agarrando à esperança de que, algum dia, ele possa viver de acordo com seu potencial e sua responsabilidade de criar boa arte para os negros, por mais irracional que essa responsabilidade possa ser. Estou ansiosa para ver mais experiências diversificadas representadas no entretenimento moderno. É doce e ao mesmo tempo amargo que alguma coisa seja melhor do que nada, mesmo que isso que temos seja quase nada.

O DERRADEIRO DIA DE UM JOVEM NEGRO

TRÊS HORAS ANTES DA PRÉ-ESTREIA de *Fruitvale Station: a última parada*, a qual fui em Chicago, uma fila de fãs ansiosos se espalhava pelo Cineplex. Muitos estavam bem arrumados, com o cabelo bem penteado, os rostos marcantes — ou seja, a maquiagem foi aplicada de modo impecável. O roteirista e diretor Ryan Coogler e as estrelas Octavia Spencer e Michael B. Jordan estiveram presentes para um bate-papo após a exibição. O reverendo Jesse Jackson apresentou os atores e o drama, que ganhou o Grande Prêmio do Júri de 2013 em Sundance, referindo-se ao tema do filme como "Trayvon Martin em tempo real" e liderando uma vigorosa chamada e resposta.[*]

O filme negro contemporâneo não é tão robusto quanto deveria ser. Quando filmes de um roteirista-diretor negro promissor como *Fruitvale Station*, dirigido por Coogler, estreiam, o público negro pergunta-se se enfim poderá desfrutar de um filme bem escrito, dirigido e produzido e com atuações competentes. Claro, este é o Santo Graal de todo cinema, mas parece particularmente inacessível em muitos âmbitos que o cinema negro tem a oferecer. Em termos gerais, se o cinema negro contemporâneo fosse dividido em categorias, teríamos comédias obscenas como *Uma festa no ar*, os filmes familiares alegres frequentados por Eddie Murphy e Ice Cube, os filmes de

---

[*] Forma de interação entre um orador ou um pastor, na qual o público ou os fiéis de uma igreja respondem às declarações. É um estilo prevalente em igrejas afro-americanas. (N. T.)

conscientização que abordam as principais questões relacionadas com raça e, óbvio, as obras de Tyler Perry. A maioria dos filmes negros, para o bem ou para o mal, carrega um fardo de expectativa, tendo que ser tudo para todos, pois temos tão poucos entre os quais escolher.

Seria suficiente afirmar que um filme sobre um notório incidente de brutalidade policial como *Fruitvale Station* se incorpora a uma conversa já cheia de tensões. No dia 1º de janeiro de 2009, o policial Johannes Mehserle, que trabalhava na estação de metrô Fruitvale, localizada na cidade de Oakland, e em um distrito de população predominantemente latina, atirou pelas costas em Oscar Grant, um jovem negro que voltava para a cidade depois de uma comemoração com amigos em São Francisco. Mais cedo naquela noite, a polícia respondeu aos relatos de uma briga que levou à retirada de Grant e vários de seus amigos do trem. Os relatos sobre o que aconteceu a seguir são diferentes, porém o desenrolar dos acontecimentos se agrava rapidamente.

Espectadores fizeram uma série de vídeos e fotos do incidente, e logo esses elementos da morte de Grant se tornaram virais. Os residentes de Oakland fizeram uma vigília e protestaram, liberando uma fúria que já se encontrava ebuliente fazia muito tempo, sobre a situação dos jovens negros na cidade. Os protestos, alguns violentos, continuariam por mais de um ano. Quatro anos depois, vestígios digitais sobre o assassinato de Grant permanecem na internet e continuam a dar testemunho quanto ao incidente.

O filme *Fruitvale Station* começa com Oscar (Michael B. Jordan) e sua namorada, Sophina (Melonie Diaz), falando sobre as resoluções de Ano-Novo. Em seguida, o filme acelera para 2h15 da manhã, na estação do metrô quase vazia. Oscar e um grupo de amigos estão sentados no chão. Os policiais os cercam, tanto os jovens quanto a polícia estão gritando. A filmagem, feita por um celular, é trêmula e a imagem, granulada, mas não há ambiguidade sobre o que está acontecendo.

O resto do filme narra os eventos que levaram a esse momento. Oscar é retratado como um jovem encantador com um passado conturbado que enfim está no caminho certo. Depois de duas passagens pela prisão por tráfico de drogas, ele está trabalhando para se reconectar com Sophina. Ele cuida afetuosamente da filha, Tatiana, e se esforça para ser um bom filho para sua mãe, Wanda (Octavia Spencer). Sendo um filme sobre opções limitadas para jovens negros de regiões marginalizadas da cidade, também explora as múltiplas identidades que muitos desses homens devem adotar. Oscar é um mestre na troca de códigos — o homem que se encontra diante de sua mãe é diferente do homem que está diante de sua namorada e filha, dos amigos ou na prisão. Como o diretor Coogler, que vem da região da baía de São Francisco, observa: "Muitas vezes você precisa ser pessoas diferentes apenas para se manter vivo".

Quando Oscar pega Tatiana na creche, eles correm de volta para o carro, seus corpos tão cheios de alegria que é como se estivessem tentando extrapolar o sentimento. O ator Michael B. Jordan, mais conhecido como Wallace, o traficante de dezesseis anos da série *A escuta*, e Vince, o *quarterback* de *Friday Night Lights*, expressa essa alegria desde o rosto até o saltitar com os calcanhares. Em cenas com Diaz, Jordan traz à tona o apelo pujante de um jovem em seu auge — palavras malemolentes, sorrisos sensuais, corpo tonificado. Ele também expressa franqueza e vulnerabilidade quando Oscar confessa a Sophina que perdeu o emprego e quando, na prisão, implora à mãe que não o deixe sozinho.

Como Wanda, Octavia Spencer é o centro moral do filme. Ela incorpora um amor forte e carinhoso e os pequenos gestos pelos quais uma mãe demonstra que nunca deixa de se importar. Repreende Oscar por dirigir e falar no celular, pedindo-lhe que pegue o metrô para casa para que ele não beba e dirija. Em um poderoso flashback, Wanda visita Oscar na prisão. Ele está de uniforme, emocionado ao ver um rosto familiar. Wanda é amorosa, mas está cansada, tentando ao máximo manter a normalidade. Durante a visita, Oscar é levado a uma discussão com outro preso, revelando o homem agressivo e desafiador que ele pode ser quando pressionado. Wanda tenta acalmá-lo. Mas se torna demais como ele precisa abarcar dois mundos. E, quando ele se senta novamente, seu corpo está contorcido pela frustração. Wanda diz a Oscar que não vai voltar para vê-lo. A maneira como Spencer lidou com o momento, com controle e determinação silenciosos e sem histeria, dói no coração.

Há momentos de leveza, como quando Oscar precisa comprar um cartão de aniversário para a mãe a pedido da irmã. Apesar das instruções expressas dela, em contrário ele traz um cartão com pessoas brancas na frente.

Esses momentos não apenas humanizam Oscar, mas possibilitam que o público ria, relaxe. Precisamos disso.

O diretor Coogler tinha apenas a duração de um filme — noventa minutos, nesse caso — para nos dar uma noção de quem era Oscar Grant, alguém sobre quem nos enlutarmos ao final da história. Ele conduziu uma extensa pesquisa sobre os trajetos percorridos por Grant naquele último dia e superou a apreensão da família, trabalhando em estreita colaboração com esta. Em uma cena profética, Oscar consola um cachorro sangrando atropelado por um carro, sussurrando palavras amáveis para que o animal não morra sozinho. Quando Oscar está no supermercado comprando caranguejo para a mãe, uma jovem no açougue quer fritar peixe, mas não sabe como. Oscar chama sua avó, Bonnie, ao telefone para ensiná-la. Nas ruas de São Francisco depois da meia-noite, cercado de foliões, Oscar e seus amigos convencem o dono de uma loja que já havia encerrado o atendimento a deixar suas amigas e a esposa grávida de um casal que eles não conhecem a usar o banheiro. Os homens gostam da camaradagem de estranhos, e vemos Oscar planejar um futuro do qual não fará parte.

Às vezes, as escolhas de Coogler são quase sentimentais, se não manipulativas. Seu investimento na história de Grant é palpável. Existem escolhas indulgentes de direção, como a sobreposição de mensagens de texto e números de telefone na tela quando Oscar está usando o celular. É uma prova da excelência do filme que as falhas estejam nos detalhes.

Fruitvale Station poderia ter sido um filme raivoso, mas Coogler elaborou um retrato íntimo, às vezes exuberante. Foi uma escolha deliberada, fato revelado pela coestrela do filme, Octavia Spencer, durante a coletiva após a exibição: "Raiva sem ação conduz à rebelião. Não sei se essa seria a melhor emoção a ser associada ao filme". Ainda assim, é difícil considerar o que tornou o filme possível sem se render a uma certa quantidade de ódio.

Como Coogler observa, "o assassinato de Grant aconteceu em um momento em que as pessoas em Oakland se sentiam otimistas quanto a questões de raça". Em uma noite, esse otimismo foi tomado. Oakland, a oitava maior cidade da Califórnia, é um lugar particularmente difícil para jovens negros. De acordo com um relatório de junho de 2011 do *Office of*

African American Male Achievement [Escritório para o Sucesso do Homem Afro-americano] do Distrito Escolar Unificado de Oakland, "em Oakland, os estudantes afro-americanos têm os piores resultados de qualquer grupo demográfico, apesar das melhorias em algumas áreas nos últimos anos".

O mundo para além do sistema escolar oferece pouco consolo estatístico. De acordo com a NAACP,[*] quase 1 milhão dos 2,3 milhões de detentos americanos são negros. Outras disparidades raciais persistem na duração da sentença e no efeito do encarceramento após a libertação. Tais preconceitos institucionais tornam difícil imaginar como jovens negros podem ter sucesso. Ou como Oscar parece dizer no filme, sentindo-se derrotado por uma série de fracassos: "Estou cansado. Pensei que pudesse começar do zero, mas essa merda não está dando certo".

Ano após ano, discutimos essas estatísticas e a impossibilidade delas. Ano após ano, contamos as mesmas histórias, usando essas estatísticas, para mostrar como *essa merda não está dando certo*. Conceber precisamente o que os jovens negros enfrentam quando nos referimos a eles como números, no entanto, é difícil. Algumas estatísticas são tão difundidas que se tornaram mitos. Por exemplo, um "fato" comumente mencionado é que mais homens negros acabam na prisão do que em uma universidade. Ivory A. Toldson, professora da Universidade de Howard, refuta essa afirmação, observando em uma série sobre a educação de negros para o jornal *Root* que "hoje existem cerca de 600 mil homens negros a mais na faculdade do que na prisão, e as melhores evidências propiciadas por meio de pesquisa sugerem que a ideia nunca foi verdadeira desde o começo". Por trás das estatísticas sobre homens negros em Oakland e nos Estados Unidos, encontram-se homens que estão sendo malogrados pela sociedade. Essas estatísticas, quando apresentadas sem qualquer tipo de reflexão, não contribuem muito para o avanço do diálogo e, quando não são questionadas, como sugere Toldson, distorcem o diálogo.

É nesse contexto que *Fruitvale Station* trabalha de forma convincente para tratar Oscar Grant como um homem. Forçado a decidir se vende drogas

---

[*] National Association for the Advancement of Colored People — Associação Nacional para o Avanço das Pessoas Não Brancas. (N. T.)

ou não para sustentar a família, Oscar faz o que esperamos ser a escolha certa: joga uma grande quantidade de maconha no mar. Ele tenta conseguir o emprego de volta em uma mercearia local após ser demitido. Não apenas suas opções são consideravelmente limitadas, mas sua curva de aprendizado é íngreme. Há pouco espaço para erros. Para alguns jovens negros, não há espaço para erros.

Retratar essa realidade era o objetivo principal de Coogler, pois, como ele afirma, "lutamos contra uma perda de vidas em massa [na área da baía de São Francisco], e a raiz desses problemas é a demonização dos jovens negros". O cinema negro contemporâneo não acabará com a demonização de jovens negros, mas um filme como *Fruitvale Station* nos oferece uma visão necessária das consequências.

Quando os filmes negros fracassam nas bilheterias, com frequência torna-se uma corrida para ver quem dirá primeiro: "É por isso que não podemos ter coisas boas". Veja o caso de *Esquadrão Red Tails*, produzido por George Lucas e dirigido por Anthony Hemingway, que arrecadou pouco menos de US$ 50 milhões no mercado interno.

Em entrevistas na época do lançamento, Lucas, tendo investido seu próprio dinheiro no projeto para garantir que recebesse um amplo lançamento, essencialmente insistiu que o público que iria ao cinema tivesse a responsabilidade de ver o filme. Em uma entrevista ao USA *Today*, Lucas disse: "Percebo que, por acidente, agora coloquei a comunidade do cinema negro em risco [com *Esquadrão Red Tails*, cujo orçamento de US$ 58 milhões excede em muito as produções totalmente negras]. Estou dizendo que, se isso não funcionar, há uma boa chance de você ficar onde está por um bom tempo. Vai ser mais difícil para vocês saírem desse molde [de baixo orçamento]". Apesar de sua declaração estar imbuída de um senso de autorreferência e grandiosidade, Lucas também observa uma verdade frustrante. Cada vez que um filme negro é feito, ele precisa ter sucesso ou arriscar consequências negativas para os filmes seguintes. *Fruitvale Station*, entretanto, é um bom presságio tanto para a viabilidade comercial quanto para a promessa artística do filme negro. Os primeiros retornos de bilheteria foram excelentes. No fim de semana de estreia, o filme arrecadou US$ 377.285 com uma média de US$ 53.898 por exibição, e o filme arrecadou mais de US$ 16 milhões no mercado interno durante sua temporada nos cinemas. A qualidade do filme em si oferece a esperança de que uma gama ainda mais ampla de filmes negros de qualidade possa ser produzida e que assistiremos a negros sendo retratados de forma a contemplar nuances.

Os filmes são importantes. Mesmo assim, há essa realidade dolorosa. Cada vez que Oscar se despede de sua namorada ou sua família na Fruitvale Station, ele acrescenta: "Eu te amo". Coogler comentou que muitos jovens do centro da cidade fazem isso porque, "cada vez que saímos de casa, sabemos que talvez não consigamos voltar". Esse é um fardo perturbador. Há também essa questão. Oscar Grant tinha 22 anos quando foi assassinado. Johannes Mehserle, após cumprir apenas um ano de uma sentença de dois anos, foi libertado da prisão em 13 de junho de 2011.

Quando menos é mais

A INTERNET ME DIZ QUE DEVO adorar a série de televisão *Orange Is the New Black*. O programa é razoavelmente bem escrito, há uma premissa "interessante" e o elenco é diversificado. Você não pode piscar sem alguém celebrando a diversidade da série. *Orange Is the New Black* é muito, muito diversificado. Você sabia?

Eu deveria adorar *Orange Is the New Black* pelo mesmo motivo que (mas não adoro) *Esquadrão Red Tails*, *O mordomo da Casa Branca* ou *42: a história de uma lenda*. Aqui está a cultura pop sobre pessoas que se parecem comigo. Isso é tudo de que preciso, certo? Continuamente, pessoas não brancas devem sentir-se gratas por restos de comida. Há a estranha implicação de que devemos desfrutar de certos filmes ou programas de televisão simplesmente porque existem.

A resposta crítica tem sido bastante positiva. Emily Nussbaum, crítica de televisão da *New Yorker* escreveu: "Inteligente, pungente e ultrajante, a série encaixa-se perfeitamente na tradição do drama gráfico adulto da TV a cabo. Se você estivesse jogando à beira da piscina em Beverly Hills, poderia chamar a série de filha bastarda de *Oz: a vida é uma prisão* com *The L Word*". A descrição é perfeita — há coragem e sofrimentos amorosos equilibrados pelo charme e pela bondade no estilo novelesco e ultrajante do melodrama. *Orange Is the New Black* também tem um poder de permanência impressionante nas conversas sobre questões culturais, sobretudo porque o programa é transmitido com exclusividade pela Netflix, um serviço por assinatura.

A propósito, você sabia que esse programa é admiravelmente diversificado?

Adiei assistir a *Orange Is the New Black* porque li o livro de memórias no qual a série foi baseada, que foi bom, e ver a série não me pareceu necessário. Nunca senti necessidade de passar de um episódio para o outro e, rumo ao final, passar para a próxima temporada se tornou uma tarefa árdua.

Existem, sem dúvida, méritos. Gostei de conhecer alguns dos personagens. Aborda-se a sexualidade de modo interessante, muitas vezes apresentando nuances, pelo menos para as mulheres brancas presas. Há uma incrível referência a Nicholson Baker,[*] que fez os nerds da palavra de todo o mundo se alegrarem. A maneira como as mulheres constroem uma comunidade e buscam conexão oferece um olhar convincente sobre o que as pessoas necessitam para sobreviver.

Laverne Cox é inequivocamente extraordinária como Sophia Burset, uma mulher transgênero com esposa e filho. Esse detalhe é o que torna *Orange Is the New Black* tão bom quanto irritante. A história de Burset é original e refrescante. Cox e Tanya Wright, que interpreta a esposa de Burset, Crystal, criam cenas lindamente encenadas que são íntimas, doces, amargas e honestas. A trama que as envolve é a única coisa na série genuinamente diferente de tudo na televisão, o único elemento que faz jus ao frenesi em torno da série.

É frustrante que *Orange Is the New Black* não seja tão bom quanto a recepção arrebatadora sugere. A criadora, Jenji Kohan, não consegue se comprometer com a excelência ou a mediocridade. Em vez disso, ela dança ao longo da afiada linha tênue entre os dois parâmetros.

Muitas oportunidades para o programa ser, de fato, original e inteligente são perdidas por amplas margens. Há uma personagem haitiana, srta. Claudette, uma raridade, mas seu sotaque é inconsistente, bizarro, e não tem nenhuma semelhança com o sotaque real. Ela nem parece uma mulher haitiana. Talvez, nesse ponto, eu seja parcial porque sou haitiana-americana.

---

[*] Escritor norte-americano que enfatiza descrições elaboradas de seus personagens e seus pensamentos. (N. T.)

Outra presidiária, Crazy Eyes, é mais caricatura do que personagem. Ela está obcecada por Piper. Supõe-se que a paixão dela seja engraçada, pois pessoas loucas são, suponho, hilárias. Para ser justa, sua personagem é mais bem elaborada com o desenrolar da temporada, mas o início se mostra difícil. Em uma cena, Crazy Eyes urina do lado de fora do beliche de Piper, o branco de seus olhos malucos brilhando no escuro. Ri junto porque Crazy Eyes é divertida, e a talentosa Uzo Aduba tira o proveito máximo de seu papel. O prazer, porém, é carregado de culpa porque estou muito ciente de como a dignidade é sacrificada arrogantemente em prol do prazer.

Sem que seja culpa da atriz Taylor Schilling, Piper, a personagem central, é a menos interessante, sobretudo porque *Orange Is the New Black* é um primoroso monumento elaborado sobre os problemas das garotas brancas. Com certeza, Piper sofre quando aceita a realidade de seu encarceramento. Há cenas muito comoventes que ilustram sua situação. Ela tem uma sensibilidade irônica bem aflorada. E ainda não podemos ignorar como os diversos personagens da série são planetas girando na órbita do sol de Piper. As mulheres negras não têm o privilégio de habitar seus próprios sistemas solares. Isso é o que consideramos diversidade hoje.

Orange Is the New Black baseia-se nas memórias de Piper Kerman. O material de referência diz respeito a uma mulher branca privilegiada que cumpre pena de prisão. A série não pode ser nada além do que é, e tudo bem. Infelizmente, nunca veremos um programa semelhante sobre uma mulher negra como uma estranha em uma terra estranha, perplexa com o encarceramento. Nunca veremos alguém se atrever a escrever contra a narrativa dominante sobre as mulheres negras e o encarceramento. Há também a sensação desagradável de que devemos parabenizar Kohan por fazer uma boa escolha, uma escolha há muito esperada, em vez de uma escolha fácil. Devemos ser *gratas* pelo fato de que diversas atrizes enfim tiveram mais oportunidades de praticar seu ofício, apesar do fato de *Orange Is the New Black* ser uma série diversa das formas mais superficiais e tokenistas.[*] Na *Nation*, Aura Bogado observa:

---

[*] Nos EUA, usa-se o termo *token*, nesse contexto, para denominar a presença de apenas um representante de grupos historicamente marginalizados em empresas e filmes, para criar a ilusão de diversidade de gênero, raça e orientação sexual. (N. T.)

Com pouquíssimas exceções, vi figuras extremamente racistas: mulheres negras que, além de serem fanáticas por frango frito, são chamadas de macacas e Crazy Eyes; uma mãe *boricua** que faz um conluio com a filha pelas atenções sexuais de um guarda branco da prisão; uma mulher asiática que nunca fala; e uma latina maluca que se enfia em um banheiro para fotografar a vagina.

Essa é a escassez alimentar que devemos imaginar como uma ceia farta.

Estou cansada de sentir que deveria ser grata quando a cultura popular se digna a reconhecer as experiências de pessoas que não são brancas, de classe média ou ricas e heterossexuais. Estou cansada dos extremos.

Poucos filmes ou programas são encontrados entre esses extremos, mas felizmente aqueles que aí se encaixam — *Vidas em jogo, Grey's Anatomy, Escândalos: os bastidores do poder, Além dos limites, Amigos indiscretos, Pulando a vassoura, Peeples* e assim por diante — são bons, nem sempre ótimos, mas estão dentro desse escopo. Precisamos de mais. Precisamos de uma cultura popular que demonstre não apenas como as pessoas são diferentes, mas também como somos muito parecidos.

Em sua resenha, Nussbaum afirma também que o programa é "mais inteligente e sutil sobre toda a gama das dinâmicas mulher-mulher do que quase tudo o que está sendo exibido na TV". Ela está certa. Os parâmetros são tão baixos no que diz respeito a retratar pessoas fora dos padrões normativos estabelecidos que "mais inteligente e sutil" parece muito mais do que é de fato. Por que ainda estamos falando sobre *Orange Is the New Black*? A conversa reflete a medida do quanto somos forçadas a aceitar ou, talvez, o quanto estamos dispostas a aceitar.

* Pessoa nascida em Porto Rico. (N. T.)

POLÍTICA, GÊNERO E RAÇA

A POLÍTICA DA RESPEITABILIDADE

QUANDO UMA PESSOA NEGRA se comporta de uma forma que não se encaixa no ideal cultural dominante de como uma pessoa negra deveria ser, há todo tipo de problema. A autenticidade de sua negritude é logo questionada. Devemos ser negros, mas não muito negros, nem muito escrachados nem muito burgueses. Existem todos os tipos de regras não ditas sobre como uma pessoa negra deve pensar, agir e se comportar, e as regras estão sempre mudando.

Impomos a todas as pessoas regras tácitas sobre quem e como deveriam ser, como deveriam pensar e o que deveriam dizer. Dizemos que odiamos estereótipos, mas nos questionamos quando as pessoas se desviam desses estereótipos. Os homens não choram. Feministas não raspam as pernas. Os sulistas são racistas. Todo mundo é, em virtude de ser humano, algum tipo de pessoa que rompe com as regras, e, meu Deus, odiamos quando as regras são rompidas.

Os negros costumam parecer ser mensurados a partir de um padrão particularmente irrazoável. Figuras proeminentes têm o hábito perturbador de apresentar máximas sobre como os negros devem ser e se comportar. Uma dessas pessoas é Bill Cosby. Em um artigo de opinião para o *New York Post*, Cosby identificou a apatia como um dos maiores problemas da comunidade negra. Se simplesmente nos importarmos o suficiente com nós mesmos e nossas comunidades, chegaremos a um lugar sagrado onde não sofreremos mais os efeitos do racismo. A maior parte do comentário de Cosby sobre raça, nos últimos anos, pode ser resumido da seguinte forma: se agirmos de modo correto, enfim seremos bons o suficiente para que os brancos nos amem.

O âncora do canal CNN, Don Lemon, ofereceu cinco sugestões para a comunidade negra superar o racismo: os negros deveriam parar de usar a palavra iniciada com a letra N; deveriam respeitar suas comunidades não jogando lixo em suas ruas; deveriam permanecer na escola; deveriam ter menos filhos fora do casamento; e, o mais inexplicável, os jovens negros deveriam levantar as calças. Lemon também deu como exemplo evidências de que ele raramente vê pessoas jogando lixo pelas ruas em comunidades brancas. Em seguida, brincou com o pressuposto da homofobia, explicando, no que diz respeito às calças caídas, que "na verdade, vêm da prisão. Tiram os cintos dos detentos, para que não possam ser usados como armas. E aí evoluiu para o papel que cada detento teria durante o sexo entre homens na prisão". Implícito no argumento de Lemon estava que o homem branco e heterossexual é o ideal cultural pelo qual todos devemos aspirar — curioso o pensamento de Lemon.

Cosby, Lemon e outros que defendem ideias semelhantes estão, eu gostaria de acreditar, imbuídos de boas intenções. Suas sugestões são, em um nível, razoáveis, sobretudo baseadas no bom senso, mas esses líderes trafegam por meio da política de respeitabilidade — a ideia de que, se negros (ou outras pessoas marginalizadas) simplesmente se comportassem de modo "culturalmente aprovado", se imitarmos a cultura dominante, será mais difícil sofrer os efeitos do racismo. A política de respeitabilidade ignora completamente o racismo institucional e a maneira como o sistema educacional, o sistema de previdência social e o sistema judiciário apenas reforçam muitos dos problemas que a comunidade negra enfrenta.

Estamos nos engajando em uma conversa contínua e crítica sobre raça na América. A questão em muitas mentes, a que com certeza está em minha mente, é como podemos evitar que as injustiças raciais aconteçam. Como protegemos as crianças negras? Como podemos superar tantas barreiras institucionais que agravam o racismo e a pobreza?

É uma ideia agradável podermos simplesmente seguir um conjunto de regras prescritas e tornar o mundo um lugar melhor para todos. É uma ideia agradável que o racismo seja um problema finito para o qual exista uma solução finita, e que a respeitabilidade, talvez, pudesse ter salvado todas as pessoas que perderam suas vidas pelos efeitos do racismo.

Mas não vivemos nesse mundo e é perigoso sugerir que os alvos da opressão sejam totalmente responsáveis por acabar com essa opressão. A política de respeitabilidade sugere que há uma maneira de todos nós sermos cidadãos modelo (leia-se: como os brancos). Sempre podemos ser melhores, mas seremos um dia ideais? Queremos ser ideais ou existe uma maneira de nos tornarmos mais confortavelmente humanos?

Veja, por exemplo, alguém como Don Lemon. É um homem negro, criado por mãe solteira. E agora é âncora de uma grande rede de notícias. Sua perspectiva parece motivada pela noção de que, se ele consegue, qualquer um consegue. É o etos de quem acredita em políticas de respeitabilidade. Por terem alcançado sucesso, transcendido de algum modo os efeitos do racismo ou de outros tipos de discriminação, todas as pessoas deveriam ter a capacidade de fazer o mesmo.

Na verdade, subiram uma escada e quebraram um teto de vidro, mas parecem desinteressados em expandi-la ao máximo necessário de maneira que outros possam galgá-la. Não têm interesse em fornecer um plano detalhado de como alcançaram seu sucesso. Não estão dispostos a considerar que, até que os problemas institucionais sejam resolvidos, nenhum plano de sucesso tem a mínima possibilidade de existir. Para que um progresso real seja alcançado, líderes como Lemon e Cosby precisam pelo menos reconhecer a realidade.

A política de respeitabilidade não é a resposta para acabar com o racismo. O racismo não se preocupa com respeitabilidade, riqueza, educação ou status. Oprah Winfrey, uma das pessoas mais ricas do mundo e certamente a mulher negra mais rica do mundo, discute de modo claro o racismo que continua a encontrar em sua vida diária. Em julho de 2013, enquanto estava em Zurique para o casamento de Tina Turner, Winfrey foi informada por um balconista da butique Trois Pommes que a bolsa na qual ela estava interessada era muito cara para ela. Não precisamos chorar por Oprah ter sido impedida de comprar uma bolsa obscenamente cara, mas podemos reconhecer o incidente como mais um lembrete de que o racismo é tão sutil e pernicioso que nunca seremos respeitáveis o suficiente para superá-lo, nem nos Estados Unidos, nem em qualquer lugar do mundo.

Devemos parar de apontar para as exceções — essas estrelas brilhantes e reluzentes que transcendem as circunstâncias. Devemos buscar a melhor maneira de apoiar os mais menosprezados entre nós e não gastar todo o nosso tempo reverenciando cegamente e tentando imitar os mais bem-sucedidos sem exigir mudanças sistemáticas.

Em julho de 2013, o presidente Obama fez um discurso histórico sobre raça. Seus comentários foram, de longe, os mais explícitos que o presidente já fez sobre o assunto. Além de compartilhar suas próprias experiências com o racismo, ele ofereceu sugestões sobre como podemos melhorar as relações raciais nos Estados Unidos — acabar com as discriminações por perfil racial, reexaminar as leis estaduais e locais que possam contribuir para que ocorram tragédias como o assassinato de Trayvon Martin[*] e encontrar maneiras mais eficazes de apoiar jovens negros. Essas sugestões são um pouco vagas (e as jovens negras parecem ter sido esquecidas, como se elas também não precisassem de apoio), mas pelo menos as ideias de Obama põem a responsabilidade pela mudança em todos nós. Afinal, supostamente somos uma nação indivisível. Apenas se agirmos dessa forma, poderemos começar a realmente efetuar mudanças.

---

[*] Aos dezessete anos, Trayvon Martin foi assassinado em fevereiro de 2012 por George Zimmerman, um vigilante, em Miami Gardens, na Flórida, por considerá-lo "suspeito". George foi julgado, porém absolvido das acusações. (N. T.)

QUANDO O TWITTER FAZ O QUE
O JORNALISMO NÃO CONSEGUE

Na terça-feira, 25 de junho de 2013, Wendy Davis, senadora do Texas, ficou por quase treze horas sem comida ou bebida, sem descanso, sem se inclinar, sem a possibilidade de usar o banheiro, para impedir o Projeto de Lei 5 do Senado, uma medida legislativa que teria fechado 37 das 42 clínicas de aborto no Texas, o maior estado dos Estados Unidos. Pessoas interessadas de todo o país, ou melhor, do mundo, puderam assistir a essa obstrução e às manobras políticas daqueles que tentaram impedi-la, por meio de uma transmissão ao vivo no YouTube — que alcançou o pico de audiência de mais de 180 mil pessoas.

A obstrução foi um espetáculo marcante que me manteve extasiada por horas. No Twitter, as pessoas puderam oferecer apoio, embora simbólico, aos esforços da senadora Davis. Havia um senso de comunidade. A título de trazer leveza ao relato, não pude deixar de comentar sobre o cabelo impecável da senadora Davis, por várias horas mantendo sua postura feroz.

Perto da meia-noite, após alguns esforços intensos e partidários para obstruir os esforços da senadora Davis, a multidão apaixonada na galeria começou a gritar e aplaudir, comunicando à política que ela não estava sozinha. Era o som das mulheres lutando por sua liberdade reprodutiva da única maneira que podiam — com suas vozes. Jamais esquecerei aquele som. Isso despertou algo em mim que eu não havia percebido estar adormecido.

E por que tantos de nós assistimos a esse incrível conjunto de eventos acontecendo em uma transmissão via YouTube? Porque nenhuma das grandes redes de notícias, nenhuma, divulgou ou cobriu as últimas horas da obstrução. A lacuna entre a velha e a nova mídia se torna cada vez maior.

Entretanto, não é onde esta história começa.

A razão pela qual eu sabia algo sobre o que estava acontecendo no Texas era graças aos esforços e à energia ilimitada de Jessica W. Luther (@jessicawluther), uma ativista do Texas que compartilhou informações sobre o Projeto de Lei 5 do Senado por semanas. Não a conheço pessoalmente, mas nos comunicamos on-line. Vou ser honesta — no início, eu não tinha ideia do que estava acontecendo no Texas. Às vezes, pensava: *não tenho energia para me importar com isso.*

Porém, Luther estava tão comprometida, tão apaixonada e cheia de boas informações, que comecei a me importar. Comecei a prestar atenção. Li os artigos e comentários que ela compartilhou e comecei a entender o que estava em jogo não apenas para as mulheres no Texas, mas para todas as norte-americanas. Lembrei-me de que a mudança, às vezes, começa com uma pessoa que levanta a voz.

E lá estava eu, assistindo a uma transmissão ao vivo no YouTube de uma obstrução do senado estadual, algo que nunca pensei que faria.

A mídia social é uma coisa curiosa. Por um lado, oferece um desfile interminável de coisas efêmeras da vida cotidiana de amigos, familiares e estranhos — discussões sobre o gosto por iogurte, uma foto da decoração de um barista em uma espuma de café com leite, descrições de refeições excelentes, fotos de animais de estimação e crianças pequenas ou talvez uma poltrona abandonada em uma esquina movimentada. Existe todo tipo de autopromoção e autoafirmação incessantes. Existem reações instintivas e mal informadas para, bom, tudo. A abundância de trivialidades é tão hipnótica quanto repulsiva.

Mas há momentos em que a mídia social é tudo, menos trivial. Durante o furacão Sandy, a mídia social possibilitou que funcionários públicos divulgassem informações sobre recursos disponíveis e rotas de evacuação, além de fornecer atualizações sobre a tempestade. A mídia social permitiu aos membros da comunidade oferecer informações, assistência e conexão humana por meio de pequenas redes de base. Com certeza, havia moscas nesse bálsamo no momento em que pessoas de estabilidade moral questionável espalharam boatos e começaram, com velocidade surpreendente, a desenvolver esquemas fraudulentos, mas no geral a mídia social foi utilizada para realizar algo de bom.

Não consigo pensar em um evento significativo na memória recente sobre o qual eu não tenha sido informada primeiro via Twitter — o tiroteio à meia-noite em Aurora, no Colorado; o massacre na escola primária Sandy Hook; os levantes em todo o Oriente Médio durante a Primavera Árabe; as atividades do movimento Occupy Wall Street; os resultados da eleição presidencial de 2012; o assassinato a tiros de Trayvon Martin e a ruína que transcorreu em seguida; a explosão da fábrica de fertilizantes em West, no Texas; os atentados na Maratona de Boston.

Quando essas notícias importantes são divulgadas, sempre há uma diferença significativa entre o que está sendo compartilhado nas mídias sociais e o que os principais veículos de notícias estão cobrindo. Essa diferença torna-se mais pronunciada e mais patética a cada dia que passa.

O bom jornalismo leva um tempo que a mídia social, que avança em um ritmo de tirar o fôlego, raramente permite. Bons jornalistas precisam verificar as informações antes de relatá-las. Precisam desse tempo porque, na melhor das hipóteses, devemos confiar que estão nos oferecendo informações precisas e imparciais. Mas, mesmo depois de aplicar o rigor necessário à sua profissão, os jornalistas dos principais meios de comunicação ainda parecem que não conseguem manter o ritmo — ou, talvez, que não queiram manter o ritmo. De alguma maneira, porém, os veículos de jornalismo de menor porte conseguem fazer o trabalho. A transmissão da obstrução de Wendy Davis foi possível porque o *Texas Tribune*, uma organização de notícias sem fins lucrativos do Texas, esteve presente desde o início.

Na terça-feira, 25 de junho, a senadora Wendy Davis posicionou-se e lutou pela liberdade reprodutiva em seu estado, e as redes de televisão e rádio permaneceram em silêncio. A MSNBC ofereceu pouca cobertura no início da noite, mas durante as últimas horas as redes de notícias — as redes de notícias 24 horas criadas exatamente para esse fim — ficaram em silêncio. Elas relataram informações imprecisas quando manifestaram um mínimo interesse em relatar. Na manhã seguinte, o âncora da CNN Chris Cuomo referiu-se aos esforços de Davis e dos homens e mulheres do Texas que fizeram vigília com ela como uma "política estranha em funcionamento". Antes disso, sugeriu: "Por que não investir tempo tentando chegar a um acordo e descobrir de que se trata o projeto de lei?" — como se a liberdade reprodutiva fosse apenas uma questão sobre a qual se deve fazer acordos. Ele foi incompetente, em uma combinação frustrante de desprezo e negligência.

Quando o jornalismo está funcionando de forma eficaz, e frequentemente está, aprecio ter jornalistas explicando o que posso não entender ou algo sobre o qual não saiba o suficiente. Uma conexão com a internet não me torna, nem a ninguém, uma especialista em eventos culturalmente significativos. Uma perspectiva jornalística inteligente teria sido útil para muitas pessoas durante o período em que a senadora Davis discursava. Em vez de poderem consultar as notícias, no entanto, as pessoas estavam no Twitter e em outros lugares da internet, pesquisando sobre os procedimentos parlamentares da legislação do Texas, compartilhando os momentos mais significativos da noite e responsabilizando os senadores republicanos do Texas quando eles tentavam quebrar suas próprias regras, embora estivessem expostos. Pessoas comuns com conexões de internet fizeram o trabalho que costumávamos confiar que os principais veículos de jornalismo fariam.

Uma perspectiva jornalística inteligente foi útil no início de 25 de junho, quando a Suprema Corte, em uma decisão apavorante de 5 a 4, derrubou a Seção 4 da Lei de Direitos de Voto, essencialmente privando do direito ao voto um número significativo de americanos — eleitores não brancos, eleitores rurais, eleitores idosos e eleitores empobrecidos. Foi útil ver o que as pessoas estavam pensando sobre essa decisão nas redes sociais, mas foi ainda mais útil ler e assistir a reportagens bem elaboradas sobre um assunto que não conheço muito. Era melhor estar informada do que assumir a responsabilidade de informar. Essa mesma Suprema Corte anulou a Lei de Defesa do Matrimônio* e indeferiu o recurso da Proposta 8

---

* Ato aprovado pelo Congresso norte-americano em 1996 que impedia o governo federal de reconhecer o casamento entre casais gays para fins de leis ou programas federais. (N. T.)

da Califórnia,[*] oferecendo dar um passo adiante após inúmeros passos para trás. Novamente, as redes sociais estiveram ativas, em geral em celebração (ou não, dependendo de com quem você se associa). As discussões no Twitter sobre Lei de Defesa do Matrimônio também proporcionaram um lembrete útil de que a instituição do casamento pode e deve ser criticada à medida que avançamos na causa dos direitos iguais no casamento. Houve discussões sobre as implicações para casais de gays e lésbicas em casamentos binacionais e os benefícios financeiros que a indústria do casamento colherá com essa decisão. As redes sociais ampliaram a conversa.

As redes de notícias cobriram bem as decisões sobre igualdade no casamento. Na mesma época, também deram cobertura ao julgamento de George Zimmerman pelo assassinato de Trayvon Martin, a história envolvendo Edward Snowden e revelações sobre a NSA e as estratégias para controle de danos de Paula Deen.[**] Notícias não faltam e nunca faltaram. Vivemos em um mundo grande e confuso.

As redes sociais são mais do que apenas repositórios infinitos para julgamentos triviais e instantâneos. São mais do que meros espaços convenientes para dar vazão à alegria e às indignações irracionais. Oferecem mais do que o terreno comum e o consolo que podemos encontrar em momentos culturalmente significativos. As redes sociais também nos oferecem um tanto de consciência falha, mas necessária. É um lembrete constante de que o compromisso, a compaixão e o advogar em prol de causas não podem e nunca deverão ser atitudes finitas.

Não podemos perder de vista o que aconteceu em 25 de junho por estarmos consumidos pelo que aconteceu a seguir, nem o que acontece hoje em favor do que o amanhã nos trará. O jornalismo tradicional pode nos dar a fundamentação e o contexto de que tanto necessitamos, enquanto as redes sociais nos lembram de que temos o hoje, que podemos estar atentos ao passado e ao futuro, enquanto reservamos algum tempo para apreciar o presente.

---

* Iniciativa ocorrida na Califórnia em 4 de novembro de 2008 que baniu o casamento de pessoas do mesmo sexo. (N. T.)

** Paula Deen é uma chefe de cozinha norte-americana acusada de racismo e discriminação sexual por uma funcionária que trabalhava em seu restaurante em 2003. (N. T.)

Os direitos alienáveis das mulheres

A liberdade reprodutiva está em minha mente. Como poderia não estar? Sou uma mulher em idade reprodutiva e, dependendo de onde moro, minhas escolhas reprodutivas são limitadas.

Quando leio as notícias, frequentemente tenho que ter certeza de que não estou, de fato, lendo *The Onion*.* Continuamos a ter debates nacionais e estaduais sobre aborto, controle de natalidade e liberdade reprodutiva — e, sobretudo, os homens estão conduzindo esse debate. Isso é motivo de piada.

Os políticos e seus congêneres que estão firmemente decididos a reintroduzir a liberdade reprodutiva como um "assunto de campanha" têm memória curta. Claro que têm memória curta. Só se preocupam com o que é politicamente conveniente ou vantajoso.

As mulheres não têm memória curta. Não podemos nos dar a esse luxo conforme nossas escolhas diminuem.

Os políticos e seus semelhantes esquecem que as mulheres, e até certo ponto os homens, sempre fizeram o que precisavam para proteger o corpo feminino de uma gravidez indesejada. Durante os tempos antigos, as mulheres usavam geleias, gomas e plantas tanto para contracepção quanto para abortar a gravidez indesejada. Essas práticas continuaram até o século XIII,

---

* Revista norte-americana digital que publica artigos e críticas satíricas sobre temas nacionais, internacionais. (N. T.)

quando a Europa precisou se repovoar e começou a caçar "bruxas" e parteiras que compartilhavam seus valiosos conhecimentos sobre esses métodos anticoncepcionais.

Sempre que os governos buscavam alcançar algum fim, muitas vezes envolvendo o crescimento populacional, restringiam o acesso ao controle da natalidade e/ou criminalizavam o controle da natalidade, a menos que, é claro, o crescimento da população se referisse aos pobres, caso em que a contracepção era promovida com entusiasmo. Historicamente, a sociedade sempre quis que o "tipo certo de pessoa" tivesse direito à vida. Não devemos esquecer esse fato.

Essa é a questão sobre a história — ela se repete indefinidamente. A caça às bruxas e a demonização da contracepção, do aborto e das mulheres que prestavam esses serviços nos séculos XIV e XV está acontecendo novamente. Dessa vez, porém, a caça às bruxas é uma manobra cínica para distrair a população de alguns dos problemas realmente urgentes que nossa sociedade está enfrentando: a economia devastada e uma cultura de Wall Street que permanece sem controle mesmo após o dano que causou, as desenfreadas desigualdades de classe e a lacuna cada vez maior entre os que têm e os que não têm as crises dos empréstimos estudantis e das dívidas do consumidor, o clima racial fragmentado, a falta de direitos civis plenos para gays, lésbicas e transgêneros, um sistema de saúde ao qual um monte de pessoas não tem acesso, as guerras sem fim, as ameaças globais iminentes, e assim por diante.

Em vez de resolver os problemas reais que os Estados Unidos estão enfrentando, alguns políticos, sobretudo os conservadores, decidiram tentar resolver o "problema feminino" criando uma cortina de fumaça e reintroduzindo o aborto e, mais inexplicavelmente, o controle da natalidade em um debate nacional.

As mulheres já foram forçadas à clandestinidade para a contracepção e a interrupção da gravidez antes, e iremos para a clandestinidade outra vez se for necessário. Arriscaremos nossas vidas se esses políticos, que, de maneira tão flagrante degradam as mulheres, nos obrigarem a isso.

Graças a Deus, as mulheres não têm memória curta.

***

A gravidez é, ao mesmo tempo, uma experiência privada e pública. A gravidez é privada porque se mostra muito pessoal. Isso acontece dentro do corpo. Em um mundo perfeito, a gravidez seria uma experiência íntima compartilhada por uma mulher e seu parceiro apenas, mas por vários motivos isso não é possível.

A gravidez é uma experiência que convida à intervenção pública e força o corpo feminino ao discurso público. Em muitos aspectos, a gravidez é a experiência menos privada da vida de uma mulher. A intervenção pública pode ser bastante leve, sendo apenas irritante — pessoas querendo tocar sua barriga avolumada, as ofertas de conselhos não solicitados sobre como criar um filho, perguntas sobre as datas do parto ou o sexo do ainda não filho como se estranhos tivessem direito a essas informações simplesmente porque você está grávida. Uma vez que sua gravidez começa a aparecer, você não consegue deixar de fazer parte desse discurso, queira ou não.

A intervenção pública pode ser necessária porque as mulheres grávidas devem, em geral, procurar atendimento médico adequado. Você não pode simplesmente se esconder em uma caverna e esperar o melhor, por mais tentadora que seja essa alternativa. A gravidez representa muitas coisas, inclusive questões complicadas e, às vezes, conturbadas. A intervenção médica, se você tiver a sorte de ter plano de saúde ou outra forma de pagar esses cuidados, ajuda a garantir que a gravidez prossiga da maneira que deveria. Essa intervenção permite que seu feto seja testado quanto a anormalidades. Ela permite que a saúde da mãe seja monitorada em função de uma série de condições que possam surgir em uma gravidez. Se as coisas derem errado, e elas podem dar terrivelmente errado, a intervenção médica oferece a possibilidade de salvar a vida da mãe e, se você tiver sorte, a vida do feto. A intervenção pública também é necessária quando uma mulher dá à luz seu filho, seja pelas mãos de um médico ou de uma parteira.

Só depois que um bebê nasce é que a mulher pode enfim ter um pouco de privacidade.

E depois há a maneira pela qual o legislador, em muitos estados, intervém na gravidez, inúmeras vezes, especialmente quando uma mulher opta por exercer seu direito de rescindir o contrato. Tal escolha parece cada vez mais herética, ou pelo menos tem sido abordada dessa maneira pelas vozes mais estridentes que conduzem esta conversa.

Desde 1973, as mulheres nos Estados Unidos têm o direito de optar pela interrupção da gravidez. As mulheres têm o direito de escolher não serem forçadas a uma maternidade indesejada. Desde 1973, esse direito tem sido contestado de diversas maneiras e, durante os anos eleitorais, a contestação da liberdade reprodutiva aumenta de forma intensa.

As coisas complicaram-se em muitos estados para as mulheres que desejam exercer seu direito de escolha. As legislaturas dos Estados Unidos trabalharam de modo árduo para moldar e controlar a experiência do aborto de um jeito bizarro e insensível que interfere em uma experiência pessoal que deveria ser privada, de maneira muito pública e dolorosa.

Nos últimos anos, vários estados introduziram e/ou aprovaram legislação que exige que as mulheres façam ultrassonografia antes de fazerem um aborto. Sete estados agora exigem esse procedimento. Estados como a Virgínia tentaram aprovar um projeto de lei exigindo que as mulheres que buscam um aborto façam uma ultrassonografia transvaginal clinicamente desnecessária, mas a proposta não foi aprovada. Depois, a legislatura da Virgínia aprovou um projeto de lei exigindo uma ultrassonografia regular, um pouco como uma espécie de isca para votos. Tal projeto também exige que, quer a mulher opte por ver ou não a ultrassonografia ou ouvir os batimentos cardíacos fetais, as informações sobre sua escolha sejam inseridas em seu prontuário médico com ou sem seu consentimento.

A conversa sobre a ultrassonografia transvaginal tem sido particularmente acalorada, com algumas defensoras do direito ao aborto sugerindo que esse procedimento se assemelha a um estupro imposto pelo Estado. Essa é uma abordagem irresponsável na melhor das hipóteses. Estupro é estupro. Tal procedimento — e a legislação que o exige — se mostra algo totalmente diferente, embora eu possa lhe garantir que uma ultrassonografia transvaginal não é agradável, sobretudo porque há muito pouco de agradável em estar seminua, na frente de estranhos, e ser sondada por um objeto de plástico rígido, ainda que em um contexto médico. A ultrassonografia transvaginal deve ser feita às vezes, mas não podemos nem mesmo ter uma conversa razoável sobre o procedimento e a falta de necessidade dele no caso de mulheres que desejam fazer um aborto, porque o exame está sendo inserido descuidadamente na conversa sobre aborto como mais uma tática de distração.

A legislação restritiva ao aborto, em qualquer formato que ocorra, é um estratagema bastante transparente. Se esses políticos não podem impedir as mulheres de fazerem abortos, com certeza vão puni-las. Eles vão punir tais mulheres de modo severo, cruel e extraordinário por ousarem fazer escolhas sobre a maternidade, seus corpos e seu futuro.

Na corrida para ver quem pode punir mais as mulheres por ousar fazer essas escolhas, o estado do Texas tem se superado. Ele chega a exigir que as mulheres façam várias ultrassonografias, sejam informadas sobre todos os serviços disponíveis para incentivá-las a permanecer grávidas e, mais diabolicamente, ouvir o médico narrar o exame.

Tal legislação destinada a controlar a liberdade reprodutiva é tão covarde que nos faz questionar a humanidade. É repulsivo. O sistema legal norte-americano que, em virtude da Oitava Emenda exige que nenhuma punição criminal seja cruel e extraordinária, concede mais direitos humanos aos criminosos do que às mulheres. Basta perguntar a Carolyn Jones, que passou por essa provação macabra no Texas, quando o marido e ela decidiram interromper sua segunda gravidez, pois a criança teria uma vida de sofrimento e cuidados médicos. Sua história é quase insuportável de ouvir, o que mostra a magnitude da dor que Carolyn deve ter sentido.

O então governador da Pensilvânia, Tom Corbett, apoiou a legislação que exige que as mulheres façam uma ultrassonografia antes do aborto. Ele sugeriu que as mulheres simplesmente fechassem os olhos durante o procedimento. Aparentemente, permitem que qualquer pessoa concorra a um cargo político hoje em dia, inclusive homens que acreditam que não testemunhar algo tornará mais fácil suportar.

O representante do estado da Geórgia, Terry England, sugeriu — em apoio à lei HB 954, que proibiria o aborto naquele estado após vinte semanas — que as mulheres deveriam manter natimortos em seus úteros porque vacas e porcos também fazem isso. Depois, tentou voltar atrás e dizer que não era isso que queria dizer. Mulheres e animais não são muito diferentes para esse homem ou para a maioria dos homens que estão tentando controlar a conversa e a legislação a respeito da liberdade reprodutiva.

Trinta e cinco estados norte-americanos exigem que as mulheres recebam aconselhamento antes de um aborto em vários graus de especificidade. Em 26 estados, deve-se oferecer material ou algum conteúdo escrito às mulheres. As restrições são incontáveis. Se você é uma mulher nos EUA e acha que está livre dessas restrições, pense novamente. Em 2011, 55% de todas as mulheres em idade reprodutiva nos Estados Unidos viviam em estados hostis aos direitos ao aborto e à liberdade reprodutiva.

Períodos de espera, aconselhamento, ultrassonografia, ultrassonografia transvaginal, narração de ultrassonografia — todos esses movimentos legislativos são invasivos, insultuosos e condescendentes, pois são tentativas bastante equivocadas de pressionar as mulheres a mudar de ideia, de pressioná-las a não interromper a gravidez como se fossem tão facilmente influenciadas que essas táticas mesquinhas e cruéis funcionassem. Esses políticos não entendem que, uma vez que uma mulher decidiu pela interrupção da gravidez, muito pouco a influenciará. Não é uma decisão tomada de forma leve e, se uma mulher fizer isso, é seu direito. A mulher sempre deve ter o direito de escolher o que faz com seu corpo. É frustrante que seja necessário repetir isso constantemente. Na escala de relevância, a aprovação ou a desaprovação pública das escolhas de uma mulher não devem merecer medida.

E o que dizer dos médicos que juram servir aos melhores interesses de seus pacientes? Que responsabilidade eles têm nisso? Se os médicos se unissem e se recusassem a participar de algumas dessas restrições, isso faria alguma diferença?

Esse debate é uma cortina de fumaça, mas uma cortina de fumaça muito deliberada e perigosa. É perigosa porque essa discussão atual nos mostra que a liberdade reprodutiva é *negociável*. A liberdade reprodutiva é um ponto de discussão. A liberdade reprodutiva é um *assunto de campanha*. A liberdade reprodutiva pode ser revogada ou restringida. A liberdade reprodutiva não é um direito inalienável, embora devesse ser.

Os Estados Unidos como os conhecemos foram fundados no princípio dos direitos inalienáveis. É a ideia de que alguns direitos são tão sacrossantos que nem mesmo um governo pode retirá-los. Claro, os fundadores do país estavam pensando apenas em homens brancos ricos quando codificaram tal princípio, mas ainda assim é uma boa ideia que existam algumas liberdades que não possam ser retiradas.

O que tal debate nos mostra é que, mesmo nos dias de hoje, os direitos das mulheres não são inalienáveis. Nossos direitos podem ser e são, com alarmante regularidade, revogados.

Causa-me inquietude aceitar que meu corpo seja uma questão legislativa. A verdade desse fato me dificulta o simples ato de respirar. Não sinto que tenho direitos inalienáveis.

Não me sinto livre. Não sinto que meu corpo é meu.

Não há liberdade em nenhuma circunstância em que o corpo seja legislado, em absoluto. Em seu artigo "Legislating the Female Body: Reproductive Technology and the Reconstructed Woman" [Legislando o corpo feminino: tecnologia reprodutiva e a mulher reconstruída], Isabel Karpin argumenta: "No processo de regulamentação do corpo feminino, a lei legisla sua forma, seus delineamentos e seus limites". Muitos políticos e moralistas culturais estão tentando definir a forma e os limites do corpo feminino quando nós, mulheres, deveríamos definir essas coisas por nós mesmas. Deveríamos ter essa liberdade, e esta deveria ser sacrossanta.

Depois, é claro, há o problema das mulheres que queiram, talvez, evitar totalmente a questão da gravidez, valendo-se do controle de natalidade com a privacidade, a dignidade e a acessibilidade que também deveriam ser inalienáveis.

Ou, segundo alguns, prostitutas.

Margaret Sanger ficaria horrorizada ao ver como, quase um século depois que ela abriu a primeira clínica de controle de natalidade, estamos essencialmente nos engajando na mesma luta. A mulher não era de jeito nenhum perfeita, mas alterou para sempre o curso da liberdade reprodutiva. É uma pena ver o que está acontecendo com seu legado, pois agora parece que somos forçadas a argumentar que o controle da natalidade deve ser acessível e disponível gratuitamente e há pessoas que discordam.

No início do século XX, Sanger e outros lutavam pela liberdade reprodutiva porque sabiam que a qualidade de vida da mulher só poderia ser melhorada com o acesso irrestrito à contracepção. Sanger sabia que as mulheres estavam fazendo abortos por conta própria ou que colocavam suas vidas em risco ou as tornavam inférteis. Ela queria mudar algo. Sanger e outros pioneiros do controle da natalidade lutaram nesse bom combate porque sabiam o que as mulheres sempre souberam, o que nunca se permitiram esquecer: na maioria das vezes, o fardo de ter e de criar filhos recai sobretudo nas costas delas. Com certeza, em minha vida, os homens assumiram um papel mais igualitário na paternidade, mas as mulheres são as únicas que podem engravidar e então têm de sobreviver à gravidez, o que nem sempre é tão fácil quanto parece. O controle da natalidade possibilita que as mulheres escolham quando assumir essa responsabilidade. A maioria das mulheres já usou pelo menos um método anticoncepcional na vida. Portanto, esta é claramente uma escolha que as mulheres não querem perder.

Estamos tendo conversas inexplicáveis sobre controle de natalidade, em que as mulheres devem justificar por que estão assumindo isso, em que uma audiência no Congresso sobre controle de natalidade não inclui mulheres porque os homens que estão no poder sabem que as mulheres não precisam ser incluídas na conversa. Não temos direitos inalienáveis como os homens.

Em 2012, o Arizona introduziu uma legislação que permitiria a um empregador despedir uma mulher por usar métodos anticoncepcionais. Mitt Romney, um candidato presidencial supostamente viável naquele mesmo ano, declarou que acabaria com a Maternidade/Paternidade Planejada, cuja maior função é conceder assistência médica acessível para mulheres.

Uma personalidade de rádio medíocre e moralmente falida como Rush Limbaugh envergonhou em público uma jovem, Sandra Fluke, por esta ter a coragem de defender o controle da natalidade subsidiado, pois pode ser muito caro. Ele a chamou de vadia e prostituta.

Mais preocupante do que esse curioso debate sobre o controle da natalidade é a veemência com que as mulheres precisam *justificar* ou explicar por que tomam pílulas anticoncepcionais — razões de saúde; para regular a menstruação; você sabe, como se houvesse algo de errado em fazer o controle da natalidade apenas porque você deseja fazer sexo sem que isso resulte em gravidez. Em certos círculos, o controle da natalidade está sendo considerado remédio para prostitutas. Estamos agora lidando com uma nova moralidade bizarra, em que uma mulher não possa só dizer, de uma forma ou de outra: "Estou tomando pílula porque gosto de pau". É um imenso retrocesso para as mulheres sentir que precisam fazer parecer que estão usando a pílula anticoncepcional por outros motivos além daqueles para os quais a pílula anticoncepcional foi originalmente projetada: para controlar a natalidade.

Quando há avanços, como a Lei de Atendimento Médico Acessível, que exige que as operadoras de plano de saúde privadas cubram serviços preventivos e controle de natalidade sem copagamento, o dito avanço é prejudicado pela paralisação do governo em outubro de 2013 porque os republicanos tentaram incluir um atraso de um ano para o ato em sua proposta de orçamento. Constantemente, vemos como os corpos das mulheres são negociáveis.

Não posso deixar de pensar na peça grega *Lisístrata*.[*]

O que muitas vezes não é dito em tal conversa é como os debates sobre controle de natalidade e liberdade reprodutiva continuamente forçam o corpo feminino a ser uma questão legislativa porque os homens se recusam a assumir sua cota justa de responsabilidade pelo controle de natalidade. Recusam-se a permitir que seus corpos se tornem uma questão legislativa porque eles têm esse direito inalienável. A indústria farmacêutica não tem

---

[*] *Lisístrata*, de Aristófanes, retrata a missão de uma mulher de encerrar a Guerra do Peloponeso entre as cidades-estados gregas, restringindo sexo aos homens, sob a alegação de que era a única coisa que poderia motivá-los. (N. T.)

nenhuma motivação real para desenvolver um método reversível de controle de natalidade masculino, pois forçar esse fardo sobre as mulheres é extremamente lucrativo. De acordo com Shannon Pettypiece, em uma matéria para a *Bloomberg*, os americanos gastaram US$ 5 bilhões em controle de natalidade em 2011. Há exceções, exceções brilhantes, mas a maioria dos homens não parece *querer* a responsabilidade pelo controle de natalidade. Por que fariam isso? Veem o que a responsabilidade continua a custar às mulheres, pública e privadamente.

O controle da natalidade é uma dor de cabeça. É uma maravilha médica, mas também uma maravilha imperfeita. Na maioria das vezes, as mulheres precisam colocar algo em seus corpos que altere as funções naturais deles apenas para que possam ter uma vida sexual e evitar uma gravidez indesejada. O controle da natalidade pode ser caro. O controle da natalidade pode causar estragos em seus hormônios, em seu estado de espírito e em seu bem-estar físico, pois, dependendo do método, existem efeitos colaterais e estes podem ser absurdos. Se você está tomando pílula, tem de se lembrar de tomá-la, ou então haverá consequências. Se você usa DIU, precisa se preocupar com a possibilidade de ele se incorporar a seu corpo e se tornar uma parte permanente de você. Ok, essa preocupação é minha. Não há maneira sexy de inserir um diafragma no calor do momento. Os preservativos rompem-se. Tirar na hora só é algo plausível no ensino médio. Às vezes, o controle de natalidade não funciona. Conheço muitos bebês concebidos mesmo se usando pílulas anticoncepcionais. Utilizamos o controle da natalidade porque, por mais que seja uma dor de cabeça, é infinitamente melhor do que a outra alternativa.

Se dissesse meu método de controle de natalidade preferido, juro, você me olharia como se eu fosse um tanto maluca. Basta dizer que tomarei um comprimido todos os dias quando os homens tiverem a mesma opção. Devíamos estar todos juntos nisso, certo? Um de meus momentos favoritos é quando um cara, em certo ponto do relacionamento, diz algo desesperadamente esperançoso como: "Você está tomando pílula?". Apenas digo: "Não, e você?".

***

Tenho pensado com frequência, e com uma clareza chocante: *quero começar uma rede clandestina de controle de natalidade.* Claro, *também acho, isso é loucura. Essas cortinas de fumaça são apenas isso. As coisas vão ficar bem.* Mais tarde, percebi que a crença, por mais passageira que seja, de que as mulheres precisam ir para a clandestinidade em busca da liberdade reprodutiva não é tão louca quanto o clima atual. Eu estava falando muito sério, à minha maneira, sobre a criação de algum tipo de rede clandestina para garantir que o direito da mulher de manter sua saúde reprodutiva com segurança seja, de alguma forma, para sempre inalienável. Quero me sentir útil. Quero me sentir fortalecida.

Quando comecei a imaginar essa rede *underground*, tive um sentimento, em meu íntimo, que as mulheres e os homens que nos amam (amam fazer sexo conosco) vão precisar se preparar para o pior. O pior, no que diz respeito à liberdade reprodutiva, provavelmente não ficou para trás. O pior está ao nosso redor, respirando sobre nossos pescoços, em uma perseguição implacável. Ou esses políticos estão falando sério ou estão tentando desviar as conversas nacionais. Qualquer uma das alternativas continua a expor a fragilidade dos direitos das mulheres.

Uma ferrovia subterrânea[*] já funcionou antes. Pode funcionar de novo. Poderíamos armazenar vários métodos de controle de natalidade e informações sobre onde as mulheres podem ir para obter cuidados de saúde reprodutivos éticos e seguros em cada estado — contracepção, aborto, educação, tudo isso. Poderíamos criar uma rede de provedores de cuidados de saúde reprodutiva e de aborto que tratassem as mulheres com humanidade, pois o governo não faz isso, e poderíamos garantir que todas aquelas que precisassem fazer uma escolha tivessem toda a ajuda de que necessitassem.

Passo horas pensando sobre essa rede clandestina e o que seria necessário para garantir que as mulheres nunca tivessem que voltar a uma época em que se colocariam em sério risco para interromper uma gravidez. Poderia

---

[*] Referência a *underground railroad*, como ficou conhecida a rede de rotas secretas e locais seguros criada por ex-escravizados e abolicionistas. (N. T.)

ser ficcionalizado como uma trilogia e transformado em um grande filme estrelado por Jennifer Lawrence.

Surpreende-me, mas não deveria, como são curtas as memórias desses políticos. Eles se esquecem dos esforços brutais que as mulheres têm feito para interromper a gravidez quando o aborto era ilegal ou inacessível. As mulheres jogavam-se escada abaixo e tentavam machucar-se fisicamente para forçar um aborto espontâneo. O dr. Waldo Fielding observou no *New York Times*: "Quase qualquer instrumento que você possa imaginar já foi e é utilizado para realizar um aborto — agulhas de cerzir, agulhas de crochê, saleiros de vidro lapidado, garrafas de refrigerante, às vezes intactas, às vezes com a tampa quebrada". As mulheres tentam usar sabão e alvejante, cateteres, remédios naturais. Elas têm historicamente recorrido a todos os meios necessários, e farão isso de novo se forem encurraladas nesse canto terrível. Essa é a responsabilidade que nossa sociedade impõe a elas há centenas de anos.

É um pequeno milagre que as mulheres não tenham memória curta sobre nossos direitos que, vergonhosamente, sempre, têm sido alienáveis.

À ESPERA DE UM HERÓI

GRANDE PARTE DE NOSSA CULTURA diz respeito a aspirações — desde como nos educamos, aos carros que dirigimos, até onde trabalhamos, vivemos e nos socializamos. Queremos ser os melhores. Queremos o melhor de tudo. Muitas vezes, estamos cientes da enorme distância entre quem somos e quem aspiramos ser e tentamos desesperadamente diminuir essa distância. E há super-heróis, personagens míticos que incorporam ideais que talvez não possamos alcançar por nós mesmos. Os super-heróis são fortes, nobres e graciosos em seu sofrimento. Então, não precisamos ser. Em *Superman on the Couch* [O super-homem no sofá], Danny Fingeroth escreve: "Um herói personifica o que acreditamos ser o melhor em nós mesmos. Um herói é um padrão a se aspirar, assim como um indivíduo a ser admirado". Ansiamos pela capacidade de olhar para cima, para olhar além de nós mesmos, rumo a algo maior.

Somos tão apaixonados pela ideia do heroico que sempre procuramos maneiras de atribuir heroísmo às pessoas comuns para chegarmos um pouco mais perto da melhor versão de nós mesmos. Portanto, a distância entre quem somos e quem aspiramos ser pode tornar-se mais estreita.

O heroísmo tornou-se idealizado em excesso, tão onipresente que a ideia de um herói está cada vez mais diluída. Os atletas são heroicos quando são vitoriosos, quando perseveram para além de lesões ou adversidades. Nossos pais são heróis por nos criarem, por servirem de bons exemplos. As mulheres são heroínas por dar à luz. Pessoas que sobrevivem a doenças ou ferimentos são heroicas por superar a fragilidade humana. Aquelas que morrem de doenças ou ferimentos são heroicas por terem suportado até que não pudessem mais suportar. Os jornalistas são heróis por buscarem a verdade. Os escritores são heróis por trazerem beleza ao mundo. Os policiais são heróis por servir e proteger. Como Franco e Zimbardo sugerem em *The Banality of Heroism* [A banalidade do heroísmo], "ao conceber o heroísmo como um atributo universal da natureza humana, não como uma característica rara dos poucos 'eleitos heroicos', o heroísmo torna-se algo que parece estar no âmbito das possibilidades para cada pessoa, talvez nos inspirando a responder a esse chamado". Ou talvez tenhamos um excesso de heroísmo, pois nos tornamos tão cínicos a ponto de não termos mais a linguagem para expressar ou a capacidade de entender as pessoas, que são apenas humanas, mas também podemos responder à demanda e demonstrarmos grandiosidade quando formos instados.

O heroísmo pode ser um fardo. Podemos perceber isso nas provações e tribulações sofridas pelos super-heróis de quadrinhos. Estes costumam ser fortes em espaços destruídos. Sofrem, sofrem e sofrem, mas ainda assim se erguem. Ainda assim, prestam serviços em prol de um bem maior. Sacrificam seus corpos, corações e mentes porque o heroísmo, ao que parece, significa a negação completa de si mesmos. O Homem-Aranha angustia-se sobre ficar ou não com a mulher que ama e não consegue se perdoar pela morte do tio. O Super-Homem reluta em revelar sua verdadeira identidade para seu alvo amoroso, para mantê-lo protegido do perigo. Todo super-herói tem uma história triste que molda seu heroísmo.

Os heróis também lutam por justiça. Defendem aqueles que não conseguem se defender. É fácil entender por que podemos aspirar ao heroísmo, mesmo que estejamos cientes de nossas limitações. Ao assistir ao desenrolar do julgamento de George Zimmerman em 2013, também pensei muito sobre justiça e para quem ela se destina. Zimmerman estava sendo julgado pelo assassinato de Trayvon Martin, um garoto desarmado de dezessete anos que usava um moletom com capuz e circulava por aí sendo negro. Zimmerman era vigia de um condomínio fechado em Sanford, na Flórida. Por seja lá qual for o motivo, ele queria proteger sua comunidade. Talvez fosse tão suscetível quanto qualquer um de nós a aspirar ao heroísmo.

Nada é simples, nunca. O caso envolvendo Zimmerman dizia respeito a questões de raça — e, quando um caso de grande destaque é sobre isso, a tensão é inevitável. Muito pouco em torno da conversa sobre o caso foi racional. Zimmerman afirma que atirou em Martin em legítima defesa, mas Martin estava desarmado, carregando um pacote de balas Skittles e uma garrafa de chá gelado. Do que, precisamente, Zimmerman estava se defendendo? Esta é uma das muitas perguntas para as quais nunca teremos respostas. Algumas pessoas, porém, estão tentando. Os especialistas do canal Fox News levantaram a hipótese de que sim, de fato, balas e uma garrafa de chá gelado poderiam se tornar armas assassinas.

O que sabemos mesmo é que um jovem negro, muitas vezes, é suspeito de ser criminoso. Francamente, todos os homens negros costumam ser percebidos como suspeitos. Em seu belo ensaio para a revista *Sun*, "Some Thoughts on Mercy" [Algumas reflexões sobre misericórdia], Ross Gay afirma:

> Parte da educação de toda criança negra inclui aprender como lidar com a polícia para que ela não seja presa, machucada ou mesmo morta. Apesar de meus diplomas de instituições de ensino superior e minha pele marrom-clara, já passei por situações nas quais a polícia me tirou do carro e ameaçou trazer os cachorros e chamar mais duas ou três viaturas. Mas nunca fui jogado com a cara no chão ou fisicamente brutalizado por policiais, como alguns de meus amigos negros. Nunca fui detido por algumas horas ou dias por "me confundirem" com outra pessoa.

Ao longo do ensaio, Gay fala sobre como essa educação moldou não apenas a forma como ele vê o mundo, mas também como se vê. Ninguém está isento. Não acredito muito em declarações como "Somos Trayvon Martin", mas para os homens negros muitas vezes é verdade.

Durante todo o julgamento, os advogados de Zimmerman argumentaram tentando demonizar Martin, transformá-lo no homem negro assustador que todos devemos temer, para fazer parecer que George Zimmerman não tinha escolha e fez a coisa certa. Essa estratégia funcionou porque Zimmerman foi absolvido. Os advogados jogaram com a noção de que um homem negro — ou, no caso de Martin, um adolescente negro — é alguém a ser temido, alguém perigoso.

Em teoria, a justiça deveria ser simples. A justiça deveria ser cega. Você é inocente até que se prove sua culpa. Tem o direito de permanecer em silêncio. Tem direito a um advogado. Tem o direito de ser julgado por um júri formado por seus pares. Os princípios sobre os quais nosso sistema judiciário foi fundado delineiam claramente como ele deveria funcionar.

Poucas coisas funcionam na prática tão bem quanto na teoria. A justiça é tudo, menos cega. Com frequência, as pessoas que mais precisam de justiça são as que menos se beneficiam dela. As estatísticas sobre quem está encarcerado e como isso afeta suas perspectivas futuras são sombrias.

Eu gostaria de acreditar na justiça, mas existem inúmeros exemplos de como o sistema de justiça falha. Na Geórgia, Warren Hill, declarado uma pessoa com deficiência intelectual por quatro especialistas, tinha execução programada para 15 de julho de 2013. Ele foi dispensado, embora continue no corredor da morte. Hill assassinou a namorada, recebeu pena perpétua e, enquanto estava na prisão, assassinou outro detento, o que o levou à sentença de morte. Hill cometeu um crime. Ele merece ser punido. Sua morte servirá como justiça para suas vítimas?

Será que o tribunal, por meio de um veredito de culpa contra George Zimmerman, teria mesmo feito justiça pelo assassinato de Trayvon Martin? Essa medida da justiça teria confortado seus pais e entes queridos? "Justiça" é, às vezes, uma palavra fraca.

Gostaríamos de acreditar que a justiça consiste em equilibrar um crime com punição, mas nunca é uma transação igual. Para a maioria das vítimas de crimes, a justiça é meramente paliativa.

Seria tão fácil demonizar George Zimmerman quanto demonizar jovens negros como Trayvon Martin. Odeio o que Zimmerman fez. Odeio como seu julgamento se desenrolou. Odeio a maneira como seus advogados trataram Rachel Jeantel, a jovem com quem Martin falava ao telefone pouco antes de morrer e testemunha-chave da acusação. Jeantel não se preocupou em esconder seu desdém pelo advogado de Zimmerman ou pelos processos judiciais, e ele não se preocupou em esconder seu desdém por ela. Odeio o que Zimmerman representa e odeio que ele tenha sido absolvido, mas também entendo que ele é um homem criado no mesmo país que Paula Deen e, por acaso, ele tinha uma arma. Essas coisas estão conectadas.

Trayvon Martin não é o primeiro nem será o último jovem negro a ser assassinado por causa da cor de sua pele. Se existe justiça para um jovem cuja vida foi tirada cedo demais, espero que a justiça venha de todos nós que aprendemos com o que aconteceu. Espero que possamos nos elevar à altura da grandiosidade, em que grandiosidade nada mais é do que tentar superar nosso eu inferior ao ver um jovem como Trayvon Martin pelo que ele é: um jovem, um menino sem capa, alguém que não pôde nem mesmo caminhar da loja para sua casa ileso, quanto mais poder voar.

UM CONTO SOBRE DOIS PERFIS

NÃO HÁ COMO SABER DE QUEM precisamos nos proteger de fato. Pessoas perigosas raramente têm a aparência que esperamos. Fomos lembrados disso no início de 2013, quando Dzhokhar Tsarnaev, que se parece com qualquer outro menino, foi identificado como um dos dois jovens suspeitos dos atentados terroristas perto da linha de chegada da Maratona de Boston. Três pessoas morreram e quase trezentas ficaram feridas. Essa notoriedade, imagino, explica por que Tsarnaev foi destaque na capa da edição de 1º de agosto de 2013 da *Rolling Stone*.

A revista foi acusada de explorar a tragédia, glorificar terrorismo e tentar transformar Tsarnaev em mártir ou estrela do rock. Mas, protestos à parte, a capa é provocativa e factual. É um lembrete gritante de que nunca podemos mesmo saber onde se esconde o perigo. É também um lembrete de que temos certas noções culturais sobre quem parece perigoso e quem não. Essas noções são amplamente reforçadas pela matéria que acompanha a capa, algo sobre o qual poucas pessoas parecem estar falando. O tom da reportagem de Janet Reitman e a conversa sobre Tsarnaev como um "adolescente americano normal" são um contraste interessante e preocupante sobre como tratamos Trayvon Martin, também um "adolescente americano normal", mas não um criminoso ou um terrorista. George Zimmerman matou Martin porque Martin se encaixava em nossa ideia cultural sobre qual é a aparência do perigo. Zimmerman foi absolvido pelo mesmo motivo.

O mais impressionante na extensa e bem apurada matéria de Reitman é como as pessoas que conheceram Tsarnaev ainda estão dispostas a ver o homem por trás do monstro. Tsarnaev é descrito por aqueles que o conheceram em termos quase reverentes como "doce" e "supertranquilo" e "gente boa pra cacete" e "uma pessoa de ouro, um cara legal mesmo". Mesmo a comunidade de Tsarnaev reconhecendo as coisas terríveis que o jovem fez e lamentando a tragédia das explosões, não está disposta a lhe dar as costas.

A matéria também revela como os amigos e vizinhos de Tsarnaev ficaram chocados ao saber que ele e o irmão eram responsáveis pelo crime. Ficaram chocados porque temos um retrato, em nossas mentes, de como é a aparência do perigo e do terror, e ela não é a desse menino de ouro na capa da *Rolling Stone*. Continuamente, surge a palavra "normal". Ele é descrito como "um menino lindo, de cabelos revoltos, gentil dono de olhos castanhos comoventes". Gostava do que a maioria dos adolescentes parece gostar — programas populares de televisão, esportes, música, garotas. Fumava "uma grande quantidade de maconha". Cometeu um ato monstruoso, mas mantém sua normalidade.

A matéria de Reitman é de tirar o fôlego, com sua empatia por Tsarnaev. Reitman não apenas revela meticulosamente como Tsarnaev passou de vizinho a terrorista. Ela parece desesperada para entender por quê. Não está sozinha nessa busca. Quando o perigo tem uma face inesperada, exigimos respostas. A amiga da família Anna Nikeava discutiu os problemas dos Tsarnaev e concluiu: "Pobre, pobre Jahar, foi o sobrevivente silencioso de toda aquela disfuncionalidade". Pobre Jahar. Mais adiante, Reitman observa que, "embora pareça que Jahar encontrou uma missão, sua conversão ao Islã também pode ter sido motivada por algo mais básico: a necessidade de pertencer". A matéria parece, em última análise, perguntar: como não podemos ter alguma empatia por um jovem com um desejo tão simples de pertencimento?

A empatia não termina com a reportagem. Há também o testemunho de Wick Sloane, professor de um curso superior técnico que deu aula a muitos jovens imigrantes como Tsarnaev. Ele diz:

> Todos esses garotos são gratos por estar nos Estados Unidos. Mas é o normal: esta é a terra das oportunidades, não? Quando vejo o que passaram e como são prejudicados pelas políticas federais a partir do momento em que entram em

vigor, não entendo por que todos eles não se sentem ainda mais enraivecidos. Na verdade, estou um pouco surpreso que tenha demorado tanto para um desses garotos detonar uma bomba.

E há também mais amigos de Tsarnaev que ainda estão atordoados. Amigos da faculdade que encontraram uma mochila com fogos de artifício usados ficaram preocupados sobre o que fazer porque "ninguém queria que Jahar se metesse em problemas". Mesmo depois de tudo o que fez, depois de tudo o que sabemos, Tsarnaev beneficia-se das várias dúvidas de seus amigos, de sua comunidade e daqueles que buscam entendê-lo e compreender as coisas terríveis que fez.

Isso, ao que parece, é mais um exemplo de privilégio branco — reter a humanidade em face da desumanidade. Para criminosos que desafiam nossa compreensão do perigo, o limite cultural para o perdão é incrivelmente baixo.

Quando Trayvon Martin foi assassinado, certas pessoas trabalharam arduamente para descobrir suas falhas, embora ele fosse a vítima do crime. Pouco antes de sua morte, Martin havia sido suspenso da escola porque encontraram resíduos de drogas em sua mochila. Houve outras infrações semelhantes. Isso se tornou uma evidência. Ele era um adolescente normal, mas também era um adolescente negro. Então, foi levado a julgamento e indiciado. Com Tsarnaev, as pessoas continuam procurando o bem. A abrangência da compaixão pelo jovem "de cabelos revoltos" conhecem poucos limites. Trayvon Martin, entretanto, deveria ter caminhado para casa sem "parecer suspeito". Deveria ter se submetido com humildade às intenções de Zimmerman, em vez de tudo o que aconteceu na noite fatídica de seu assassinato. Deveria estar acima de qualquer reprovação. Como observou Syreeta McFadden, "apenas nos Estados Unidos um menino negro morto pode ser julgado por seu próprio assassinato".

A matéria de Reitman é um consistente exemplo de jornalismo. Ela revela verdades complexas sobre a vida de Dzhokhar Tsarnaev. Imagine, porém, se a *Rolling Stone* tivesse dedicado mais de 11 mil palavras e a capa a Trayvon Martin para revelar a complexa verdade de sua vida e como ele era nos anos, meses e horas antes de sua morte. Como lidou com o fardo de ser a cara do perigo desde o momento em que nasceu? Esta é uma pergunta que poucas pessoas parecem estar fazendo.

A forma como vemos o perigo trata-se, em grande parte, de levantar suspeitas a partir do perfil racial, uma prática de aplicação da lei que tem sido calorosamente debatida durante anos porque conecta de modo implícito a raça à criminalidade. Esse é o fator que encorajou George Zimmerman armado a seguir um jovem negro desarmado caminhando para casa, mesmo depois que a polícia disse a Zimmerman para não perseguir Trayvon Martin. Zimmerman viu um jovem negro e acreditou que estava enfrentando o perigo. Ele perseguiu esse perigo como uma caça.

O esquema "pare e reviste" do Departamento de Polícia da Cidade de Nova York permite que a polícia detenha, questione e inspecione qualquer pessoa que levante uma "razoável" suspeita de perigo ou criminalidade. A maioria das pessoas detidas e revistadas em Nova York é negra ou latina, pois tais dados demográficos se encaixam em nosso perfil cultural de perigo. Esses são os supostos bárbaros, não o menino com os "olhos castanhos comoventes".

Embora haja muitas objeções ao esquema de "pare e reviste" e outras formas de discriminação racial, essas práticas persistem. O ex-prefeito Michael Bloomberg apoiou o programa de forma desafiadora. Em seu programa de rádio, disse: "Eles continuam dizendo: 'Oh, é uma porcentagem desproporcional de um determinado grupo étnico'. Pode ser isso, mas não é uma porcentagem desproporcional das pessoas que testemunhas e vítimas descrevem como as que cometem o assassinato. Nesse caso, aliás, acho que detemos desproporcionalmente os brancos demais e muito pouco as minorias".

Em seu livro *The Color of Crime* [A cor do crime], Katheryn Russell-Brown afirma que "os negros são o repositório do medo americano do crime" e também observa que:

> Para a maior parte das pessoas, as imagens avassaladoras de comportamento desviante negro na televisão — sua regularidade e sua frequência — são impossíveis de ignorar. Essas imagens negativas foram gravadas em nossa consciência coletiva. Não é surpresa que a maior parte dos americanos acredite erroneamente que os negros são responsáveis pela maioria dos crimes. Sem dúvida, muitos dos suspeitos exibidos no noticiário noturno são criminosos de fato. A incidência maciça de imagens de homens negros criminosos, entretanto, faz com que muitos de nós concluamos de forma incorreta que a maioria dos homens negros é criminosa. É o mito do criminoso negro.

No ano passado, inúmeros homens negros se apresentaram para compartilhar suas histórias de como foram forçados a esse mito. Mas muito pouco mudou.

Levantar suspeitas a partir do perfil racial nada mais é do que uma ilusão nascida de nossa crença de que podemos identificar o perigo. Queremos acreditar que podemos prever quem fará a próxima coisa terrível. Queremos acreditar que podemos nos manter seguros. É bom que Dzhokhar Tsarnaev esteja na capa da *Rolling Stone*, com o cabelo despenteado e tudo mais. Precisamos nos lembrar de que devemos parar de projetar nossos medos em perfis advindos de estereótipos. Precisamos de um lembrete de que nunca saberemos de fato a quem precisamos temer.

O RACISMO QUE TODOS NÓS TEMOS

EM *AVENIDA Q*, MUSICAL DA Broadway premiado com o Tony, uma das canções mais populares é "Everyone's a Little Bit Racist" [Todo mundo é um pouquinho racista]. O refrão termina com as seguintes frases: "Talvez seja um fato que todos devemos encarar/Todos fazemos julgamentos com base em raça". Há muita verdade nas letras da música. Todos fazemos certos julgamentos sobre os outros, e esses julgamentos costumam ser baseados na raça. Somos humanos. Temos falhas. A maioria das pessoas está simplesmente à mercê de séculos de condicionamento cultural. A maioria das pessoas é um pouco racista, mas não está marchando em comícios da Klu Klux Klan, queimando cruzes ou vandalizando mesquitas. Os melhores entre nós tentam, com vários graus de sucesso, superar esse condicionamento cultural, ou — como as revelações sobre a popular ex-apresentadora do canal Food Network, Paula Deen — não tentamos. Paula Deen, que mora em Savannah, na Geórgia, deleita-se com a cultura do Sul. Em seus programas na Food Network, que foram ao ar por quase quatorze anos, prestou sem remorso uma degradante homenagem a todos os tipos de culinária sulista. É uma filha orgulhosa do Sul e parece carregar os efeitos da complexa e pesada história·racial de lá.

Uma ex-funcionária, Lisa Jackson, processou Deen e seu irmão, Earl "Bubba" Hiers, por assédio no local de trabalho. A sentença condenatória do depoimento de Deen acabou sendo veiculada na internet e, nela, Deen revela todos os tipos de visões equivocadas sobre raça. Quando questiona-da se usava a palavra iniciada pela letra N, Deen respondeu de forma despreocupada: "Sim, claro", como se fosse uma pergunta boba, como se todos a usassem. Provavelmente, ela está certa.

Deen continua explicando que usou a palavra para descrever um ho-mem que colocou uma arma em sua cabeça durante um assalto ao banco onde ela trabalhava, como se isso devesse justificar o epíteto. Como observa Deen, ela não estava se sentindo "muito favorável com relação a ele". Isso é justo o bastante. Ninguém se sentiria favorável a um homem apontando uma arma contra sua cabeça, embora um pecado, por mais grave que seja, não justifique outro. Dois erros raramente resultam em algo certo.

Ela também discutiu as piadas racistas, antissemitas e típicas de pessoas brancas interioranas e conservadoras, contadas em suas cozinhas e como seu marido costumeiramente usa a palavra iniciada pela letra N. Quando ques-tionada sobre como identifica as pessoas pela raça, disse: "Tento usar o que a raça negra esteja querendo se denominar em diferentes momentos. Tento concordar e me lembrar disso". A transcrição inteira é tão reveladora quanto fascinante. É um pouco engraçada e um pouco triste porque Deen é muito honesta e sua atitude nada surpreende. Acho que eu deveria estar indignada, mas não estou. Na verdade, estou perplexa com a quantidade de atenção que a história recebeu, quando todos pareciam chocados que uma mulher mais velha proveniente do "Sul profundo" seja racista e nutra uma nostalgia pela era *antebellum.** Ou, talvez, o fato de não estar surpresa revele meus próprios pre-conceitos. Embora eu saiba que é errado presumir, tenho certas noções sobre o Sul. É aqui que argumento: "Tenho até amigos do Sul!".

A internet respondeu com vigor, como tende a fazer, quando surgiram notícias sobre o racismo de Deen ou, em minha concepção dessa situação, a visão geral de Deen sobre a vida. A hashtag *#paulasbestdishes* (#osmelhores-pratosdepaula) do Twitter viralizou instantaneamente e todos os principais sites de notícias enfatizaram e reenfatizaram o pouco que sabemos de fato sobre a sentença, alguns boatos e muita especulação.

---

* Período da história do Sul dos EUA entre o fim do século XVIII até o início da Guerra Civil, em 1861. (N. T.)

A parte mais interessante do depoimento é a despreocupação refletida nas respostas de Deen e a completa falta de vergonha. Sua atitude era a de uma pessoa que está cercada por indivíduos que pensam da mesma forma, uma pessoa que foi tão condicionada culturalmente que não tem o senso de autocrítica e de autopreservação o suficiente para contar algumas pequenas mentiras sobre suas atitudes raciais.

Na verdade, Deen tem capacidade de discernimento. Com certeza, nunca disse a palavra iniciada pela letra *N* ou fez comentários abertamente racistas no ar ou em qualquer uma das incontáveis entrevistas na mídia que fez ao longo dos anos. No depoimento, até reconhece que ela, seus filhos e seu irmão se opõem ao uso da palavra iniciada pela letra *N* em "qualquer comportamento cruel ou mesquinho", como se houvesse uma maneira calorosa e amigável para os brancos utilizarem essa palavra.

Todo esse desastre revela como existem regras tácitas sobre o racismo. Em seu depoimento, por seja lá qual for o motivo, Deen decidiu quebrar essas regras ou ignorá-las, ou acreditava que era rica e bem-sucedida o suficiente para que, francamente, não se aplicassem mais a ela.

Existe uma matriz complexa para quando você pode ser racista e com quem. Há maneiras de se comportar em público e maneiras de se comportar em espaços particulares. Há coisas que você pode dizer entre amigos, coisas que não ousaria dizer em qualquer outro lugar, que deve manter para si mesmo em público.

O escritor Teju Cole identificou de modo sucinto por que tantas pessoas parecem estar ansiosas sobre essas revelações de Deen quando ele tuitou: "O verdadeiro motivo de Paula Deen estar nos noticiários não é porque ela é racista, mas porque quebrou as regras não escritas sobre como ser racista". A maioria das pessoas está familiarizada com essas regras. Suspeitamos que todo mundo seja, de fato, um pouco racista. Não costuma ser uma questão de se alguém revelará seu racismo em qualquer grau, mas, sim, o momento. Ou talvez sejam pessoas não brancas que estão familiarizadas com essas regras e desejam reconhecer que elas existem. Talvez sejam as pessoas não brancas que aguardam incessantemente por um quando.

Meus vizinhos do andar de baixo se mudaram. Eram coreanos, estudantes universitários. Não cheguei a conhecê-los, mas pareciam ser legais.

Tocavam música alto, porém nunca era desagradável o suficiente para reclamar. Quem não gosta de festa? Quando fui pagar meu aluguel no início do mês após a partida deles, a funcionária do meu senhorio começou a detalhar as medidas extraordinárias que estavam tomando para arejar o apartamento porque "você simplesmente não acreditaria no cheiro". Acenei com a cabeça porque não tinha ideia mesmo do que dizer. Então, ela se inclinou para mim e sussurrou: "Você sabe como essas pessoas são".

Este foi um daqueles raros momentos em que pude ver as regras do racismo em ação em um contexto multirracial. Uma pessoa branca sentia-se confortável em confiar em mim. Naquele momento, éramos um nós conspirando contra eles. Eu não conseguia pensar em nenhuma resposta contundente. Então, simplesmente disse: "Não tenho ideia do que você quis dizer". E fui embora. Não estava interessada em entrar nesse jogo no qual nos conectamos enquanto revelamos nossos segredos racistas uns aos outros. Mais tarde, senti-me culpada por não ter usado aquele momento para educar aquela estranha sobre generalizações baseadas em raça. Perguntei-me por que ela achava que poderia revelar aquele casual racismo em companhia miscigenada. Perguntei-me, como sempre faço sobre as pessoas, o que ela pensa mesmo de mim.

Tragédia/chamado/compaixão/resposta

Todos os dias, coisas terríveis acontecem no mundo. Todos os dias, muitas pessoas morrem ou sofrem por motivos que desafiam a compreensão.

Na Noruega, em Oslo, cidade onde é concedido o Prêmio Nobel da Paz, em uma tarde de sexta-feira, um homem de 32 anos disparou uma bomba na sede do governo, matando oito pessoas. Na pequena ilha de Utoya, esse mesmo homem matou 69 pessoas, a maioria adolescentes. As crianças esconderam-se atrás de pedras, fugiram para a água e fingiram estar mortas para ter uma chance de sobreviver, de viver um dia além do insuportável dia em que viveram. Existe o medo e existe o medo. A escala da tragédia é incompreensível. A tragédia, como a maioria das tragédias, testa os limites da linguagem. Agora existe um antes e um depois. Isso é o que a notícia nos diz. Há fotos do prédio, desmoronado, o esqueleto da arquitetura revelado, a poeira e os destroços, os feridos, os mortos, o luto, o pranto, velas derretendo, flores murchas envoltas em plástico transparente, cartazes escritos à mão que tentavam expressar de forma adequada as profundezas de uma dor que, talvez, não possa ser expressa.

Muito frequentemente, o sofrimento existe em um reino para além do vocabulário. Assim, navegamos nesse reino de modo desajeitado, procurando as palavras certas, esperando que possamos de alguma forma nos aproximar de um entendimento de assuntos que nunca deveriam ter que ser compreendidos por ninguém em qualquer lugar do mundo.

O homem que cometeu esses crimes tem cabelos louros e olhos azuis. Esses detalhes são compartilhados várias vezes em uma ladainha de descrença. Muitas pessoas esperavam que o perpetrador de tal crime tivesse pele morena e um Alcorão, pois precisamos acreditar que existe apenas um tipo de extremismo. Este é o mundo em que vivemos agora. Esquecemos a compaixão. Fingimos que somos de alguma maneira diferentes daqueles que condenamos.

O homem de cabelos louros e olhos azuis tem uma página na Wikipédia. Um compêndio de conhecimento foi compilado sobre Anders Behring Breivik. Sabemos suas crenças, seu gosto musical e a profissão de seus pais. Sabemos que ele tem um manifesto exaustivo no qual trabalhou durante nove anos, alguns inspirados no Unabomber.* Nós o vimos posando com uma grande arma, vestindo um traje de mergulho. Vimos seu rosto — largo e aberto, a juventude em suas feições. Sabemos que ele é extremo em suas crenças e que deve haver ódio em seu coração. Sabemos que é louco. Ele deve odiar. Deve estar louco. Precisamos acreditar que é odioso e louco porque se mostra incompreensível acreditar que um homem de mente e corpo sãos possa cometer tal crime.

"Crime" é uma palavra fraca, fraca, fraca. Essas cinco letras não conseguem transmitir com precisão o que é, mais precisamente, uma atrocidade. Mesmo essa palavra não é suficiente. A tragédia excede nosso vernáculo em muitas formas.

Depois dessa tragédia, o rei da Noruega disse: "Continuo convencido de que a crença na liberdade é mais forte do que o medo. Continuo convencido a acreditar em uma democracia e uma sociedade norueguesas abertas. Continuo convencido de que acreditamos em nossa capacidade de viver com liberdade e segurança em nosso próprio país". Tragédia. Chamado. Compaixão. Resposta. Ele escolheu a graciosidade. Ele encontrou um vocabulário melhor para responder em meio a um sofrimento que desafia o vocabulário.

---

* Theodore John Kaczynski, o Unabomber, é um terrorista norte-americano que, aos 23 anos, aterrorizou o país enviando cartas-bomba que mataram duas pessoas e feriram outras cinco entre 1978 e 1995. (N. T.)

Todos nós temos a capacidade de fazer coisas que ferem, mas nos distinguimos em termos de escala — o quanto podemos machucar os outros, o quão longe iremos para fazer uma declaração sobre nossas crenças, o quão arrependidos podemos nos sentir na sequência de cometer um ato terrível. A maioria de nós, se tivermos sorte, cometerá apenas atos mesquinhos e ofensivos, os tipos de ofensas que podem ser perdoadas. O homem que cometeu essa atrocidade na Noruega tem uma capacidade de ferir que poucos entenderão. Ele se entregou. Confessou seus crimes. Quis se explicar. Não sei o que isso significa, mas precisa significar alguma coisa. Pergunto-me se ele estava com medo antes de tirar tantas vidas, antes de criar uma destruição sem precedentes. Pergunto-me como se tornou o tipo de homem que pode atirar em crianças à queima-roupa, que pode menosprezar tanto as vidas humanas. Pergunto-me se sente nojo do que fez. Pergunto-me como se sente, sabendo que mora em um país onde provavelmente não será condenado à prisão perpétua; sabendo que, mesmo diante do que fez, não será condenado à morte. Pergunto-me se está grato, se está humilhado, se está pasmado com a humanidade de seu povo. Tragédia. Chamado. Humildade. Resposta?

Depois da tragédia na Noruega, meu namorado ocasional fez uma ligação de longa distância. Ele é politicamente conservador, embora eu gostasse de pensar que o venci pelo cansaço sobre certos assuntos. Ele perguntou: "Você viu as notícias?". E perguntou: "Você ainda acredita que a pena de morte é errada?". Tragédia. Chamado. Tom de discagem. Resposta.

Conhecemos bastante do que há para saber sobre Anders Behring Breivik. Sabemos muito pouco sobre suas vítimas, quem foram, o que buscavam alcançar em suas vidas, como amaram e foram amadas, quem amaram, como e por quem serão lamentadas, o que sentiram em seus últimos momentos, se sofreram. Só sabemos que 77 pessoas foram mortas em um dia por um homem. O assassino está vivo. Há muita crueldade nessa circunstância.

Não sou santa. Não vou derramar uma lágrima por Anders Behring Breivik, mas não quero que ele morra. Tentarei pensar nele com a compaixão que ele não foi capaz de oferecer às 77 pessoas que assassinou. Provavelmente, vou falhar em seguir minha intenção. Mesmo assim, não desejo que morra. Não acredito que a morte dele seja um castigo apropriado. Não acredito que exista uma punição apropriada para o que aquele homem fez.

Esta é a era moderna. Quando ocorrem tragédias, vamos ao Twitter, ao Facebook e a blogs para compartilhar nossos pensamentos e sentimentos. Fazemos isso para saber que talvez, apenas talvez, não estejamos sozinhos em nossa confusão, tristeza ou mágoa, ou para acreditar que temos voz quanto ao que acontece no mundo.

Utilizamos essas ferramentas da era moderna, e há aqueles que, quando surge uma tragédia, apontam o dedo, fazem proselitismo ou usam o humor como meio de se distanciar do desconforto emocional de saber que raramente estamos tão seguros quanto temos a esperança de estar. Raramente estamos protegidos de tomar conhecimento de que todos os dias coisas terríveis acontecem por toda parte. Tragédia. Chamado. Twitter. Resposta. Outros usam esse tempo para assumir uma posição política, para especular sobre por que homens de cabelos louros e olhos azuis não estão agora sendo identificados em aeroportos ao redor do mundo. Há quase uma certa alegria nesse tipo de declaração. Em um momento como esse, a tragédia é usada para se assumir uma postura política. A justiça atrapalha o que é certo. A certeza de estar com a razão atrapalha as observações válidas que podem ser melhor compartilhadas com mais cuidado, com mais consideração, sob diferentes circunstâncias. As ferramentas da era moderna nos proporcionam muitos privilégios, mas também nos custam o privilégio de tempo, espaço e distância para pensar adequadamente sobre a tragédia, respirar fundo, sentir, cuidar. Tragédia. Chamado. Coração. Resposta. Tragédia. Chamado. Mente. Resposta.

Há uma garota que era mulher, mas na verdade era uma garota. Ela era uma menina porque tinha apenas 27 anos. Viveu apenas um terço da vida. Tinha uma voz que lembrava uísque fino e cigarros ou, pelo menos, como imagino que o uísque fino e cigarros possam soar. Tinha uma voz que me fez pensar em casas noturnas escuras e secretas onde você precisa conhecer um cara para conseguir entrar, onde músicos se reúnam em um pequeno palco e toquem seus instrumentos por horas envoltos em uma névoa de suor e colônia, bebendo e fumando, enquanto uma cantora, esta cantora-menina, se levanta ao microfone, dando aos espectadores o presente excepcional que é sua voz.

No ano em que seu segundo álbum foi lançado, o Halloween foi dedicado a essa garota. Para onde quer que eu olhasse, mulheres e alguns homens usavam o cabelo (ou uma peruca) longo e preto com um "bolo de noiva" no topo e delineador preto com aquele desenho estilo "gatinho" no canto de cada olho e desenhavam tatuagens nos braços e cantavam o refrão de sua música mais popular. *Tentaram me levar para a reabilitação.* Chamado. *Eu disse: não, não, não.* Resposta. É por isso que nos importamos. Ela estava em nossas vidas, em nossos ouvidos, em nossas cabeças e em nossos cabelos.

A cantora morreu em seu apartamento, sozinha na cama. Muitas pessoas disseram: "Era de se esperar", pois sabíamos que aquela mulher era, na verdade, uma garota. Sabíamos que tinha problemas e não dispunha do luxo que o resto de nós tem de lidar com nossas dificuldades em âmbito particular, com dignidade. Ela era uma bagunça. E daí? Somos todos uma bela bagunça. Cada um de nós, ou já foi bagunçado e encontrou o caminho, ou está tentando encontrar para sair de uma confusão, arranhando, buscando. Sabíamos que ela guardava demônios maiores que ela, demônios que tentou combater ou não — não temos como saber. Suas lutas foram registradas, parodiadas, celebradas e ridicularizadas. Celebridade. Chamado. Fofoca. Resposta. Vimos as fotos dessa menina-mulher na rua, descalça, a barriga nua e inchada, a maquiagem borrada, o cabelo inesquecível pegajoso, colado no rosto pálido, o corpo sendo conduzido para fora de casa em um saco vermelho para cadáveres. Não havia privacidade para ela, nem mesmo na morte. Isso também é uma tragédia.

Adoro sua música e a ouço regularmente. Sempre esperei que ela conseguisse sobreviver sozinha, esperava que desse aos fãs mais apaixonados mais de sua voz, que pudesse dar a si mesma a bênção de uma vida longa. Soube que morreu por meio de meu melhor amigo, que me enviou uma mensagem de texto, e nos lamentamos sobre a vergonha que era para uma menina morrer aos 27 anos. É um tipo diferente de sensação devastadora pensar sobre a vida que ela nunca conhecerá, sobre aqueles presentes que vêm com mais anos de vida. Não me pergunto sobre a causa de sua morte. A forma de sua morte não é de minha conta. Ainda assim... Quando fiquei sabendo de seu falecimento, perguntei-me se morreu sozinha. Perguntei-me se estava com medo. Há medos e medos. Agora, pergunto-me se ela conheceu a verdadeira felicidade em sua curta vida. Pergunto-me se ela se sentiu amada ou conheceu a paz. Era filha de alguém. Era irmã de alguém.

Sabemos que o pai dela descobriu enquanto estava no avião. Ele não teve nenhum tipo de privacidade para dar sentido ao fato de ter sobrevivido a uma filha morta. A morte de um filho é insuportável e sufocante. Após a morte de Amy Winehouse, seus pais tiveram que tentar lidar com algo que o coração humano está mal preparado para suportar. Tragédia. Chamado. Dor no coração. Resposta.

Acompanhei muitas conversas sobre o que aconteceu na Noruega e a morte de Amy Winehouse porque foi um fato após o outro. Muitas dessas conversas tentaram fundir os dois eventos, tentaram criar algum tipo de hierarquia de tragédia, dor, chamado, resposta. Havia tanto julgamento, tanto interrogatório sobre a amargura — como ousamos chorar por uma cantora, uma *entertainer*, uma menina-mulher que lutava contra o vício, como se a vida de uma viciada fosse menos digna de algum modo, como se não tivéssemos o direito de lamentar, a não ser que a tragédia ocorra com o tipo certo de pessoas. Como ousamos chorar por uma cantora quando, do outro lado do oceano, 77 pessoas estão mortas? Essas perguntas nos são feitas como se tivéssemos apenas a capacidade de lamentar uma tragédia de cada vez, como se devêssemos medir a profundidade e o alcance de uma tragédia antes de decidir como responder, como se compaixão e bondade fossem recursos finitos que devemos usar com moderação. Não podemos colocar essas duas tragédias em um gráfico e conectá-las em uma linha reta. Não podemos entender essas tragédias perfeitamente.

A morte é uma tragédia, seja a morte de uma garota em Londres ou de 77 homens, mulheres e crianças na Noruega. Sabemos disso, mas talvez precise ser dito várias vezes para não nos esquecermos.

Nunca considerei a compaixão um recurso finito. Não gostaria de viver em um mundo no qual esse fosse o caso.

Tragédia. Chamado. Grande. Pequena. Compaixão. Resposta. Compaixão. Resposta.

DE VOLTA A MIM

Má feminista: tomada um

Minha definição favorita de "feminista" é a oferecida por Su, uma mulher australiana que, quando entrevistada para a antologia DIY *Feminism* [Feminismo — faça você mesmo], de Kathy Bail, em 1996, disse que feministas são "apenas mulheres que não querem ser tratadas como merda". Essa definição é precisa e sucinta, mas tenho problemas quando tento expandi-la. Fico aquém como feminista. Sinto que não estou tão comprometida quanto preciso, que não estou vivendo de acordo com os ideais feministas por causa de quem e como escolhi ser.

Sinto essa tensão constantemente. Como Judith Butler escreve em seu ensaio de 1988, *Performative Acts and Gender Constitution* [Atos performativos e constituição de gênero], "desempenhar a performance de gênero de forma errada inicia um conjunto de punições óbvias e indiretas, e executá-la bem fornece a garantia de que existe um essencialismo de identidade de gênero, afinal". Essa tensão — a ideia de que existe uma maneira certa de ser mulher, uma maneira certa de ser a mulher mais essencial — é contínua e generalizada.

Vemos essa tensão nos padrões de beleza ditados socialmente: o modo certo de ser mulher é ser magra, usar maquiagem, usar o tipo certo de roupa (nem muito puta, nem muito pudica — mostrem um pouquinho de perna, senhoras), e assim por diante. Boas mulheres são charmosas, educadas e discretas. Boas mulheres trabalham, mas ficam satisfeitas em ganhar 77% do que os homens ganham ou, dependendo de quem você perguntar, têm filhos e ficam em casa para criá-los sem reclamar. Boas mulheres são modestas, castas, piedosas, submissas. As mulheres que não aderem a esses padrões são as derrotadas, as indesejáveis. São mulheres ruins.

A tese de Butler também pode ser aplicada ao feminismo. Existe um feminismo essencial ou, como percebo esse essencialismo, a noção de que existem maneiras certas e erradas de ser feminista e que existem consequências por fazer o feminismo errado.

O feminismo essencial sugere raiva, falta de humor, militância, princípios inabaláveis e um conjunto prescrito de regras sobre como ser uma mulher feminista adequada ou, pelo menos, uma mulher feminista branca heterossexual adequada — que odeie a pornografia, repreenda unilateralmente a objetificação das mulheres, não dê atenção ao olhar masculino, odeie homens, odeie sexo, concentre-se na carreira, não se depile. Brinco, sobretudo, com este último. Isso está longe de ser uma descrição precisa do feminismo, mas o movimento foi distorcido por uma percepção equivocada por tanto tempo que mesmo as pessoas que deveriam ter mais discernimento acreditaram nessa imagem essencial.

Veja Elizabeth Wurtzel, que, em junho de 2012 no artigo publicado na *Atlantic*, diz: "Feministas de verdade têm seu próprio sustento, dispõem de dinheiro e recursos próprios". Pelo pensamento de Wurtzel, as mulheres que não "têm seu próprio sustento, dispõem de dinheiro e recursos próprios" são falsas feministas, não merecem o rótulo. São uma decepção para a irmandade. Ela leva a ideia do feminismo essencial ainda mais longe em um texto para a *Harper's Bazaar* de setembro de 2012, no qual ela sugere que uma boa feminista trabalha muito para ser bonita. A autora diz: "Ter uma aparência ótima é uma questão de feminismo. Nenhuma mulher liberada representaria erroneamente a causa aparentando ser menos do que saudável e feliz". É muito fácil dissecar o erro de tal pensamento. Ela sugere que o valor de uma mulher é, em parte, determinado por sua beleza, uma das coisas contra as quais o feminismo busca fazer.

O problema mais significativo com o feminismo essencial diz respeito a como ele não permite acomodar as complexidades da experiência humana ou da individualidade. Parece haver pouco espaço para pontos de vista múltiplos ou discordantes. O feminismo essencial, por exemplo, levou ao surgimento da expressão "feminismo positivo com relação ao sexo", que cria uma distinção clara entre feministas que são positivas sobre sexo e feministas que não são — o que, por sua vez, desenvolve uma profecia essencialista que se cumpre.

Às vezes me estremeço quando sou chamada de feminista, como se eu devesse ter vergonha de meu feminismo ou como se a palavra "feminista" fosse um insulto. O rótulo raramente é utilizado com bondade. Em geral, sou chamada de feminista quando tenho a coragem de sugerir que a misoginia tão enraizada em nossa cultura é um problema real que requer vigilância implacável. O ensaio sobre Daniel Tosh nesta coletânea e as piadas de estupro foram publicadas originalmente no site *Salon*. Tentei não ler os comentários, pois se tornam cruéis, mas não pude deixar de notar o comentário de um leitor que disse que eu era uma "blogueira raivosa", o que é simplesmente outra forma de dizer "feminista raivosa". Todas as feministas são raivosas, em vez de serem, digamos, intensas.

Uma admoestação mais direta veio de um homem que eu estava namorando, durante uma discussão acalorada que não chegou a ser uma briga. Ele disse: "Não levante a voz para mim". Isso era estranho, pois eu não havia levantado a voz. Fiquei chocada porque ninguém nunca havia me dito isso. Ele expôs, longamente, sobre como as mulheres deveriam falar com os homens. Quando desmantelei suas pseudoteorias, ele disse: "Você é algum tipo de feminista, não é?". Havia um tom que ressoava em sua acusação, deixando claro que ser feminista era indesejável. Não estava sendo uma boa mulher. Permaneci em silêncio, fervendo. Pensei: *não é óbvio que sou feminista, embora não seja muito boa?* Também percebi que estava sendo punida por ter certas crenças. A experiência foi desconcertante, na melhor das hipóteses.

Não sou a única mulher loquaz que foge do rótulo de feminista, que teme as consequências de aceitá-lo. Em uma entrevista de agosto de 2012 a Andrew O'Hehir do site *Salon*, a atriz Melissa Leo, conhecida por interpretar papéis femininos inovadores, disse: "Bem, eu não me considero feminista. Assim que começarmos a rotular e categorizar a nós mesmos e aos outros, e isso vai obstruir o mundo. Eu nunca diria isso. Tipo, acabei de fazer aquele episódio com Louis C. K.". Leo reforça muitos mitos feministas essenciais com seu comentário. Somos categorizados e rotulados desde o momento em que viemos a este mundo por gênero, raça, tamanho, cor do cabelo, cor dos olhos, e assim por diante. Quanto mais velhos ficamos, mais rótulos e categorias coletamos. Se rotular e categorizar a nós mesmos vai obstruir o mundo, trata-se de um processo em construção há muito tempo. Mais desconcertante, porém, é a afirmação de que uma feminista não assumiria um papel na *sitcom* de Louis C. K., *Louie*, ou que uma feminista seria incapaz de achar o tipo de humor de C. K. divertido. Para Leo, há feministas e depois existem mulheres que desafiam a categorização e estão dispostas a abraçar as oportunidades de carreira.

Líderes pioneiras no mundo corporativo também tendem a rejeitar o rótulo feminista. Marissa Mayer, nomeada presidente e CEO da Yahoo! em julho de 2012, disse em uma entrevista:

> Não acho que me consideraria feminista. Acho que certamente acredito em direitos iguais, acredito que as mulheres são tão capazes quanto, ou até mais em muitas dimensões diferentes, mas creio que não tenho o tipo de impulso militante e o tipo de predisposição impetuosa que, às vezes, acompanha esse posicionamento. E acho que é uma pena, mas acho que o "feminismo" se tornou em muitos aspectos uma palavra mais negativa. Você sabe, existem oportunidades incríveis no mundo inteiro para as mulheres, e acho que há mais coisas boas que surgem da energia positiva em torno dessa questão do que da energia negativa.

Para Mayer, mesmo sendo uma mulher pioneira, o feminismo está associado à militância e a noções preconcebidas. O feminismo é negativo e, apesar dos avanços feministas que resultaram em sua carreira no Google e agora no Yahoo!, ela preferia evitar o rótulo em prol da assim denominada energia positiva.

Audre Lorde afirmou uma vez: "Sou uma feminista negra. Quer dizer, reconheço que meu poder e minhas opressões primárias são resultados de minha negritude, bem como de minha existência como mulher. Portanto, minhas lutas nessas duas frentes são inseparáveis". Enquanto mulher não branca, acho que algumas feministas não parecem estar muito preocupadas com as questões exclusivas das mulheres não brancas — os efeitos contínuos do racismo e do pós-colonialismo, o status feminino no Terceiro Mundo, a luta contra os duríssimos arquétipos aos quais as negras são forçadas (mulher negra raivosa, mãe preta, selvagem, e assim por diante).

Ao acreditar que existem questões únicas para as mulheres não brancas, as feministas brancas costumam sugerir que ocorre uma divisão não natural, impedindo a solidariedade, a irmandade. Outras vezes, as feministas brancas simplesmente descartam essas questões. Em 2008, a proeminente blogueira Amanda Marcotte foi acusada de apropriação de ideias para seu texto "Can a Person Be Illegal?" [Uma pessoa pode ser ilegal?] da blogueira feminista e não branca que havia postado um discurso sobre o mesmo assunto alguns dias antes da publicação do artigo de Marcotte. A questão sobre onde termina o pensamento original e onde começam conceitos emprestados foi significativamente complicada nesse caso pela sensação de que uma pessoa branca mais uma vez havia se apropriado do trabalho criativo de uma pessoa não branca.

A blogosfera feminista envolveu-se em um intenso debate sobre essas questões, às vezes de forma tão áspera que as feministas negras foram rotuladas de "radicais", foram acusadas de exagerar e, é claro, "utilizar a carta da raça".

Tal ignorância e tal desinteresse deliberados em incorporar as questões e preocupações das mulheres negras ao projeto feminista dominante tornam-me relutante em assumir o rótulo de feminista até que este inclua pessoas como eu. É essa minha maneira de essencializar o feminismo, de sugerir que existe um tipo certo de feminismo ou um feminismo mais inclusivo? Possivelmente. Tudo isso é obscuro para mim, porém uma insensibilidade contínua dentro dos círculos feministas sobre questões raciais é um problema sério.

Também tem isso. Ultimamente, as revistas têm me dito que há algo errado com o feminismo ou com as mulheres tentando alcançar um equilíbrio entre vida profissional e pessoal ou apenas com as mulheres em geral. A revista *Atlantic* liderou essas lamentações. No artigo de junho de 2012 mencionado anteriormente, Elizabeth Wurtzel, autora de *Nação Prozac*, lançou uma polêmica marcante sobre o "1% de esposas" que estão prejudicando o feminismo e o progresso das mulheres ao escolher ficar em casa, em vez de entrar para o mercado de trabalho. Wurtzel começa o ensaio de forma provocativa, afirmando:

> Quando minha mente se depara com o que há de errado com o feminismo, isso traz à tona aquela poeta do século XIX: "Deixe-me contar de quantas maneiras".* Acima de tudo, o feminismo é a garota legal que quer muito ser amada por todos — senhoras que almoçam, homens que odeiam mulheres, todos os idiotas que exigem escolha e não entendem de responsabilidade — que se tornou a presa fácil dos movimentos sociais.

Existem problemas com o feminismo. Wurtzel diz isso, e ela é vigorosa em defender sua posição. Wurtzel conhece o caminho certo para o feminismo. Nesse artigo, Wurtzel continua afirmando que há apenas um tipo de igualdade, a econômica, e até que as mulheres reconheçam isso, e entrem na força de trabalho em massa, as feministas, e feministas ricas em particular, continuarão a fracassar. Elas continuarão sendo feministas ruins, ficando aquém dos ideais essenciais do feminismo. Wurtzel não está errada sobre a importância da igualdade econômica, mas ela está errada em supor que, com a igualdade econômica, o resto das preocupações do feminismo irá desaparecer de alguma forma.

Na revista *Atlantic* de julho/agosto de 2012, Anne-Marie Slaughter escreveu mais de 12 mil palavras sobre as lutas de mulheres poderosas e bem-sucedidas para "ter tudo". Seu artigo era interessante e reflexivo, para um certo tipo de mulher — rica com uma carreira de muito sucesso. Ela até aproveitou o artigo com o objetivo de fechar contrato para escrever um livro. Slaughter falava para um pequeno grupo de mulheres de elite, enquanto ignorava os milhões de mulheres que não têm o privilégio de, como fez Slaughter, deixar cargos de alto escalão no Departamento de Estado para passar mais tempo com os filhos. Muitas mulheres que trabalham fazem isso porque precisam. Trabalhar tem pouco a ver com ter tudo e muito mais a ver com ter comida sobre a mesa.

---

* Referência a *Sonetos da portuguesa*, reunião de poemas românticos de Elizabeth Barrett Browning. (N. T.)

Slaughter escreveu:

> Eu teria sido aquela mulher se congratulando pelo compromisso inabalável com a causa feminista, conversando presunçosamente com seu número cada vez menor de amigas da faculdade ou do curso de Direito que haviam alcançado e mantido seu lugar nos escalões mais altos de sua profissão. Teria sido aquela mulher dizendo às jovens em minhas palestras que você pode ter tudo e fazer tudo, independentemente do campo em que atue.

A questão é que não tenho certeza de que o feminismo alguma vez já sugeriu que as mulheres podem ter tudo. Essa noção de ser capaz de ter tudo é sempre atribuída de forma errônea ao feminismo quando, na verdade, faz parte da natureza humana querer tudo — de possuir o que quiser, sem necessariamente focar como podemos chegar lá e como podemos tornar o "ter tudo" possível para uma gama mais ampla de pessoas e não apenas para as que dispõem de sorte.

Infelizmente, pobre feminismo... Muita responsabilidade continua sendo empilhada sobre os ombros de um movimento cujo objetivo principal é alcançar a igualdade, em todas as esferas, entre homens e mulheres. Continuo lendo esses artigos e sentindo raiva e cansaço, pois sugerem que não há como as mulheres *conseguirem acertar*. Esses textos fazem parecer que, como sugere Butler, existe, de fato, uma maneira certa de ser mulher e outra errada. O padrão para a maneira certa de ser mulher e/ou feminista parece estar sempre mudando e ser inalcançável.

Nas semanas que antecederam a publicação de *Faça acontecer: mulheres, trabalho e a vontade de liderar*, de Sheryl Sandberg, os críticos tinham muito a declarar sobre as ideias da diretora de operações do Facebook sobre ser mulher no local de trabalho — embora poucos tivessem lido o livro de fato. Muitas das discussões resultantes caracterizaram de maneira bizarra o *Faça acontecer*, lançando manchetes enganosas, fatos imprecisos e suposições injustas.

Ocorre que nem mesmo uma incursão de médio padrão no mundo dos livros sobre conselhos corporativos está imune a interpretações duplas.

Sandberg intercala narrativas pessoais de sua notável carreira (vice-presidente do Google e chefe do Tesouro dos EUA durante a administração

Clinton) com observações, pesquisas e conselhos pragmáticos sobre como as mulheres podem alcançar o sucesso profissional e pessoal. Ela incentiva as mulheres a "se debruçarem" em suas carreiras e a serem "ambiciosas em qualquer atividade". Escrito com competência, o livro *Faça acontecer* é relativamente interessante e repete muitas pesquisas familiares — embora não seja particularmente prejudicial ser lembrada dos desafios que as mulheres enfrentam ao tentarem progredir. Intencionalmente ou não, grande parte do livro é uma dura recapitulação dos muitos obstáculos que as mulheres enfrentam no trabalho. Não posso negar que algumas partes me foram familiares, sobretudo a discussão de Sandberg acerca da síndrome do impostor e como as mulheres estão menos dispostas a aproveitar oportunidades de carreira em potencial, a menos que se sintam qualificadas.

Mas Sandberg está rigidamente comprometida com o binarismo de gênero, e o livro *Faça acontecer* é heteronormativo ao extremo. As mulheres profissionais são amplamente definidas com relação aos homens profissionais. O mais alto conselho tácito de *Faça acontecer* parece ditar que as mulheres devem abraçar as qualidades tradicionalmente masculinas (autoconfiança, correr riscos, agressividade etc.). Às vezes, esse conselho sai pela culatra porque parece que Sandberg está defendendo o seguinte: *Se você quer ser bem-sucedida, seja uma pessoa escrota.* Além disso, Sandberg costuma presumir que uma mulher desejará realizar ambições profissionais ao mesmo tempo que se casará com um homem e terá filhos. Sim, ela diz: "Nem todas as mulheres querem carreiras. Nem todas as mulheres querem filhos. Nem todas as mulheres desejam ambos. Eu nunca defenderia que todas nós devemos ter os mesmos objetivos". Mas ela se contradiz ao colocar cada parábola dentro do contexto de mulheres heterossexuais que desejam uma carreira de grande sucesso e uma família nuclear completa. Aceitar que Sandberg está escrevendo para um público muito específico e tem pouco a oferecer àqueles que não se enquadram nesse público-alvo torna bem mais fácil gostar do livro.

Uma das principais questões que surgiu na sequência da publicação de *Faça acontecer* é se Sandberg tem alguma responsabilidade com relação às mulheres que não se enquadram em seu público-alvo. Como Slaughter, Sandberg está falando para um grupo bastante restrito de mulheres. No

New York Times, Jodi Kantor escreve: "Mesmo os consultores [de Sandberg] reconhecem a estranheza de uma mulher com dois diplomas em Harvard, duas polpudas fontes de riqueza em forma de investimento em ações (do Facebook e do Google, onde ela também trabalhou), uma casa de 830 metros quadrados e um pequeno exército de empregados a qual ajuda a incentivar as mulheres menos afortunadas a fazer um escrutínio pessoal e trabalhar mais".

Às vezes, a evidência inevitável da fortuna de Sandberg é irritante. Ela fala casualmente sobre seu mentor Larry Summers, quando trabalhava para o Departamento do Tesouro, seus irmãos médicos e seu marido igualmente bem-sucedido, David Goldberg. (Como CEO da SurveyMonkey, Goldberg mudou a sede da empresa de Portland para a região da baía de São Francisco para que pudesse estar mais próximo de sua família.) Ela passa a impressão de que sair de uma situação ideal para a próxima é replicável de modo fácil.

A vida de Sandberg é um conto de fadas tão absurdo que comecei a pensar em *Faça acontecer* como um globo de neve, em que uma pequena e adorável imagem se formava lindamente para meu deleite e minha irritação. Eu não seria tão ousada a ponto de sugerir que Sandberg tem tudo, mas preciso acreditar que ela está muito perto de seja lá o que for que "ter tudo" possa significar. O bom senso dita que não é realista presumir que alguém poderia alcançar o sucesso de Sandberg apenas "debruçando-se" e trabalhando mais — mas isso não significa que Sandberg não tenha nada a oferecer ou que o livro *Faça acontecer* deva ser sumariamente rejeitado.

Os críticos culturais costumam ser um pouco presunçosos e condescendentes com relação a grupos marginalizados e, no debate sobre *Faça acontecer*, "mulheres da classe trabalhadora" foram reunidas em um círculo vagamente definido de mulheres que trabalham muito por muito pouco dinheiro. Mas se deu pouquíssima consideração a essas mulheres como pessoas reais que vivem no mundo e que talvez, apenas talvez, também tenham ambições. Sem surpresa, tem havido um retrocesso significativo contra a noção de que se debruçar sobre a carreira é uma opção razoável para as mulheres da classe trabalhadora, que já se encontram terrivelmente sobrecarregadas. Sandberg não é alheia a seu privilégio ao observar:

Estou plenamente ciente de que a maioria das mulheres não está focada em mudar as normas sociais para a próxima geração, mas apenas em tentar sobreviver a cada dia. Quarenta por cento das mães empregadas não têm licença médica nem férias, e cerca de 50% delas não podem tirar um dia para cuidar de um filho doente. Apenas cerca de metade das mulheres recebe alguma remuneração durante a licença-maternidade. Essas políticas podem ter consequências graves; famílias sem acesso à licença remunerada frequentemente se endividam e tornam-se pobres. Os empregos de meio período com cronogramas flutuantes oferecem pouca chance para planejamento e muitas vezes são mais curtos do que a semana de quarenta horas que fornece benefícios básicos.

Teria sido útil se Sandberg oferecesse conselhos realistas sobre gerenciamento de carreira para mulheres que estão lidando com tais circunstâncias. Também seria útil se tivéssemos carros voadores. Pressupor que o conselho de Sandberg é inútil por completo para as mulheres da classe trabalhadora é tão míope quanto alegar que o conselho dela precisa ser totalmente aplicável a todas as mulheres. E sejamos francas: se Sandberg optasse por oferecer conselhos para a carreira de mulheres da classe trabalhadora, um grupo sobre o qual ela claramente sabe pouco, teria sido bastante criticada por ultrapassar seus limites.

A resposta crítica a *Faça acontecer* não está totalmente errada, mas é emblemática dos perigos do ser mulher publicamente. Mulheres públicas, e feministas em particular, têm de ser tudo para todos; quando não são, são criticadas por seu fracasso. De certo modo, isso é compreensível. Chegamos longe, mas ainda temos muito mais a fazer. Temos várias necessidades e esperamos que mulheres com uma plataforma significativa possam ser tudo o que precisamos — uma posição desesperadamente insustentável. Como Elizabeth Spires observa em *The Verge* [Na fronteira]:

> Quando foi a última vez que alguém pegou um *best-seller* de Jack Welch (ou Warren Bufett ou mesmo Donald Trump) e reclamou que não era empático com relação aos homens da classe trabalhadora que tinham que trabalhar em vários empregos para sustentar suas famílias? E quem lê um livro de Jack Welch e se sente na defensiva por estar sendo informado de que deve adotar o estilo de vida e as escolhas profissionais de Jack Welch ou será um humano inferior?

O livro *Faça acontecer* não pode e não deve ser lido como um texto definitivo ou que oferece conselhos universalmente aplicáveis a todas as mulheres, em todos os lugares. Sandberg é confiante e agressiva em seus conselhos, mas a leitora não tem obrigação de fazer tudo o que ela diz. Talvez possamos considerar *Faça acontecer* pelo que é — apenas mais um lembrete de que as regras são sempre diferentes para as garotas, não importa quem sejam ou o que façam.

Má feminista: tomada dois

Estou fracassando como mulher. Estou fracassando como feminista. Aceitar livremente o rótulo feminista não seria justo com as boas feministas. Se sou, de fato, feminista, sou uma bem ruim. Sou uma confusão de contradições. Há muitas maneiras pelas quais cometo erros com relação ao feminismo, pelo menos de acordo com a maneira que minhas percepções do feminismo foram distorcidas por ser mulher.

Quero ser independente, mas quero ser cuidada e ter alguém que esteja me aguardando em casa. Tenho um trabalho que desenvolvo muito bem. Estou no comando das coisas. Faço parte de comitês. As pessoas me respeitam e seguem meus conselhos. Quero ser forte e profissional, mas me ressinto de como tenho de trabalhar duro para ser levada a sério, para receber uma fração da consideração que poderia receber. Às vezes, sinto uma necessidade irresistível de chorar no trabalho. Então, fecho a porta da sala e perco a cabeça.

Quero estar no comando, ser respeitada e estar no controle, mas quero me entregar, completamente, em certos aspectos de minha vida. Quem quer crescer?

Quando dirijo para o trabalho, ouço rap da quebrada em alto volume, embora as letras sejam degradantes para as mulheres e me ofendam profundamente. Sabe aquela clássica canção "Salt Shaker" [Saleiro] dos

Ying Yang Twins? É incrível. "Vai, vadia, sacode até a pata de camelo* começar a doer."

Que poesia.

(Estou mortificada com minhas escolhas musicais.)

Eu me importo com o que as pessoas pensam.

Rosa é minha cor favorita. Eu costumava dizer que minha cor favorita era o preto para ser *legal*, mas é rosa — todos os tons de rosa. Se eu tiver um acessório, provavelmente é rosa. Leio a *Vogue* e não faço isso ironicamente, embora possa parecer. Uma vez tuitei ao vivo a edição de setembro. Demonstro pouca evidência externa disso, mas tenho uma fantasia muito benevolente, na qual tenho um armário cheio de sapatos bonitos e bolsas e roupas combinando. Amo vestidos. Durante anos, fingi que os odiava, mas não os odeio. Os maxivestidos são uma das melhores peças de roupa que se tornaram populares nos últimos tempos. Tenho opiniões sobre os maxivestidos! Depilo minhas pernas! Novamente, isso me mortifica. Se eu discordar dos padrões irreais de beleza aos quais as mulheres são submetidas, não deveria ter uma apreciação secreta por moda e panturrilhas lisas, certo?

Não sei nada sobre carros. Quando levo meu carro para o mecânico, ele fala uma língua estrangeira. O homem pergunta o que há de errado com meu carro, e gaguejo coisas como: "Bem, há um som que tento abafar com meu rádio". O fluido do limpador de para-brisa da janela traseira do meu carro não borrifava mais o vidro. Apenas borrifava para o ar. Não sei como lidar com isso. Parece um problema caro. Ainda ligo para meu pai com perguntas sobre carros e não estou muito interessada em modificar minha ignorância sobre isso. Não quero ser boa com carros. Boas feministas, suponho, são independentes o suficiente para lidar com crises veiculares por conta própria. São independentes o suficiente para se importar.

Apesar do que as pessoas pensam com base em minha opinião escrita, gosto muito de homens. Eles são interessantes para mim, e eu gostaria que fossem melhores em termos de como tratam as mulheres, para que não

---

* Referência à genitália feminina. (N. T.)

tivesse que expô-los com tanta frequência. E ainda tolero bobagens de homens inadequados, embora eu *tenha discernimento* e possa fazer melhor. Amo diamantes e o excesso dos casamentos. Considero certas tarefas domésticas caracterizadas por gênero, sobretudo todas a meu favor, já que não me afeiçoo a certas tarefas domésticas — cuidar do gramado, matar insetos e tirar o lixo, por exemplo, são tarefas dos homens.

Às vezes, na maioria das vezes, honestamente, eu finjo "isso" totalmente porque é mais fácil. Sou fã de orgasmos, mas eles demoram e, em muitos casos, não quero perder esse tempo. Muitas vezes realmente não gosto do cara o suficiente para explicar o cálculo do meu desejo. Então, sinto-me culpada porque a irmandade não aprovaria. Nem tenho certeza do que é a irmandade, mas a ideia de uma é uma ameaça silenciosa que me lembra do quão má feminista sou. Boas feministas não temem a irmandade porque sabem que estão se comportando de formas aprovadas por ela.

Amo bebês e quero ter um. Disponho-me a fazer certos acordos (não sacrifícios) para isso — como licença-maternidade e desacelerar no trabalho para ficar mais tempo com meu filho, escrevendo menos para estar mais presente. Preocupo-me em morrer sozinha, solteira e sem filhos, pois passei muito tempo construindo minha carreira e acumulando diplomas. Esse pensamento me mantém acordada à noite, mas finjo que não, pois devo ser evoluída. Meu sucesso, tal como é, deve ser suficiente se eu for boa feminista. Não é suficiente. Não chega nem perto de ser.

Como tenho tantas opiniões profundamente arraigadas sobre a igualdade de gênero, sinto muita pressão para viver de acordo com certos ideais. Devo ser uma boa feminista que tem tudo, faz tudo. Na verdade, sou uma mulher na casa dos trinta lutando para aceitar a si mesma e seu *score* de crédito financeiro. Por muito tempo, disse a mim mesma que não era essa mulher — totalmente humana e imperfeita. Trabalhei horas extras para ser qualquer coisa menos essa mulher, e foi exaustivo, insustentável e ainda mais difícil do que simplesmente abraçar quem eu sou.

Talvez eu seja má feminista, mas estou profundamente comprometida com as questões importantes para o movimento feminista. Tenho opiniões fortes sobre a misoginia, o sexismo institucional que sempre coloca as mulheres em desvantagem, a desigualdade salarial, o culto à beleza e à magreza, os repetidos ataques à liberdade reprodutiva, a violência contra as mulheres, e assim por diante. Estou tão empenhada em lutar ferozmente pela igualdade quanto estou em romper a noção de que existe um feminismo essencial.

Sou o tipo de feminista que fica chocada com a frase "estupro legítimo" e com políticos como Todd Akin, do Missouri, que, em uma entrevista, reafirmou o compromisso com a oposição ao aborto, quase unilateralmente. Ele disse: "Se for um estupro legítimo, o corpo feminino tem maneiras de tentar interromper. Mas vamos supor que talvez não tenha funcionado ou algo assim: acho que deveria haver alguma punição, porém ela deveria ser do estuprador, e não atacar a criança" — com base na pseudociência e em uma atitude cultural negligente quanto ao estupro.

Ser feminista, no entanto, mesmo má feminista, também me ensinou que a necessidade do feminismo e da defesa da causa também se aplica a questões aparentemente menos sérias, como uma música dos quarenta hits mais tocados ou o humor pueril de um comediante. A existência desses artefatos menores de nossa cultura pop é possibilitada pelos problemas muito mais graves que enfrentamos. O terreno já vem sendo preparado há muito tempo.

Em algum momento, coloquei em minha cabeça que a feminista era um certo tipo de mulher. Acreditei em mitos grosseiros e inexatos sobre quem são as feministas — militantes, perfeitas em sua política e pessoalmente, que odiavam os homens, não tinham senso de humor. Comprei esses mitos, embora, intelectualmente, *saiba* disso. Não estou orgulhosa. Não quero mais acreditar neles. Não quero desautorizar o feminismo como várias mulheres fizeram.

O mau feminismo parece ser a única maneira de me abraçar como feminista e ser eu mesma. Por isso, escrevo. Falo no Twitter sobre tudo o que me deixa com raiva e todas as pequenas coisas que me trazem alegria. Escrevo posts sobre as refeições que preparo enquanto tento cuidar melhor de mim mesma e, a cada novo registro, percebo que estou me consertando depois de anos me permitindo ser destruída. Quanto mais escrevo, mais me coloco ao mundo como má feminista, mas espero ser uma boa mulher — estou sendo aberta sobre quem eu sou, quem fui, onde vacilei e quem gostaria de me tornar.

Não importa quais problemas eu tenha com o feminismo. Sou feminista. Não posso e não vou negar a importância e a necessidade absoluta do feminismo. Como a maioria das pessoas, sou cheia de contradições, mas também não quero ser tratada como merda por ser mulher.

Sou má feminista. Eu prefiro ser uma feminista ruim a não ser feminista de modo algum.

Agradecimentos

Versões desses ensaios foram publicadas em *Rumpus, American Prospect, Virginia Quarterly Review, Ninth Letter, Frequencies, Bookslut, Jezebel, Iron Horse Literary Review, Los Angeles Review, BuzzFeed* e *Salon*. Sou grata aos editores dessas publicações por propiciarem um lar para meu trabalho.

Minha agente, Maria Massie, é a maior conquista que um escritor pode ter. Cal Morgan e Maya Ziv são editores maravilhosos, e Cal, em particular, foi muito persistente em abrir um espaço para mim na revista *Harper*. Você sabe que encontrou as pessoas certas quando seu editor entende seu amor por *Barrados no baile*. Maya e eu somos melhores amigas agora. Também quero agradecer a Mary Beth Constant por seu espirituoso e instrutivo cuidado com minhas palavras. Grande parte deste livro foi escrita ao som da trilha sonora de *Law & Order: Unidade de Vítimas Especiais*. Não tenho certeza do que isso diz sobre mim, mas devo dar crédito a quem merece. No *Salon*, Dave Daley e Anna North deram boas-vindas ao meu trabalho e tornaram possíveis muitas oportunidades interessantes. Isaac Fitzgerald e Julie Greicius editaram meus textos na *Rumpus*, e sempre irei confiar meus escritos às suas mãos inteligentes e afetuosas. Stephen Elliott foi a primeira pessoa a abrir a porta para minha produção de não ficção na *Rumpus*, e foi um prazer trabalhar com ele. Agradeço também a Michelle Dean, Jami Attenberg, Cathy Chung e Tracy Gonzalez. Um de meus irmãos quer que eu inclua uma fala do Bane em *Batman: o cavaleiro das trevas ressurge*, em meus agradecimentos. Então, "você acha que a escuridão é sua aliada. Você apenas adotou a escuridão. Nasci nela. Moldada por ela". Espero que meus pais não leiam este livro, mas eles são amados e tornaram tudo possível. Tenho sorte.

ESTE LIVRO, COMPOSTO NA FONTE FAIRFIELD, FOI IMPRESSO
EM PAPEL PÓLEN SOFT 70G/M², NA GRÁFICA AR FERNANDEZ.
SÃO PAULO, SETEMBRO DE 2021.